江苏省教育科学规划战略性与政策性重大招标课题
"新时代中小学生抗逆力培育的体系建构与实施路径研究"
（A/2023/c12）阶段性研究成果

"教联体"建设丛书 | 丛书主编　缪建东　陈庆荣

校家社协同心育"教联体"
工作指导

主编　殷　飞

编委（按姓氏音序排列）

安媛媛　陈诗怡　刘　雯　毛家瑄
倪　睿　裴　涛　彭梦雅　徐　艳
颜阑阑　袁　媛　张红美　张　雨

图书在版编目(CIP)数据

校家社协同心育"教联体"工作指导 / 殷飞主编.
南京：江苏凤凰教育出版社，2025.6. —("教联体"
建设丛书 / 缪建东，陈庆荣主编). — ISBN 978-7
-5743-1964-6

Ⅰ. G636

中国国家版本馆 CIP 数据核字第 202581T8U7 号

"教联体"建设丛书

书　　名	校家社协同心育"教联体"工作指导
主　　编	殷　飞
丛书策划	刘　煜
责任编辑	严小英　吴曼丽
出版发行	江苏凤凰教育出版社(南京市湖南路1号A楼 邮编:210009)
苏教网址	http://www.1088.com.cn
照　　排	江苏凤凰制版有限公司
印　　刷	江苏扬中印刷有限公司(电话:0511-88420818)
厂　　址	江苏省扬中市大全路6号(邮编:212212)
开　　本	787毫米×1092毫米　1/16
印　　张	20.75
插　　页	1
版　　次	2025年6月第1版
印　　次	2025年6月第1次印刷
书　　号	ISBN 978-7-5743-1964-6
定　　价	65.00元
网店地址	http://jsfhjycbs.tmall.com
公 众 号	苏教服务(微信号:jsfhjyfw)
邮购电话	025-85406265，025-85400774
盗版举报	025-83658579

苏教版图书若有印装错误可向出版社调换

校家社协同构建维护少年儿童心理健康的生态圈
（代序）

随着经济社会的快速发展，我们的生存环境、生活方式正在发生着深刻的改变，由此带来的少年儿童运动欠缺、劳动缺乏、交往不足、学业压力加大、情绪冲突与困扰增多等问题，正在影响着他们的身心健康。各级党委和政府高度重视对少年儿童身心健康的维护和促进，出台了一系列政策文件和行动方案，学校心理健康教育工作中，预防、教育和干预体系正在逐步建立，家庭教育指导、家校合作和校家社协同育人的工作机制也正在逐步形成。在这个过程中，必然会出现一些阶段性的挑战。例如，将少年儿童的健康问题简单归责于父母素养和家庭教育方式方法，或者归因于学校教育的"内卷"等。这些不恰当的观念，不仅影响了人们的生育意愿，而且导致家长和教师产生了更深层次的焦虑，甚至激发了对立情绪，破坏了教育生态。

在2024年9月全国教育大会上，习近平总书记指出："我们要建成的教育强国……应当具有强大的思政引领力、人才竞争力、科技支撑力、民生保障力、社会协同力、国际影响力。"如何形成育人的社会协同力？这需要在宏观的政策引领下进行扎实的实践探索，需要根据不同地区的实际探索，针对不同主题、不同主体统筹建设协同育人工作机制。

南京师范大学心理学院紧扣时代发展脉搏，以少年儿童心理健康为主题，组建校家社协同心育团队，建设不同类型的协同心育基地，探索不同主体统筹协调开展心育工作的机制，就"由谁统、怎么统、统什么"等问题展开行动研究，形成了一系列阶段性成果，这些成果具有如下特点。

1. 实践主体角色多元

校家社协同心育团队根据工作实际探索建立了不同类型的协同育人工作基地,在这些不同类型的基地,根据统筹主体的性质构建协同育人工作机制,形成了呼应不同群体工作要求的协同心育工作路径。如,在昆山市建立了以市委宣传部文明办为主体的工作基地,在无锡市惠山区建立了以堰桥街道为主体的工作基地,在这两个基地,探索了面向亲子的"一课三案"校家社协同教育心理课程,提升了家庭教育心理课程的效果;在南京市鼓楼区建立了以爱心助学社会组织为主体的工作基地,以外来务工人员家庭和困境儿童及家庭为主要对象,探索了"1+N"协同干预工作路径,力争让每个孩子不被遗忘;在徐州市睢宁县建立了以房地产开发企业和小区物业为主体的工作基地,探索了家庭教育生态修复路径,让孩子们在家门口就能得到生活化的心育资源。

2. 工作运行机制完备

校家社协同心育团队根据心理健康教育规律和校家社协同育人的相关文件精神,探索了以心育为工作内容的目标联结、信息联动、教育联合、资源联通、评价联席的"教联体"闭环工作机制。校家社协同心育的首要工作是各教育主体对心理健康教育目标的整合,"以中小学生健康快乐成长为目标"是"教联体"持久有效运行的起点。少年儿童身心发展信息的联动是"教联体"运行的动力机制。"教联体"的活动是以少年儿童的身心发展需求为出发点,以全面且动态的心理发展信息为驱动,有针对性地开展的。在协同心育工作方式上,要遵循学校教育课程化、家庭教育生活化和社会教育实践性的特点,避免工作方式错位。否则,不仅会增加各主体的工作负担,还会导致"教联体"工作方案无法得到持续落实与推进。校、家、社在心理健康教育中又分别拥有独特的资源,如学校的课程资源是专业的,家庭的日常生活资源是灵动的,社会各组织的资源是丰富而独特的,只有将这些资源联通起来,才能更全面地促进少年儿童心理健康发展。判断少年儿童的心理发展状况,评价心理教育与干预的效果,还需要校家社形成联席评价机制,持续优化心育方案和路径。

3. 工作内容特色鲜明

这套"教联体"建设丛书以心理健康教育为抓手。由于少年儿童的心理健康教育富有专业性，因此构建校家社协同心育"教联体"的工作内容也具有鲜明特色，这些特色依次体现在各分册图书中。本册图书体现了"教联体"工作机制的完备性，反映了心理健康教育的独特性。校家社协同心育"教联体"与其他主题的"教联体"，如劳动教育"教联体"、关爱流动留守以及困境儿童的"教联体"等有着明显的不同。它强调对心理发展档案的动态建设，并以少年儿童的心理发展信息为驱动，不断调整"教联体"的工作方向与路径。在关于家庭教育心理课程建设的分册中，介绍了科学、系统且特色鲜明的校家社协同心育课程体系。协同心育团队充分尊重学校教育的特点，没有理想化地把家庭教育中正确心理健康观念的树立、知识传递和实践赋能等职能全"压"在学校头上，而是有节制地通过"一课"（"学校心育主题课程"），发挥学校教师的专业优势和组织优势，再通过线上线下的课程，向家长传授相关观念与知识，在此基础上借助家庭环境的优势，构建起"环境熏陶课程方案"及"亲子活动课程方案"，并利用家长作为成年人的自我导向学习的心理特点形成"入户自导课程方案"。更多的特色还体现在对校家社协同心育经验进行总结与剖析的分册中，从心理困境儿童的"全员导师制"到针对个案复学的"双陪伴制"等，都体现了江苏在心理健康教育中的工作创新，为更多地区的心理健康教育和"教联体"建设带来启发。

心理健康是少年儿童健康成长的重要维度，应引起全社会的广泛关注。维护和促进少年儿童的心理健康，需要积极建设和有效落实校家社协同育人"教联体"工作机制。相信通过进一步的行动研究，丛书内容会不断更新迭代，为将我国建成教育强国贡献来自一线的实践智慧！

吴重涵

中国教育学会校家社协同育人专业委员会副理事长

中国高等教育学会家庭教育学专业委员会副理事长

前　言

近些年来,少年儿童的心理健康状况出现了一些新问题,遇到了一些新挑战。为了更好地维护少年儿童的身心健康,各级教育主管部门陆续出台了一系列有关心理健康的政策文件,如2021年7月教育部办公厅印发《关于加强学生心理健康管理工作的通知》,2023年4月教育部等十七部门印发《全面加强和改进新时代学生心理健康工作专项行动计划(2023—2025年)》,2024年5月教育部办公厅印发《关于开展首个全国学生心理健康宣传教育月活动的通知》等。这些文件的出台,有效提升了全社会关注少年儿童心理健康的意识,进一步规范了学校心理健康教育工作。随着对学生心理健康问题的关注及工作的深入,越来越多的理论与实践工作者意识到,要在进一步做好对心理健康问题科学筛查和专业干预的基础上,加大对问题的预防及心理健康教育工作的力度,以形成预防与干预并重的"双轮驱动"心育模式。

习近平总书记在全国教育大会上明确了教育强国的科学内涵:具有强大的思政引领力、人才竞争力、科技支撑力、民生保障力、社会协同力、国际影响力。建设高质量的教育体系离不开社会协同力。2023年1月,教育部等十三部门印发《关于健全学校家庭社会协同育人机制的意见》。2024年11月,教育部等十七部门联合印发《家校社协同育人"教联体"工作方案》,其中提出,"教联体"是以中小学生健康快乐成长为目标、以学校为圆心、以区域为主体、以资源为纽带,促进家校社有效协同的一种工作方式。学校应因地制宜地建立"教联体",通过联责任、联资源、联空间,会同家长和社会各方共同研究,推动破解学生成长过程中面临的新问题。

为此，南京师范大学心理学院成立了校家社协同心育团队，通过和地方政府、学校、社区共建"协同心育基地"，深入一线，采用行动研究法，建设工作机制，开发系列课程，初步形成了心理健康"教联体"工作方案。

本书第一章至第四章，阐述"教联体"基本理念与基础知识，主要论述了家庭教育指导、家校合作与校家社协同育人的演变过程，分析了当前未成年人的心理健康状况、心理健康教育的现状与影响因素，阐述了校家社协同育人"教联体"对心理健康的价值等。第五章至第九章，讲解"教联体"基本工作路径与运行机制，分别从目标联结、信息联动、教育联合、资源联通、评价联席五个方面详细讲解校家社协同心育"教联体"的运行机制。全书在心育目标上集中体现了立德树人根本任务的落实，体现了"教联体"是"以学校为圆心、以区域为主体、以资源为纽带，促进家校社有效协同的一种工作方式"，阐释了"政府统筹、部门协作、学校主导、家庭尽责、社会参与"的"教联体"工作机制。

本书适合所有在基础教育阶段从事心理健康教育工作的一线老师阅读，包括学校/幼儿园管理者、班主任老师、心理教师等；也适合各级各类政府机构以及参与"教联体"建设工作的所有部门的相关领导和工作人员阅读，如妇联和社区的工作者。通过阅读本书，可以了解我国家校社协同育人相关政策的演变历程，理解"教联体"的概念和意义，明晰"教联体"的运行机制和基本工作流程，从而统一认识，辅助自身工作高效开展。

本书编写人员主要为南京师范大学心理学院校家社协同心育团队成员。团队负责人殷飞老师统筹编制了全书的框架与目录，并对每一章节的内容进行了构思与修改，安媛媛老师根据课题要求对编写工作进行了细致的指导，使协同心育理论与实践的系统性更加凸显。各章的撰写人员如下：第一章，倪睿（2023级心理学研究生）；第二章，颜阑阑（2024级应用心理研究生）；第三章，毛家瑄（2023级心理健康教育研究生、南京市大厂实验幼儿园教师）；第四章，彭梦雅（2023级心理健康教育研究生、南京市鼓楼实验小学教师）；第五章，刘雯（2024级心理健康教育研究生）；第六章，徐艳（海安外国语学校教师）；第七章，张雨（2024级心理健康教育研究生、江苏省淮安高新区高级中学教师),裴涛(南京师范大学心理健康教育中心教师,副教授);第八章,张红美(2024级心理健康教育研究生);第九章,陈诗怡(2024级心理健康教育研究生、南通市海门区三厂幼儿园教师)。在对本书的结构进行讨论以及后续的校对工作中,我们得到了南京师范大学教育科学学院2024级教育博士袁媛的支持,图书的校对工作还得到了南京师范大学心理学院陈媛、卢雨瑶、徐婧的支持。

此外,本书作为校家社协同心育"教联体"行动研究的成果,还得到了江苏省昆山市精神文明建设办公室,昆山市陆家镇中心小学校,昆山开发区青阳港实验学校,昆山市陆家镇泗桥社区、邹家角社区,昆山开发区美华社区,江苏省无锡市惠山区堰桥街道办事处,无锡市堰桥实验小学,无锡市天一第二实验小学,无锡市天一实验小学,南京市第八中学,南京市芳草园小学分校姜家园小学,南京市鼓楼区挹江门街道办事处,南京市鼓楼区热河南路街道办事处等协同心育基地的支持。

本书的出版还得到了江苏凤凰教育出版社教育类专业图书发展中心刘煜社长和严小英、吴曼丽编辑的大力支持,没有她们的慧眼独具、专业务实和并肩同行,就没有这本书的顺利面世,在此也向她们致以诚挚的谢意!

校家社协同心育工作机制的探索和"教联体"工作方案的落实是一项需要长期实践与探索的工作,本书是初期探索的一个阶段性成果。限于实践工作的广度和深度以及编写团队的专业水平,本书一定存在很多不足和有待完善之处,恳请读者批评指正!

殷 飞

2025年6月

目 录

第一章
配合—合作—协同："教联体"政策演变的历史与逻辑

第一节　校家社协同育人理念与方式的发展　　003

第二节　校家社协同育人政策与法规的演变　　014

第三节　校家社协同育人"教联体"建设相关政策的解读　　025

第二章
未成年人心理健康状况与成长生态探因

第一节　未成年人心理健康的现状分析　　043

第二节　未成年人心理健康的影响因素　　054

第三节　未成年人心理健康的生态机制建设　　065

第三章
未成年人心理健康教育现状与协同维护

第一节　学校心理健康教育管理体系的困境与突破　　077

第二节　社会心理健康服务体系的挑战与应对　　087

第三节　校家社协同心育的现状和工作机制建设　　096

第四章
校家社协同心育"教联体"的价值意义与运行机制

第一节　校家社协同心育"教联体"的价值与意义　107

第二节　校家社协同心育"教联体"各主体的分工与职责　118

第三节　校家社协同心育"教联体"的运行机制建设　126

第五章
目标联结：校家社协同心育"教联体"的方向指引

第一节　目标分散：校家社协同心育"教联体"的目标游离　139

第二节　目标定位：校家社协同心育"教联体"的目标聚焦　146

第三节　贯通全程：校家社协同心育"教联体"的目标整合　159

第六章
信息联动：校家社协同心育"教联体"的驱动中枢

第一节　"一生一档"有效驱动心理健康教育的"一生一策"　171

第二节　学生心理发展和家庭教育动态信息的收集与管理　181

第三节　学生心理发展和家庭教育动态信息的分析与使用　206

第七章
教育联合：校家社协同心育"教联体"的方式互补

第一节　发挥学校教育的专业性优势，协同做好预防、教育与干预　219

第二节　发挥家庭教育的生活化优势，提升心理健康教育的有效性　231

第三节　发挥社区教育的实践性优势，协同构建学生心理健康发展生态　237

第八章

资源联通:校家社协同心育"教联体"的功能耦合

第一节	校家社协同联通自我认知与价值感心育资源	251
第二节	校家社协同联通情绪管理与抗逆力心育资源	263
第三节	校家社协同联通人际关系与亲社会心育资源	276

第九章

评价联席:校家社协同心育"教联体"的系统进化

第一节	教育评价对学生心理发展的影响	289
第二节	横向评价联席,推动学校心理健康教育效能提升	297
第三节	纵向评价持续,推动学生心理评价效能优化	306

参考文献 317

后记 320

第一章
配合—合作—协同：
"教联体"政策演变的历史与逻辑

本章精讲

  随着教育现代化进程的推进，单一的教育模式已无法满足全面育人的需求，学校、家庭与社会三大主体逐渐形成了多层次、深层次的合作关系。本章首先回顾了"校家社协同育人理念"的发展历程，追溯其从萌芽到系统深化的历史脉络，奠定理解后续政策演变的基础。紧接着，分析了相关政策的演变过程，具体展现出国家、地方各级政府在不同阶段推动多元合作、渐次构建联动机制的策略变化，彰显出政策对于实现教育资源共享和育人合力的不断追求。最后，解读了"教联体"建设中的相关政策，从具体政策措施出发，阐释了联动合作的制度保障，凸显出"配合—合作—协同"这一演变逻辑的深层内涵。总体而言，本章旨在揭示教育政策演变的内在驱动力，以及多主体、多层次协同合作在新时代背景下的理论基础和实践路径，为理解"教联体"的深化发展提供理论支撑和实践指导，体现出教育治理体系由细到深、由局部到系统的不断优化过程。

配合—合作—协同："教联体"政策演变的历史与逻辑

第一节 理念与方式的发展

- 萌芽起步：从家庭教育指导到家校合作
  - 家庭教育的起源
  - 家庭教育指导的发展
  - 家校合作的兴起
- 多元发展：从家校合作到社区参与
  - 家校合作的深化
  - 社区力量的参与
  - 多元共育系统的建构
- 系统深化：从社区参与到"教联体"建设
  - 社区参与的深化
  - "教联体"的理念与构建
  - "教联体"的优势与成效

第二节 政策与法规的演变

- 早期探索阶段：关注家庭教育指导
  - 政策的起步
  - 内容的规范化
  - 社会化的推进
- 初步发展阶段：提倡家校合作
  - 政策的发展背景
  - 细则的出台与实施
  - 有效案例与经验分享
- 深入推进阶段：呼吁全社会参与
  - 社会参与的重要性与必要性
  - 全社会协同育人政策与法规的完善
  - 协同育人政策与法规的实施成效

第三节 "教联体"建设相关政策的解读

- 价值追求
  - 促进教育高质量发展的需求
  - 促进协同育人路径的清晰化
  - 促进学生个性化发展的实践创新
- 内在逻辑
  - 政策文件概述
  - "教联体"建设的逻辑框架
- 目标解读
  - 总体育人目标
  - 家庭教育目标
  - 各方协作目标
- 工作原则解读
  - 独立性与系统性的平衡
  - 尽责性与关怀性的平衡
  - 静态性与动态性的平衡
- 工作路径解读
  - 以学校为圆心
  - 以问题为导向
  - 以区域为主体
  - 以机制建设为重点

（注：限于版面空间，本提纲性结构图是对正文层级标题或主要内容的概括提炼。后面各章结构图均如此。）

第一节
校家社协同育人理念与方式的发展

【案例导入】

　　李老师是一位中学教师。一天,学校组织会议,讲解"校家社协同育人",李老师听着"家庭教育""家校合作""教联体"这些词,心里却犯起了迷糊:家庭教育指导,是教家长怎样辅导孩子学习吗? 还是老师教家长怎么做父母? 他搞不清"家校合作"是学校帮家长解决问题,还是学校和家长共同培养孩子。至于"教联体",李老师也不太理解,他一开始以为只是学校间的普通合作,后来才明白,这是学校、家庭、社区等多方力量进行资源共享、提升教育水平的合作体。

　　又有一次,他陪学生家长听讲座,讲座里提到家庭教育指导主要是指导家长正确引导孩子成长,但很多家长误以为老师要帮他们"管教"孩子。对于"家校合作",有的家长觉得只是老师定期通知家长成绩,交流孩子情况,而实际上,这是老师和家长共同努力,为孩子提供全面支持。

　　这些经历让李老师认识到,理解这些不同的概念,才能更好地与家长合作,帮助学生健康成长,也能避免误会,提升教学效果。

　　本节旨在系统梳理学校、家庭与社会在育人理念上的逐步发展和演变过程。从最初的萌芽起步,到多元合作的拓展,直至系统化、制度化的深化,展示了协同育人理念不断完善和创新的轨迹。首先,本节将回顾协同育人的萌芽阶段,强调"家庭教育指导"的提出为育人奠定了基础;接下来,随着社会的不断变迁,育人合作逐渐向更广阔的社区空间扩展,社区的参与成为必然趋势,为育人提供了丰富的社会资源和实践平台;最后,进入系统深化阶段,社区的参与被整合到"教联体"建设中,形成了跨部门、多方参与、制度保障的协同育人体系。整体来看,这一发展脉络反映了育人合作从个体、家庭、学校的单向关系逐步演变为多主体、多层次、系统化的整体合力。通过厘清这一发展逻辑,我们可以更好地理解协同育人在新时代背景下的深远意义及其未来的发展方向。

一、萌芽起步：从家庭教育指导到家校合作

习近平总书记强调，家庭是人生的第一个课堂，家风是一个家庭的精神内核，家风是社会风气的重要组成部分，我们都要重视家庭建设，注重家庭、注重家教、注重家风。党的二十大报告明确提出"健全学校家庭社会育人机制"，在现代教育体系中，协同育人的理念逐渐受到重视，家校社育人机制是高质量教育体系构建的重要组成部分①。这一理念的形成与发展并非一蹴而就，从单向的家庭教育指导，到家庭与学校间的双向合作，再到整个社会的参与，育人力量逐渐丰富。

【新闻速递】

"深化教育领域综合改革，加强教材建设和管理，完善学校管理和教育评价体系，健全学校家庭社会育人机制。加强师德师风建设，培养高素质教师队伍，弘扬尊师重教社会风尚。推进教育数字化，建设全民终身学习的学习型社会、学习型大国。"——选自党的二十大报告

（一）家庭教育的起源

家庭教育是教育体系的重要组成部分。从早期的人类社会开始，家庭就承载着教育的功能，无论是狩猎、耕作，还是日常生活的技能，父母和长辈都会通过言传身教，将知识和经验传授给下一代。关于家庭教育的文字记载，可以追溯到古代社会，早在《诗经》中，如《小雅·小宛》，就有"教诲尔子，式穀似之"，即主张用善道教育子女②。同时，成书于隋朝的有着"中华家训之祖"美誉的家庭教育典籍颜之推的《颜氏家训》，反映了士大夫文人为了维护家族兴旺、促进子孙发展的家庭教育自觉，蕴含着丰富的家庭教育思想，不仅推动了中国古代家庭教育向着系统化方向发展，对当今家庭

---

① 彭亮,徐文彬."家校社"协同育人纾解教育焦虑的理与道[J].教学与管理,2025(09)：26-32.
② 岳庆平.传统家庭伦理与家庭教育[J].社会学研究,1994(01)：107-117.

教育也具有很大的启示意义[①]。受《颜氏家训》的影响,后世从帝王将相到名门望族,都为我们的民族贡献了蔚为大观的家训宝库,如司马光的《温公家范》、袁采的《袁氏世范》、朱柏庐的《朱子家训》、曾国藩的《曾国藩家书》等。此外,在老百姓喜闻乐见的民间戏曲中,以及人们的口口相传中,孟母三迁、王羲之教子、岳母刺字等传统故事也流传甚广,这也反映了古代家庭对于教养环境、孩子品性养成等方面的重视,彰显了我国古代社会关于家庭教育的智慧。

随着社会的变革与发展,家庭教育的形式和内容不断演变。在封建社会,家庭教育往往与阶级和社会地位紧密相关,受教育的机会多偏向于上层阶级,传统家庭教育的主要目标是修身,它在本质上是人格教育。这有其积极的一面,但也有时代的局限性[②]。进入现代社会,随着教育观念的变化,越来越多的家庭开始重视孩子的全面发展。一方面,家长们往往会通过阅读、参与课程等方式不断提升自己的教育理念,以适应时代的变化。另一方面,许多学校开始意识到,家庭并不仅仅是学生的生活场所,更是其思想、道德和行为习惯的初始课堂,于是通过家长学校的形式帮助家长学习如何在家庭日常生活中促进孩子的全面发展。

【知识拓展】

《颜氏家训》是南北朝时期颜之推创作的家训。该书成书于隋文帝灭陈国以后、隋炀帝即位之前(约公元6世纪末),是颜之推记述个人经历、思想、学识以告诫子孙的著作。作为传统社会的典范教材,《颜氏家训》直接开后世"家训"的先河,是我国古代家庭教育理论宝库中的一份珍贵遗产[③]。

(二)家庭教育指导的发展

家庭教育是孩子成长过程中不可或缺的部分,父母作为孩子的第一

---

① 张红霞,刘敏.论颜氏家训对当代家庭教育的涵养价值[J].学校党建与思想教育,2019(04):92-94.
② 熊志刚.构建符合我国国情的新时代家庭教育指导体系[J].教育发展研究,2022,42(10):3.
③ 何颉.浅析《颜氏家训》的当代价值与意义[J].文化研究,2016(02):39-41.

任老师,在塑造其价值观、性格和行为习惯方面起着决定性的作用,家庭教育逐渐被视为儿童成长的基本要素,这种认识也促使教育界开始重视家庭教育的指导与支持,推动了家庭教育指导的萌芽。协同育人的起步,依赖于家庭教育指导和家校合作的紧密结合,通过强化家庭教育,提升家长的教育能力,学校能够更有效地与家庭合作,为孩子创造一个良好的成长环境。从2004年的《中共中央 国务院关于进一步加强和改进未成年人思想道德建设的若干意见》的第五部分明确提出"各级妇联组织、教育行政部门和中小学校要切实担负起指导和推进家庭教育的责任",到2021年通过的《中华人民共和国家庭教育促进法》明确规定"国家和社会为家庭教育提供指导、支持和服务",与家庭教育相关的法律与政策陆续施行,各地纷纷开展了形式多样的家庭教育指导活动,直接为家长提供指导和支持,推动家庭教育指导向规范化、制度化的方向发展。

一方面,在理论建构上,学者们通过对家庭教育基本知识体系的深入研究,逐渐形成了较为成熟的理论框架,为家庭教育指导实践提供了科学的概念阐述与指导依据。家庭教育指导主要是指通过对家长的培训与支持,使其掌握有效的教育方法和策略,从而提高家庭教育的质量。家庭教育指导服务是以提高家长素质和家庭教育能力、改善家庭教育行为、提升家庭教育质量,最终促进家庭中子女健康成长为目的的教育指导过程[①]。

另一方面,在实践中,家庭教育指导是全社会的系统工程,涉及教育、妇联、公检法司、民政、卫健、文旅、精神文明建设、关工委、工会、共青团等部门或机构,行为主体更是包括了学校、社区、婴幼儿照护机构、早教机构、医疗保健、公共文化部门、新闻媒体等单位或组织[②]。各级各类家长学校是进行家庭教育指导的主要形式。2015年颁布的《教育部关于加强家庭教育工作的指导意见》中指出"各地教育部门和中小学幼儿园要配合

---

① 边玉芳,张馨宇.我国家庭教育指导服务内容体系的构建与递送路径[J].中国电化教育,2024(12):8-14,22.
② 洪明,孟子欣.学校家庭教育指导的内涵、任务与路径[J].教育科学研究,2023(06):13-18.

妇联、关工委等相关组织,在队伍、场所、教学计划、活动开展等方面给予协助,共同办好家长学校"。2019年颁布的《全国家庭教育指导大纲(修订)》,对不同年龄段孩子的身心发展特点进行了更为科学的表述,进一步调整和明确了家庭教育指导要点,同时也对特殊家庭、特殊儿童的家庭教育提出了指导要求,为进行家庭教育指导实践提供了翔实具体的参考①。2022年江苏省教育厅发布的《江苏省中小学幼儿园家长学校工作指导意见》中指出:中小学幼儿园家长学校是实施家庭教育指导、提升家长胜任力、促进家校(园)社协同共育的主阵地和主渠道。2023年江苏省妇联发布的《江苏省社区家长学校工作手册》明确指出:"社区家长学校的工作目标是构建有利于儿童健康成长的社区教育生态,积极融入基层社会治理体系,促进家庭幸福安康、推动社会和谐发展。"

家庭教育指导在形成过程中,经历了社会变迁、政策推动和理论研究相结合的历程。它的重要性不仅体现在对家庭教育质量的提升上,更是促进家校合作、儿童全面发展和构建和谐社会的重要基础。通过不断加强家庭教育指导,我们能够为未来的孩子创造更好的成长环境,支持他们健康快乐地成长。因此,重视和发展家庭教育指导,势必为教育事业的长远发展提供强有力的支持和保障。

【案例分享】

江苏省网上家长学校是由江苏省精神文明建设办公室、江苏省教育厅、江苏省妇女联合会推出的一个创新性教育服务平台,旨在为广大家长提供便捷、优质的家庭教育指导。该平台依托互联网技术,通过线上课程、专题讲座、交流互动等多种形式,帮助家长学习现代教育理念、科学育儿知识,以及应对孩子成长过程中各种挑战的实用技能。

(三)家校合作的兴起

随着家庭教育指导的推进,学校也逐渐认识到,单靠学校的教育无法

---

① 鲁士发.学校开展好家庭教育指导的五个着力点[J].人民教育,2022(19):47-49.

满足学生全面发展的需求,因此,"家校合作"这一概念应运而生。家校合作是一种教育互动活动,通过家庭和学校的相互协调配合而实现,其主要目的是促进青少年的健康发展①。这也意味着家庭不再是被动地接受外界的指导,而是与学校在教育目标、教育方式以及教育内容上保持一致性并协同配合。

在这一阶段,许多学校开始主动与家长沟通,组织家长会、开放日等活动,增进家校之间的了解与信任。学校通过这些形式向家长展示孩子在校的表现,同时也倾听家长对教育的期待和建议,这种双向沟通的机制,使得家长与学校之间的关系更加紧密,形成了相互支持的教育合力。

为什么家校合作在当今教育中尤为重要?首先,整个社会在从"熟人社会"走向"陌生人社会",原本在"熟人社会"中家长和教师彼此熟识的状态被打破,要想更好地教育孩子,就需要从自然的家校互动走向有组织的家校合作。其次,家庭和学校两个场域有着不同的教育特征,在孩子的发展中发挥着不同的功能,家校合作能够有效整合资源,形成更为全面的教育支持体系。最后,在情感、态度与价值观上,家校合作有助于在家校间形成积极的教育氛围,有助于家长增进对学校教育内容的了解。家长对学校教育的支持能让孩子感受到教育的连续性与一致性,孩子便更容易产生积极的学习态度,从而在学业和品德方面获得更好的发展。

二、多元发展:从家校合作到社区参与

在教育发展过程中,协同育人的理念逐步从最初的家庭和学校合作向更为广泛的社区参与延伸。这一阶段,不仅加强了家庭和学校之间的连接,更将社区作为重要的教育资源纳入其中,逐步形成了多元共育的生态系统。这一转变标志着教育理念的深化,体现了教育的全纳性与综合性。

(一)家校合作的深化

在家校合作的初步形成阶段,家庭与学校的联系主要集中在信息

---

① 臧宁,曹洪健,周楠.家校合作与青少年学业和行为发展:不良同伴交往及意志力的作用[J].教育研究,2022,43(04):107-122.

交流、家庭教育指导、学生学业发展与行为习惯等内容的沟通上。然而，随着教育环境的日益复杂，社会各界开始意识到，家庭和学校只是社会大系统中的子系统，单纯依靠家庭和学校的资源不足以满足促进学生全面发展的需求。因此，家校合作逐步深化，不再仅仅局限于学业层面①，学校逐步将家长作为办学合作伙伴看待。

同时，在家校合作的形式上，也突破了传统形式，创造性地采取了线上线下相结合的方式，进一步丰富了家校合作的路径。传统的家校沟通方式包括创建家校联系本、电话沟通等。近年来，家长讲坛、家长沙龙、家长驻校活动、家长工作日、亲子活动等方式也逐渐被一些学校所采用②。同时，教师也开始重视与家长的沟通，理解他们的教育理念与期望，力求在教育目标和方法上实现一致，努力形成家庭与学校"自觉自愿的联合"③。家长在参与学校活动中，能够更好地理解孩子的需求与发展特点，从而在家庭教育中作出更合适的调整，这种"双向互动"的模式为学生创造了更好的成长环境。

（二）社区力量的参与

随着家校合作的深入，教育观察者们开始认识到，单靠家庭和学校已无法适应现代社会的多元化需求。社区作为孩子成长的重要环境，必然要参与具体的教育实践。这种转变也反映了现代教育观念的变化，强调教育不仅是学校的责任，而是全社会的共同任务④。通过社区活动，家长可以更深入地了解学校的教学计划和孩子的学习情况，也能与其他家长分享育儿经验。这种良好的交流与合作，能够为孩子营造一个更加和谐的教育环境。

---

①② 王淑清.《家庭教育促进法》视域下家校合作的问题与对策[J].中小学管理,2022(01):46-49.

③ 柴江.家校合作的本质属性、困境根源与破解思路[J].南京师大学报(社会科学版),2021(03):62-72.

④ 张志勇.学校家庭社会协同育人的价值遵循、重要任务与策略选择[J].人民教育,2024(11):11-15.

社区参与教育具有多方面的必要性。首先，社区资源丰富，包括文化、艺术、科技等多个领域，能够为学校提供更多的支持与合作机会。社区可以利用自身的资源开设丰富的课外活动，增加学生的实践机会，促进其综合素质的发展。其次，社区的参与能够使家长与学校之间形成更加紧密的关系。在社区活动中，家长与教师、学生之间互动频繁，家长可以更直接地参与到孩子的教育环境中，了解学校的教育理念和方法，从而在家庭中更有效地配合学校的教育举措。

（三）多元共育系统的建构

在家校合作深化的基础上形成的社区参与共育模式，实际上构建了一个多元共育的生态系统。家庭、学校与社区相互依存，形成了一个有机整体。家长、教师与社区工作者共同设定教育目标，并通过共同努力来实现这些目标。比如，教师可以与社区组织合作，创造实践性学习环境，让学生在真实的社区活动中应用知识，提升实践能力。同时，社区也可以引导家长了解如何更好地支持孩子的发展，从而形成全方位的支持网络。

未来，校家社协同育人的多元发展将继续深入，进一步探索如何有效地整合家庭、学校与社区的资源，提高协同育人的质量与效率。信息技术的发展为校家社协同育人提供了新的可能性，例如，通过在线平台实现校家社之间的信息共享，使得各方能够及时获得教育资讯和反馈，提高教育的透明度和互动性。

总之，家校社合作，能够形成综合性的教育支持体系，能为学生的全面发展奠定更加坚实的基础。

【新闻速递】

2025年3月，南京师范大学心理学院校家社协同心育团队组织的"春暖花开，稳定情绪护亲情"亲子情绪管理活动在昆山市陆家镇泗桥社区举行。活动通过趣味游戏、情感互动和家庭契约签订等环节，帮助家长与孩子掌握情绪管理策略，增强情感联结。这是对社区主导"微协同"治理模式的一次探索，吸引了20组家庭参与。

三、系统深化：从社区参与到"教联体"建设

在校家社协同育人的发展过程中，教育理念不断深化与演进，从家庭、学校和社区的协作逐渐深化到建立教育联合体。这一阶段的核心是将社区的资源和力量更加系统地整合进教育体系中，通过"教联体"的建设，实现教育资源的优化配置和教育目标的共同追求。"教联体"不仅是教育参与者之间的合作，更是资源共享、优势互补的成果，促进了教育的全面协调发展。

（一）社区参与的深化

社区参与是协同育人发展的重要一步，它不仅为家庭和学校提供了更多的资源和支持，也为学生的全面发展提供了丰富的土壤。

首先，社区资源的多样性为学校教育提供了丰富的支持。社区组织、文化机构、企业和社会团体等，都可以为学校提供多种补充资源，包括课程内容、实践基地和活动场所等。其次，通过社区的参与，家长的角色也逐渐转变为教育活动的助手和支持者。家长不仅关心孩子的学习成绩，更关注孩子的情感和社会适应能力。最后，社区参与教育还有助于促进少年儿童社会责任感的形成。通过参与教育活动，社区成员能够更加关注和支持少年儿童的成长，在这样的环境中，少年儿童学会了理解与尊重他人，增强了社会参与意识，培养了良好的公民素养。因此，社区参与教育不仅能支持个体的成长，更能推动整个社会的可持续发展。

（二）"教联体"的理念与构建

"家校社协同育人"是指以知识传授为主的学校教育与以习惯养成为主的家庭教育、以社会实践为主的社会教育共同构建资源共享机制、育人平台和活动载体而相互融合的一种新型育人模式[①]。随着社区参与的日益深入，教育者们意识到，不同教育主体之间的协同作用，是实现教育有效性

---

① 李百成，潘小峰. 家校社协同育人"教联体"的特征、价值与建设路径[J]. 教学与管理，2025(10)：6-10.

的关键。因此,"教联体"的理念逐渐形成,其是在一体化理念引导下,通过政府统筹、部门协作、学校主导、家庭尽责、社会参与的工作机制,对区域教育资源进行优化整合,构建基层网络式校家社协同育人联合体,以促进学生全面发展健康成长的一种工作方式[①]。"教联体"不仅强调学校与社区的合作,更重要的是将不同类型的教育机构及其资源进行整合,形成一个完善的教育生态网络。

(三)"教联体"的优势与成效

建立"教联体"的优势在于增强教育的适应性和灵活性,使教育能够更有效地回应社会和学生的需求。

一方面,在机制建设上,家校社协同育人"教联体"的建设将协同育人的主体责任和义务具体到每一个育人主体,多方主体在协同育人中作用的发挥需要通过制度的不断建设和优化来保持各方主体的育人责任和行动意识[②]。体现出家校社协同育人机制的民主化、科学化水平不断提升,同时也表明对多方育人资源的调动,有利于提升各方育人主体对家校社协同育人功能的认知,搭建起多方育人主体沟通交流的平台,以此激发多方育人主体的参与热情[③]。

另一方面,这一系统化的合作模式也促进了教育公平,提升了教育质量。新时代,教育不再以"有学上"为目标,而是以"上好学"为要求,以提升优质的教育质量、实现每个学生的自由自觉成长为目标,教育发展的主要矛盾也转化为人民日益增长的公平而有质量的美好教育需要与发展不平衡不充分之间的矛盾[④]。通过整合社区资源,贫困地区的

---

① 李百成,潘小峰.家校社协同育人"教联体"的特征、价值与建设路径[J].教学与管理,2025(10):6-10.
② 王贤德."双减"背景下义务教育协同育人的困惑、澄明及实践路径[J].中国教育学刊,2022(02):28-33.
③ 陈永堂,刘飞.家校社协同育人"教联体"建设的四维向度[J].教育科学研究,2025(02):12-18.
④ 朱永祥,庞君芳.共同富裕背景下美好教育的内涵、特征与推进思路[J].中国教育科学(中英文),2022,5(06):3-13.

学校能够获得更多的教育支持和帮助,从而缩小城乡、区域教育发展的差距。同时,"教联体"的实施还促进了教师的专业发展。在"教联体"中,教师有机会与来自不同领域的专家进行交流与合作,学习新的教育理念和教学方法,这种跨界合作不仅促进了教师的职业成长,还促进了社会对教育的重视。社区参与不仅加强了家庭对教育的责任感,也让社会各界意识到了教育的重要性,在"教联体"中,企业、社会组织和家庭以不同的形式参与到教育中,形成合力,共同推进学生的全面发展。

【新闻速递】

2025年1月2日,南京师范大学心理学院"鼓楼校家社协同心育基地"成立挂牌仪式暨南京八中"爱的教育"成果汇报会在南京市第八中学举行。

总之,协同育人的系统深化,从社区参与到"教联体"建设,标志着教育理念的进一步发展与创新。这一过程为实现更高质量的教育提供了新的路径,在这一多元共育的生态系统中,教师、家长和社会共同关注学生的德智体美劳全面发展,通过合作和资源共享,不断提升教育的针对性和实效性。最终,培养出适应新时代需求的人才,这些人才既具备扎实的专业知识,又拥有广阔的视野和强烈的社会责任感。他们能够在未来的社会中积极应对各种挑战,推动社会进步,实现自我价值。

第二节
校家社协同育人政策与法规的演变

【案例导入】

　　李老师是一名中学教师,面对学校推行的多项教育政策,他感到有些摸不着头绪。教育局出台的关于家庭教育指导、家校合作、"教联体"等工作文件,看似各有侧重,但在实际操作中,他常常搞不清楚政策的重点和目的。有一次,他参加培训会,工作人员讲解家庭教育政策时强调引导家长正确育人,但李老师心里想,这是不是要我们负责帮家长"管教"?而对于家校合作,他理解为只是一种沟通渠道,没想到政策的核心是共同营造良好的育人环境。而对于"教联体",他更是不清楚它具体对学校、教师、学生意味着什么,只知道是"合作",但不明白政策背后促进资源共享、提升整体教育质量的深意。

　　本节旨在梳理校家社协同育人政策与法规的演变过程,展现政策制定者在不同历史阶段对协同育人理念的理解与实践探索。在早期探索阶段,政策的重点主要集中在家庭教育指导,强调家庭在学生成长中的基础作用,为家庭育人提供指导和支持。进入初步发展阶段后,政策逐渐提倡家校合作,强调学校与家庭之间的互动与合作,着力解决单一育人模式的局限性,推动合作机制的建立。随着社会的不断变迁和教育需求的升级,政策又进入深入推进的阶段,呼吁全社会共同参与,强调学校、家庭与社会三方面的协调联动,形成育人合力。总体来看,相关政策与法规演变的过程,充分体现了从关注个体家庭到推动多主体协作的逐步推进,彰显出在不同历史背景下政策调整与优化的内在逻辑,这一发展轨迹不仅反映了政策目标的不断深化,也为后续的实践提供了坚实的政策基础和行动指南。

一、早期探索阶段：关注家庭教育指导

在教育发展的历史长河中，家庭、学校与社会三者的紧密联系逐渐引起了各界的广泛关注。特别是随着教育改革的进一步深入，政府、教育机构以及家庭都意识到单靠学校教育来培养学生已经不再适应时代的要求，因此，推动家庭教育与学校教育的有效合作，促进社会资源的整合，成为教育发展新的生长点。

（一）家庭教育指导政策的起步

在教育发展的早期阶段，家庭教育指导作为校家社协同育人的核心内容之一，经历了重要的政策演变过程。随着社会对家庭教育重视程度的提高，各级政府和相关部门逐步认识到家庭教育对学生成长的重要性，开始从政策层面推动家庭教育的发展。

学校需要主动与家庭建立联系。1996年，国家教育委员会令第26号发布的《小学管理规程》，即提出"小学应主动与学生家庭建立联系，运用家长学校等形式指导、帮助学生家长创设良好的家庭教育环境"。这不仅是对小学教育管理的重要指引，也体现着家庭教育指导政策的起步，通过学校的引导和支持，家长可以获得必要的教育知识与技能，从而更有效地参与到孩子的成长中。

加强家庭教育的指导。2001年颁布的《国务院关于基础教育改革与发展的决定》在"家庭教育"部分指出："通过家庭访问等多种方式与学生家长建立经常性联系，加强对家庭教育的指导，帮助家长树立正确的教育观念，为子女健康成长营造良好的家庭环境。"家庭教育指导开始由理论倡导走向实践应用，使得教育者不再仅仅停留在对家庭教育重要性的宣传上，而是积极地推动具体措施的实施。

持续推进家庭教育指导。2004年发布的《中共中央 国务院关于进一步加强和改进未成年人思想道德建设的若干意见》强调了"家庭教育在未成年人思想道德建设中具有特殊重要的作用""各级妇联组织、教育行政

部门和中小学校要切实担负起指导和推进家庭教育的责任""充分发挥各类家庭教育学术团体的作用,针对家庭教育中存在的突出问题,积极开展科学研究,为指导家庭教育工作提供理论支持和决策依据"等内容。这一政策的出发点旨在加强未成年人的思想道德建设,但同时也明确指出了家庭教育在其中的重要作用,使得人们越来越能够意识到家庭内部教育资源的价值,进而推动各界力量对家庭教育进行指导与支持。

家庭教育指导政策的起步,体现了国家对家庭教育重要性的重视与实践导向的转变。从1996年的《小学管理规程》到2004年的《中共中央国务院关于进一步加强和改进未成年人思想道德建设的若干意见》,逐步形成了系统性和规范性的指导框架。这些政策不仅鼓励学校与家庭之间加强联系,还促进了家长教育观念的转变,推动了家庭教育实践的落实,为少年儿童健康成长创造了良好的家庭环境,开启了新时代的家庭教育指导之路。

(二)家庭教育指导内容的规范化

家庭教育指导大纲出台。从2010年开始,家庭教育指导政策内容逐渐趋于规范化,对家庭教育指导工作进行明确规范的政策文件相继出台。2010年2月,全国妇联、教育部、中央文明办、民政部、卫生部、国家人口计生委、中国关工委联合发布《全国家庭教育指导大纲》。《全国家庭教育指导大纲》在指导原则、指导内容、指导形式等方面遵循家庭教育的特点和儿童身心成长发展规律,按照年龄段划分家庭教育的指导内容,规范家庭教育指导行为,是全国各级各类家庭教育指导服务机构和家庭教育指导者开展家庭教育指导的重要依据。这是家庭教育事业发展的重要里程碑,它不仅对家庭教育的理念进行了系统阐述,而且根据不同年龄段儿童的发展特点为家庭教育指导指明了可行路径,同时,结合特殊家庭的特点,提出了针对性建议,进一步扩大了家庭教育指导的覆盖范围。

规范家庭教育指导工作。2011年,《全国妇联 教育部 中央文明办关于进一步加强家长学校工作的指导意见》发布,进一步加强对家长学校的规范管理,保障家长学校工作有效开展,从指导思想、主要任务、组织管理、保障措施等方面对家庭教育指导的开展提出了明确要求。2012年,《关于指导推进家庭教育的五年规划(2011—2015年)》发布,提出"规范家庭教育指导工作,扩大家庭教育指导服务覆盖率。规范开展家庭教育指导服务,提升家长参与家庭教育实践活动的比率"。同年8月28日,全国妇联、教育部在北京联合召开全国家庭教育工作会议,会上,全国妇联、教育部、中央文明办联合命名了1 000个全国家庭教育工作示范单位,包括300个全国示范家长学校(家庭教育指导中心),300个全国家庭教育工作示范社区(村),100个全国家庭教育工作示范县(市、区),300个全国基层示范家长学校、儿童之家。与会领导为示范单位代表授牌。家庭教育指导在政策的引导下逐步规范,工作要求不断明晰,专业化的家庭教育指导机构也开始成立。

丰富家庭教育指导工作内容。 2015年,《教育部关于加强家庭教育工作的指导意见》中再次强调要"强化学校家庭教育工作指导""丰富学校指导服务内容""发挥好家长委员会作用""共同办好家长学校"。通过明确的措施建议与指导方向,为构建良好的家庭教育环境提供了有力保障,推动了学校与家庭的深度联系,从而促进学生的全面健康发展。

在政策引领下,家庭教育指导的内容愈加规范,建构形成了系统性、科学化的指导框架,一步步明确了家庭教育的重要性,使得家庭教育指导不再仅仅停留在理论层面,而是成为推动教育公平和学生全面发展的重要力量。

(三) 家庭教育指导社会化的推进

随着家庭教育指导政策的不断深化,社会各界开始积极参与家庭教育的探索与实践,针对家庭教育的社会支持政策逐步形成。2016年,为深入贯彻习近平总书记重要讲话精神,特别是关于"注重家庭、注重家教、注重家风"的重要指示,进一步推动"十三五"时期家庭教育工作创新发展,全国妇联、教育部、中央文明办、民政部、文化部、国家卫生计生委、国家新闻出版广电总局、中国科协、中国关工委共同发布了关于印发《关于指导推进家庭教育的五年规划（2016—2020年）》的通知,指出"鼓励社会力量参与支持,促进家庭教育资源均衡配置,切实为家庭提供普惠性、常态化的家庭教育公共服务"。

在这一政策背景下,许多社区、非营利组织、社会服务机构积极开展家庭教育相关的活动,借助各种渠道为家长提供教育资源与支持。例如,内蒙古自治区通辽市扎鲁特旗把搭建平台作为推进家庭教育的有效途径,充分整合利用社会资源,着力搭建七大平台,推动了家庭教育社会化。江苏省教育厅出台了《关于加强与改进中小学幼儿园家庭教育指导工作的意见》,明确了中小学、幼儿园的家庭教育指导职责,推动将家庭教育指导纳入城乡基本公共服务体系。这些社会化的家庭教育指导活动,促进了政府、学校与社会三方的有效合作,为协同育人营造了良好氛围。

早期探索阶段的家庭教育指导政策虽然起步较晚,但成效显著。随着政策的不断实施,家长的教育意识普遍提高,越来越多的家庭开始关注和参与对孩子的教育活动。从政策的起步、规范化到社会化的推进,家庭教育指导逐渐形成了一个相对完整的政策体系,为后续校家社协同育人政策的深化与落实奠定了坚实的基础。

二、初步发展阶段：提倡家校合作

随着家校合作理念逐渐被重视与推广,校家社协同育人的政策演变进入了初步发展阶段,在这一阶段的政策背景下,家校合作不仅被视为教育的有效补充,更被明确为学生全面发展的重要保障。相关的政策措施相继出台,为家校合作的深入开展提供了支撑。

（一）家校合作政策的发展背景

虽然家庭教育的作用已被广泛肯定,但在过去的教育实践中,学校往往在教育中占据主导地位,而家庭则被看作是配合方。随着教育改革的深入,教育工作者逐渐认识到,仅靠学校教育无法满足学生全面发展的需要,且家庭教育是一种与学校教育有着不同育人功能的独特的教育形态,在对家庭进行教育指导的基础上,推动家庭与学校的双向合作,发挥各自优势,形成二者的有机结合,尤为重要。

充分发挥家长的作用。 2012年出台的《教育部关于建立中小学幼儿园家长委员会的指导意见》中明确指出"建立家长委员会,对于发挥家长作用,促进家校合作,优化育人环境,建设现代学校制度,具有重要意义",在宏观层面上肯定了家校合作的重要性。家长委员会的建立也使家长在学校管理、教育工作和家校沟通等方面的职责得以清晰划分,这意味着家长不再仅仅是学校教育的被动接受者,而是成为积极参与者和合作伙伴。

发挥学校的主渠道作用。 2014年,《教育部关于全面深化课程改革落实立德树人根本任务的意见》发布,进一步推动了家校合作政策的深化和发展。这一文件明确指出"发挥学校的主渠道作用,加强课堂教学、校园文化建设和社团组织活动的密切联系,促进家校合作""学校要建立健全中小学家长委员会制度,加强家长学校建设,推动家长转变教育观念,树立良好家风,提高家庭教育水平,形成家校育人合力"等,再次对家校合作的重要性予以强调。该文件的出台不仅为家校合作提供了制度保障,还鼓励家长参与到学校的决策和管理中,帮助家校转变教育观念,树立良好的家风;既提升了家长的教育意识,也为学校提供了更加广泛的支持体系,为实现立德树人根本任务奠定了坚实的基础。

家校合作政策第一阶段的成果主要是家校合作的重要性在政策文件中得到明确肯定,强调建立沟通渠道和家长参与机制,鼓励家长参与学校活动,这为日后更加系统化的合作奠定了基础。

(二)家校合作细则的出台与实施

随着教育改革的深入与家校合作理念的推广,针对家校合作的具体措施的政策文件也相继出台,通过制定具体的细则,以确保家长和学校能够在实践中有效合作。2017年,教育部发布了《义务教育学校管理标准》,提出"健全和完善家长委员会制度,建立家长学校,设立学校开放日,提高家长在学校治理中的参与度,形成育人合力"的家校合作工作细则。这不仅为家长参与学校治理提供了制度保障,还为他们的积极参与创造了条件,同时,文件中强调的"建立家长学校"也有助于提升家长的教育理念和能力,使他们在支持孩子学习的过程中更加自信和有效。"设立学校开放日"的倡议,更是使家长有机会直接参与学校活动,增进对学校教育作用的理解,促进学校与家庭之间的联系,有助于实现教学目标的落实。

2019年,教育部基础教育司印发的《教育部基础教育司2019年工作要点》再次强调了"推广交流各地家庭教育典型经验,研究制定家庭教育家长、学校指导手册,切实增强家庭教育指导的针对性、有效性,强化学校家庭教育指导,密切家校合作,营造协同育人良好环境",言简意赅地指出了家校合作的工作路径,为家长与学校之间建立起一座桥梁,促进家庭与学校的有效沟通,进而使得双方在教育目标上的一致性不断增强,为学生创造一个更加和谐与优化的成长环境。

家校合作政策演变的第二阶段,成果主要集中在家校合作细则的出台与实施。这一阶段的核心是对家校合作实施细则的系统化和规范化,目的是为家长与学校之间的有效合作提供具体的指导。教育部门逐步意识到,让家校合作落到实处,必须制定明确的操作标准和具体措施。

(三)家校合作的有效案例与经验分享

在政策引导下,家校合作的形式逐渐多样化,各地开展了丰富的家校合作活动,家庭教育讲座、亲子活动、志愿服务等纷纷进入学校的日常教学安排中。与此同时,教育部门还鼓励学校与家庭共同制订教育计划,帮助家长和教师在教育目标、教育方法及评估标准等方面形成共识。这不仅有利于明确双方的责任与义务,也有助于提升教育效果。2016年,上海市金山区探索家校合作德育模式,印发了进一步推进家校(园)合作的实施意见,明确提出家校合作目标;实施"家长驻校日"制度,让家长通过与校长、老师交流,进课堂听课,与学生一同就餐等方式,对学校工作进行监督评议;成立区域学校家长联盟,形成小学、初中、高中各学段纵向衔接、横向交流的有效模式。2017年,山东省在落实《中小学德育工作指南》的过程中,也提出了一系列具有创新性的家校合作工作路径,包括利用"互联网+"建设家校合作德育平台、开通家庭教育咨询服务热线、办一份家校合作校报、成立"家长德育工作部"等。不断涌现的与时俱进的家校合作措施,都在为协同育人工作的全面推进提供着有力支持。

在家校合作政策实施后,许多地方取得了显著成效。一方面,显著提升了家长的参与感和积极性,促进了家庭对教育的认知和重视程度。另一方面,学校的教育质量得到了提升,通过家校合作机制,教师能够更深入地了解学生的家庭背景以及特定需求,从而在教学中实施更具针对性的教育方法。这一阶段的政策演变,也体现了政府对教育本质理解的深化,以及对新时代教育挑战的灵活应对,推动家校合作成为促进教育质量提升和满足学生多样化需求的重要支柱,为实现培养全面发展的学生这个目标奠定了更加稳固的基础。

三、深入推进阶段:呼吁全社会参与

随着新时代对教育提出更高的要求,校家社协同育人的政策演变进入深入推进阶段。这一阶段的特点在于明确呼吁全社会共同参与教育,强调家庭、学校与社会三方的紧密合作,以确保学生的全面成长和健康发展。

(一)社会参与的重要性与必要性

随着对教育质量与公平性要求的不断提升,很多人已经认识到全社会的参与是实现教育目标的重要途径,教育部及各级教育行政部门逐步提出"协同育人"的理念,强调在教育过程中要形成家庭、学校和社会之间的密切配合,为学生创造一个更加多元和开放的学习环境,从而有效促进其全面发展。

2010年,《国家中长期教育改革和发展规划纲要(2010—2020年)》发布,明确提出要"充分调动全社会关心支持教育的积极性,共同担负起培

育下一代的责任,为青少年健康成长创造良好环境。完善体制和政策,鼓励社会力量兴办教育,不断扩大社会资源对教育的投入",支持多元主体共同推动教育发展,强调家庭、学校与社会的协同。2012年,《国家教育事业发展第十二个五年规划》再一次强调了社会参与教育的重要价值,指出"学校、家庭、社会密切配合""探索学校、家庭和社会协同育人的机制,营造有利于学生健康成长的社会环境"。

政策鼓励社会各界参与教育,旨在创造一个开放、包容的教育环境,以促进资源共享与教育公平。政府、企业、非营利组织和社区,所有社会主体都被邀请参与教育的发展,共同承担培养学生的责任。这种多方参与的模式,不仅可以有效整合教育资源,还能调动社会各界的积极性,使不同背景、不同需求的学生都能获得相应的支持与帮助。

(二) 全社会协同育人政策与法规的完善

随着社会对教育重视程度的日益加深,全社会协同育人政策不断完善,成为推动教育改革的重要战略。校家社协同育人是中国特色高质量教育体系的重要组成部分,教育不是学校单方面的责任,而是全社会共同参与、协同推进的过程。

一方面,协同育人的对象群体不断扩大。"协同育人"提出伊始,主要是在高等教育阶段施行,各类高校通过与企业、研究机构及社区的深度合作,推动实践育人,培养更多专业人才。而随着教育改革的深化,"协同育人"一词越来越多地出现在有关中小学生群体的文件中,倡导中小学校、家庭和社区三方合作,通过资源共享与经验交流,为中小学生创造更多的学习机会和成长空间。例如,2017年发布的《中小学德育工作指南》,以德育为切入点,提出"要积极争取家庭、社会共同参与和支持学校德育工作""构建社会共育机制。建立多方联动机制,搭建社会育人平台,实现社会资源共享共建,净化学生成长环境,助力广大中小学生健康成长"。

另一方面,协同育人的机制建设日益完善。早期的政策主要强调了协同育人的重要性,侧重于呼吁社会各界参与教育。随着教育改革的不断深入与实践经验的持续积累,相关政策中对协同机制及协同模式的描述变得愈发具体和清晰,为各地的实践落地提供了坚实的基础。2022年1月1日正式施行的《中华人民共和国家庭教育促进法》中,专门从"社会协同"维度,对居委会、学校、医疗机构、文化机构等多方面的社会力量作出明确要求,明晰了全社会在育人过程中应承担的责任与具体做法。2024年,教育部等十七部门联合印发的《家校社协同育人"教联体"工作方案》再一次明确了各主体的职责任务,强调"各相关部门、街道社区、社会资源单位在各自职能范围内落实育人责任"。通过这样的机制建设,协同育人的工作正在向纵深发展,使教育实践更具方向性和可操作性,为学生的全面成长创造了良好的环境和条件。

(三) 协同育人政策与法规的实施成效

2018年,在第五次全国教育大会上,习近平总书记指出"办好教育事业,家庭、学校、政府、社会都有责任",健全校家社协同育人机制是建设高质量教育体系的应有之义①。在此次全国教育大会上,习近平总书记指出家庭要做好四个"一",即家庭是人生的第一所学校,家长是孩子的第一任老师,要给孩子讲好"人生第一课",帮助扣好人生第一粒扣子。随着有关政策的层层落实,校家社协同育人机制也在不断完善,以心理健康教育为例,不少地方实践总结出了一些具有我国特色的机制与模式。

例如,"123"学生心理健康服务体系。梁剑玲与任婷婷指出,若期待"协同"理念下的学生心理健康服务体系真正产生效能,就必须打破学生心理健康服务主要体现于教育体系的局限,积极引入社会、社区资源,并在这样的背景下提出了"123"学生心理健康服务体系。"1"指的是"一个根本",即以学生的心理需求为本;"2"指"两个系统",一个是将发展性教育与补救性教育相结合的任务系统,一个是心理主体与全面渗透相结合

---

① 康丽颖.健全校家社协同育人机制:政策内涵、现实困扰与工作路径[J].人民教育,2023(24):29-32.

的策略系统;"3"则是指"三个平台",分别是"学校—家庭—社会"三位一体的资源平台、"发展优先—预防为主—防重于治"的策略宗旨以及"专业心理健康教育与学科渗透并举"的工作模式①。

【案例分享】

昆山市认真学习贯彻习近平总书记关于教育的重要论述和对江苏工作重要讲话精神,深入落实党中央、国务院关于健全学校家庭社会协同育人机制的决策部署,紧紧围绕立德树人根本任务,以"五个一"(一个中心、一支团队、一套课程、一张地图、一个品牌)为抓手,积极推动学校教育、家庭教育和社会教育有效衔接,构建共同促进青少年学生健康成长和全面发展的新生态。昆山市家校合作项目获评"江苏省首届中小学生品格提升工程"优秀项目。

---

① 梁剑玲,任婷婷.“协同·共享·发展”理念下“123”学生心理健康服务体系的构建[J].教育科学研究,2019(10):67-73.

第三节
校家社协同育人"教联体"建设相关政策的解读

【案例导入】

赵老师是一名中学教师,平时专注于课堂教学,但最近学校开始推广《家校社协同育人"教联体"工作方案》。一开始,他对这个方案了解不多,只觉得是学校和家长合作,多点沟通而已,当老师们讨论"育人目标"和"工作机制"时,赵老师觉得内容太抽象,没有真正理解这些政策想要实现什么。在参与培训时,专家们讲解道:"育人目标"其实是想促进学生德智体美劳全面发展,让学生成为有责任感、合作精神的社会主义建设者和接班人,而"工作机制"则强调要打通学校、家庭和社会的协作渠道,几方共同为学生创造良好的成长环境。可是,赵老师还是一头雾水:这些到底要怎么做?怎么落实?跟自己的日常工作有什么关系?

本节旨在全面解读校家社协同育人"教联体"建设的政策文件,从价值追求到实施路径,揭示政策背后的深层内在逻辑与指导思想。首先,通过探讨这些政策所追求的核心价值,明确其对促进多主体共育、实现教育公平与优质发展的共同目标。接着,分析政策的内在逻辑,揭示其通过构建合作机制、资源共享和制度保障,为实践提供明确方向,以实现校家社三方面的深度联动,进而展开工作原则的分析,帮助中小学教师理解政策制定的基本思路,如协同共治、科学规划、因地制宜等,为后续操作提供原则指导。最后,重点解读行动路径,从工作方向、问题导向、资源整合等方面阐释如何落实政策目标,推动"教联体"的落地生根。这一节的重点在于梳理政策的系统性、战略性与操作性,帮助一线教师深入理解政策的整体框架与执行路径,为推动校家社协同育人提供理论依据和实践指导,从而实现育人体系的全面升级和长远发展。

一、校家社协同育人"教联体"相关政策的价值追求

（一）促进教育高质量发展的需求

习近平总书记在 2024 年全国教育大会上指出："我们要建成的教育强国，是中国特色社会主义教育强国，应当具有强大的思政引领力、人才竞争力、科技支撑力、民生保障力、社会协同力、国际影响力，为以中国式现代化全面推进强国建设、民族复兴伟业提供有力支撑。"

"教联体"是 2024 年下半年，在教育部、中央宣传部等十七部门联合印发的《家校社协同育人"教联体"工作方案》中被正式提出，其背景是当前我国教育高质量发展所面临的多重挑战。

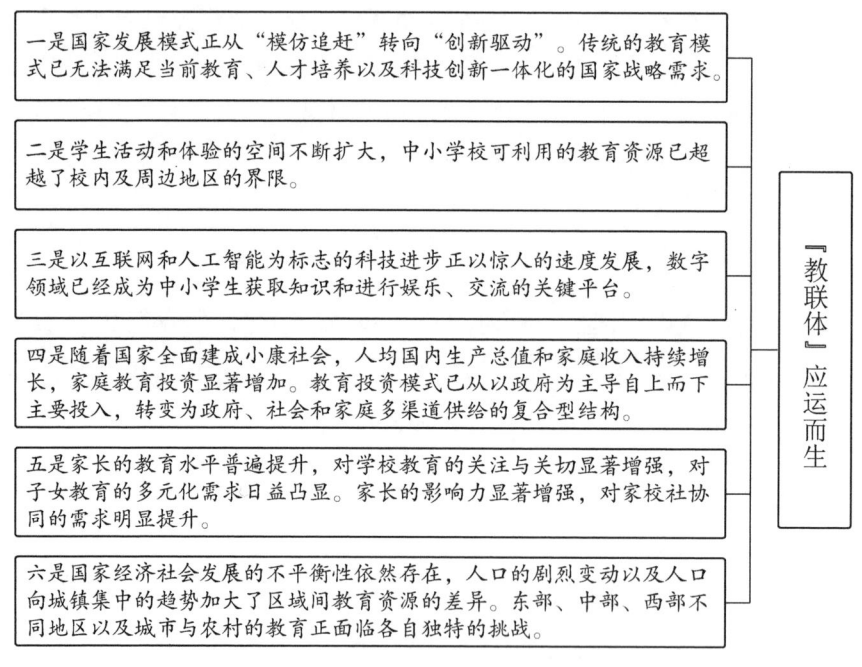

图 1-1　当前教育高质量发展面临的挑战①

（二）促进协同育人路径的清晰化

在现代社会中，家庭、学校和社会三者的关系愈发紧密，单一的学

---

① 倪闽景. 家校社"教联体"引导协同育人的范式转型[J]. 人民教育，2025(01)：12-15.

校教育已无法满足学生全面发展的需求,通过校家社的紧密合作,可以实现知识与能力的双向培养,帮助学生更好地适应未来社会的多样性与复杂性,促进他们的全面成长。然而,虽然"协同育人"的有关实践已经开展了较长时间,但仍存在责任边界不清、目标认知不统一等问题。在这一实践背景下,《家校社协同育人"教联体"工作方案》提出了"'教联体'是以中小学生健康快乐成长为目标、以学校为圆心、以区域为主体、以资源为纽带,促进家校社有效协同的一种工作方式",对协同育人的机制做出了明确要求。在校家社三方教育主体中确定一个"圆心",即:把三方教育主体联成一体,并让三方教育主体形成教育合力。如果没有这个主体,只能做到家校之间、校社之间、家社之间两两合作,校家社三方合理分工、相互融合的协同育人便只能是一个美好的愿景,难以走向深入①。

在《家校社协同育人"教联体"工作方案》中,经过多维度的综合评估与考量,确定了"以学校为圆心"这一要求,旨在充分发挥学校在教育体系

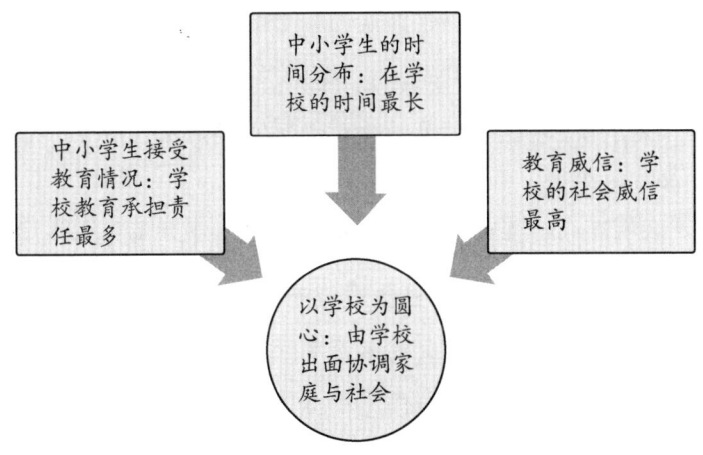

图1-2 成立以学校为圆心的"教联体"的必要性②

---

① 董晶晶,张传英.家校社协同育人"教联体"的建构与实践路向[J].教学与管理,2025(08):11-14.
② 饶景阳,傅华强.城乡一体化背景下"教联体"结构模型、动力机制与构建策略——基于生态系统理论视角[J].教育科学探索,2023,41(06):19-26.

中的核心作用,促进家庭和社会等其他参与方的积极互动。在此框架下,学校将通过与家庭的紧密联系与指导,提升家长参与教育的意识与支持力度,同时与社区机构、非政府组织等建立合作伙伴关系,拓宽育人渠道,不仅能有效应对当前教育领域面临的各种挑战,还能为学生未来的成长奠定坚实基础。

(三) 促进学生个性化发展的实践创新

在现代教育环境中,促进学生个性化发展是教育改革的重要方向,是"双减"政策最终落地,建成教育强国的突破点。因材施教,促进学生个性化发展,校家社协同育人是必然路径,不仅能够满足学生在知识、技能和情感上的多元需求,还能在更广阔的视野中助力学生的全面发展。

首先,校家社协同能满足学生个性化的发展需求。学校教育的组织形态主要是集体教育,其目的是向学生传授基本知识和技能,并在教书中育人,然而,集体性的课堂教学往往无法完全契合每位学生的兴趣与特长,这时,作为个别化培养的家庭的支持显得尤为关键,家长对孩子的个性较为了解,可以帮助教师更好地认识学生的个性,推动教育措施的个性化调整。同时,社会资源的引入,如兴趣班、社区活动和企业实习等,可以提供更加丰富的实践机会,满足学生对创新实践和深入探究的需求,从而促进他们的个性发展。

其次,校家社协同能促进学生素养的全面提升。教育不仅仅是学业成绩的提升,更包括道德品质、社会适应能力等多个方面。通过学校的教育引导、家庭的道德熏陶和社会的多元实践,学生能够在多维度力量的支持下,形成健全的人格和社会责任感。在这一过程中,教师可结合家庭教育与社会实践的特点,开展丰富的校外活动,激发学生的潜能,使他们在实际情境中锻炼解决问题的能力,培养团队合作的精神。

再次,校家社协同能促进学生的心理健康发展。在成长过程中,学生常常面临学业压力、同伴关系和自我认同等多方面的心理挑战与发展任务,不同的学生又各有特点,因此校家社协同的心理健康支持也格外重要。家庭的关心和支持可以为学生提供温暖的情感基础；而学校则是建立良好同学关系的重要场所；社会机构和心理专业人士的参与，能够为学生提供专业的心理辅导与支持。通过这一协同机制，学生不仅能有效应对压力，还能够在心理健康教育中获得更多的引导与帮助，解决个性化的心理问题。

总之，校家社协同育人"教联体"的出现是时代发展的必然选择。这一模式将校家社三方资源进行了有机结合，形成共同育人的合力，有助于促进教育的高质量提升，促进学生的全面发展。因此，学校、家庭和社会应进一步加强沟通与合作，积极探索合作育人的有效路径，为培养符合新时代要求的高素质人才奠定坚实基础。

二、校家社协同育人"教联体"相关政策与内在逻辑

为解决人民日益增长的美好生活需要和不平衡不充分的发展之间的矛盾，校家社协同育人模式逐渐成为实现教育公平和提升教育质量的重要途径。为了更好地理解和推动这一模式的实践，近年来，各级党委、政府和群众团体出台了一系列相关政策法规文件。

（一）政策文件概述

"教联体"是家庭、学校和社会协同育人理念在教育系统中的创造性工作方案，校家社协同育人是中国特色高质量教育体系的重要组成部分。我们一起梳理近五年来有关家庭、学校、社会协同育人的政策法规文件。

表1-1 校家社协同育人"教联体"相关政策

出台时间	文件名称	颁布单位	主要内容
2020年	《中共中央关于制定国民经济和社会发展第十四个五年规划和二〇三五年远景目标的建议》	中共中央	明确提出"建设高质量教育体系"需要"健全学校家庭社会协同育人机制"。

续表

出台时间	文件名称	颁布单位	主要内容
2021年	《关于进一步减轻义务教育阶段学生作业负担和校外培训负担的意见》	中共中央办公厅 国务院办公厅	在"工作原则"中提出要"明确家校社协同责任"。
2021年	《中华人民共和国家庭教育促进法》	全国人民代表大会常务委员会	明确提出"家庭教育、学校教育、社会教育紧密结合、协调一致"。
2023年	《关于健全学校家庭社会协同育人机制的意见》	教育部等十三部门	主要目标：到"十四五"时期末，政府对学校家庭社会协同育人工作的统筹领导更加有力，制度体系基本建立健全。学校积极主导、家庭主动尽责、社会有效支持的协同育人机制更加完善，促进学生全面发展健康成长的良好氛围更加浓厚。学校教育主阵地作用进一步强化，家庭教育指导服务更加专业；家长科学育儿观念基本树立，履行家庭教育主体责任更加到位；城乡社区家庭教育指导服务站点普遍建立，社会育人资源利用更加充分。到2035年，形成定位清晰、机制健全、联动紧密、科学高效的学校家庭社会协同育人机制。
2024年	《家校社协同育人"教联体"工作方案》	教育部等十七部门	工作目标：以中小学生健康快乐成长为目标、以学校为圆心、以区域为主体、以资源为纽带，促进家校社有效协同。 工作机制：政府统筹、部门协作、学校主导、家庭尽责、社会参与。力争到2025年，50%的县建立"教联体"，到2027年所有县全面建立"教联体"。
2025年	《教育强国建设规划纲要（2024—2035年)》	中共中央、国务院	在"促进学生健康成长、全面发展"部分指出要"普及心理健康教育，建立全国学生心理健康监测预警系统，分学段完善服务工作机制。"在文件最后指出"要营造全社会共同关心支持教育强国建设的良好环境，加强宣传和舆论引导，健全学校家庭社会协同育人机制，形成建设教育强国强大合力。"

这些政策文件强调了校(学校)、家(家庭)和社(社会)三者的良性互动是培养学生综合素质的关键。在这些政策中,明确了协同育人的目标,即通过多方合作,共同促进学生全面发展,培养德智体美劳全面发展的社会主义建设者和接班人。此外,政策文件中还提到,要充分利用社会资源,鼓励社区、企业、非政府组织等共同参与到教育事业中来,以拓宽学生的学习与发展空间。

通过对校家社协同育人及"教联体"相关政策法规文件的梳理,我们进一步明确:要建成教育强国,全社会达成共识、形成教育合力势在必行,这不仅是深化教育改革的必然要求,也是家庭、学校和社会各教育主体分工合作、各尽责任,从而提高教育效能,减轻教师非教育负担的务实之举。

(二) 校家社协同育人"教联体"建设的逻辑框架

校家社协同育人"教联体"建设的基本逻辑是围绕立德树人根本任务的落实,充分整合并发挥家庭、学校和社会各自的育人优势资源,建立顺畅、可持续运转的工作机制。

目标一致性:校家社三方在育人目标上需要形成共识,要统一到立德树人的根本任务上。学校教育的目标是通过教书育人培养德智体美劳全面发展的学生;家庭教育的目标则是通过提供良好的成长环境,培养身心健康、可持续发展的孩子;而社会则应该致力于为学生的健康成长营造良好的社会环境,为学校办学和家庭育儿提供丰富的实践机会。三者的教育方式可能存在差异,但是目标必须一致,才能形成合力,共同推动少年儿童的成长与发展。

资源互补性:在校家社合作的过程中,各方首先要充分认识到自身独特的教育优势,然后发挥自身优势,在资源共享中实现互补。这里的资源不只是有形的物质资源,还包括教育内容、教育方式等。例如,学校可以提供专业的教育知识和教学资源,家庭要发挥情感支持和价值观引导的资源优势,而社会可以提供丰富的实践活动与体验性资源。校家社协同整合多元化的资源能够有效提高整个教育系统育人的综合效果。

机制规范性：建立校家社协同育人的长效机制是确保各方有效且可持续合作的基础与保证。这包括政府统筹、部门协作、学校主导、家庭尽责、社会参与。首先是政府统筹，在党委、政府的有力领导下，各部门要明确责任分工，建立沟通渠道，形成部门协作的工作机制与路径；其次是学校作为传播、落实党和国家教育方针的主阵地，要主动发挥价值观引导的功能，同时基于学生的发展信息主导与家长的沟通，为家长尽责与社会参与提供方向。

三、校家社协同育人"教联体"政策的目标解读

校家社协同育人模式作为提升教育质量的重要路径，得到了越来越多的关注，为了更好地推动这一模式的实施，我们需要深入解读相关政策的目标，包括总体育人目标、家庭教育目标以及各方协作目标等。

（一）总体育人目标

校家社协同育人"教联体"的工作目标以总体育人目标为指引。我国教育的总体育人目标是提升学生的综合素养，使其成为德智体美劳全面发展的社会主义建设者和接班人。因此，我们的教育不仅关注学生的学业成绩，更要关注学生的品德、思想、身心健康等方面的发展。

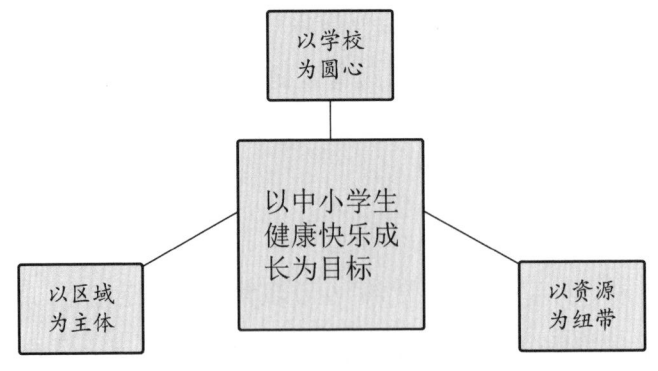

图1-3 校家社协同育人"教联体"工作目标与工作路径

《家校社协同育人"教联体"工作方案》明确提出"以中小学生健康快乐成长为目标""促进学生全面发展健康成长的良好氛围更加浓厚"。在

校家社协同育人的大背景下，教育目标不仅关注学科知识的掌握，还重视学生的身心健康、综合能力、创新思维及实践能力的评估，通过多元化的评价体系，引导学生全面发展，提高教育的整体质量。

（二）家庭教育目标

家庭是学生成长的第一课堂，在校家社协同育人的大背景下，家庭教育目标一方面在于培养孩子的全面素养，帮助他们形成健全的人格和正确的价值观，另一方面也在于向孩子传递家庭的文化、传统和核心价值观，帮助他们形成对家庭和社会的归属感。同时，家庭教育还要与学校教育紧密衔接，形成家校合作的教育合力，为孩子的健康成长和未来发展奠定坚实的基础。《家校社协同育人"教联体"工作方案》对家庭教育目标作出了明确规定，即"家庭尽责"。根据这一文件精神，我们也清楚了家庭教育责任：家长要履行家庭教育主体责任；要培育积极健康的家庭文化，树立科学的教育理念；要主动协同学校教育；要带领或支持子女开展体育锻炼、家务劳动、户外活动和参观游览。可以看出，家庭教育在孩子的成长过程中承担着重要的使命，通过明确家庭教育目标，不仅可以帮助孩子在知识和能力上得到全面发展，还能够促进他们的健康成长与人格塑造。

（三）各方协作目标

各部门的协作与社会的广泛参与为校家社协同育人提供了丰富的资源和机会。《家校社协同育人"教联体"工作方案》呼吁社会各界积极参与教育事业，支持学校的教育活动，并对各方责任进行了明确规定，包括政府、学校、家庭、街道与社区、社会资源单位等多个层面。

一方面，各方协作有助于形成多元化的教育资源。校家社协同育人通过整合社会资源，为学生提供更多样化的教育选择，倡导学校与社区、企业等建立合作关系，开发丰富的课外活动和实践项目，让学生在真实的社会环境中锻炼和成长。例如，学校可以与当地企业合作，开展职业体验活动，让学生提前了解社会职业，培养职业素养。

另一方面，校家社协同育人能够极大地促进教育公平。通过提供必要的学习资源和帮助,使每个孩子都有机会接受良好的教育。这种社会力量的介入,将有助于弥补家庭教育资源的不足,实现更加公平的教育机会,为每个孩子的成长提供保障。

综上所述,校家社协同育人各方面的目标不仅响应了国家教育政策的号召,更为学生的全面发展提供了全方位的支持与保障。通过深入理解并有效实施这些政策目标,可以更好地促进校家社协同育人,为培养高素质的社会主义建设者奠定坚实的基础。

四、校家社协同育人"教联体"工作原则解读

在教育改革不断深入的背景下,校家社协同育人模式日益受到关注。为确保这一模式的有效实施,各级政策均提出了系统性、关怀性和动态性的工作原则。以下将结合《家校社协同育人"教联体"工作方案》的政策内容,深入解析这三项工作原则。

(一)独立性与系统性的平衡

家庭、学校和社会在育人中具有各自的组织特点与优势,它们在大多数情况下是各自独立地开展教育工作的,校家社协同育人"教联体"强调育人的整体性与系统性,但是不能因此而忽视了各组织的独立性,要在各组织独立高质量开展教育工作的基础上进行系统性谋划。这里主要从系统性角度进行分析。

整体布局与协同推进。 系统性原则强调各教育主体之间的关系应当是一个有机整体。通过梳理历年来的相关政策,可以发现,协同育人在机制上呼吁校家社三方形成合力,共同促进学生的全面发展,在实践上也提倡建立完整的工作路径,从教育目标的设定、资源的配置到教育活动的实施,都需要统筹考虑,确保各方协作顺畅。

资源整合与共享。 在系统性原则中,资源整合与共享也是关键。校家社三方应充分利用各自的优势资源,形成资源共享的机制。例如,学校可以利用社区的文化资源,举办公益性讲座和培训,而家庭则可以发挥生

活经验上的优势,为学生提供丰富的学习素材。通过这种方式,既降低了教育成本,又提高了教育效果。此外,政策鼓励各方在信息共享方面建立平台,确保各类资源能够及时、有效地流通。

评估与反馈机制。系统性原则也体现在评估与反馈机制方面。校家社三方要对协同育人过程进行定期评估,确保教育活动的方向和效果符合预期。这种评估不仅仅是对学生学业成绩的考核,更应包括对他们的心理健康、社会适应能力等多个维度的综合评价。通过多维度、一体化的评估,学校、家庭和社会可以及时了解学生的成长状况,发现问题并进行调整。

(二) 尽责性与关怀性的平衡

教育的独立性要求校家社各组织要主动尽责,系统性关心的是让每个孩子都能受到适合的教育,要客观地关心每个学生的个性化发展,要理解每个家庭和学校的独特性,做到鼓励尽责性与表达关怀性的平衡。

关怀每个孩子的发展。关怀性原则强调在教育过程中要关注每一个学生的健康成长。教育应以学生为中心,关注每个学生的成长需求,提供有针对性的支持,这意味着,学校在制订教育计划时,不仅要考虑到学科知识和技能的传授,还应重视学生的情感、社会性和道德发展。在实践中,教师应通过与学生、家长的密切沟通,了解学生的个性特点和兴趣爱好,进而为他们提供符合自身特点的发展机会。

体谅每个家庭的差异。协同育人也要求加强家庭与学校的情感联结,教育不仅是知识的传递,更是情感的交流。学校应在建立系统的学生发展与家庭教育信息档案的基础上,定期组织对特需儿童与特殊家庭的家访或者约谈。家长在与老师沟通时,也需要抱着理解、体谅的态度,与家长协商,一起解决在教育孩子过程中的困惑和挑战。这样的亲密互动,既能提升家长对学校工作的认同感,增强教师的效能感,也能让家长在家庭教育中得到支持与指导,形成家庭教育与学校教育的良性互动。

尊重每所学校的特点。《家校社协同育人"教联体"工作方案》落实过程中,政府在统筹各方资源推动教育高质量发展时,要实事求是地理解和尊重每所学校的生源结构、家庭特征以及师资力量等基本情况。一方面要向学校和教师提出工作要求、进行规范考核,推动他们尽到协同育人的责任,另一方面要关心教师在面对具体孩子与家长时的实际挑战与困难,给予更多支持与帮助,才能促进学校成为"教联体"工作的主导者。

(三) 静态性与动态性的平衡

教育需要一定的稳定性,稳定的教育能够给未成年人以安定感,也有利于从中找到未成年人成长的规律。稳定的教育具有静态性,它能多年不变地有规律地重复。但是随着时代的发展,教育的动态性越发明显,知识内容的变化和核心素养的变化越来越快。建设校家社协同育人"教联体"正是变化时代中促进教育高质量发展的必然要求。因此,要重视教育的静态性、稳定性与变化性、动态性之间的平衡。

校家社协同育人工作需要保持动态性,持续进行更新与灵活调整。在教育实施过程中,校家社三方应保持持续更新与灵活调整的能力。随着社会发展、科技进步和学生需求的变化,教育内容、策略和方法也应进行相应的调整。这种动态机制要求各方具备敏锐的观察力和及时应变的能力。例如,学校要根据社会需求、科学进步以及学生的兴趣,定期更新教育课程和内容,融入新兴的科技元素和社会热点,使教育更具前瞻性和适应性。

动态性原则同样要求校家社三方在面临挑战和问题时,能够积极应对,妥善解决。"教联体"政策强调,应及时收集和分析教育过程中出现的各类问题,并在政策、机制和方法上进行必要的调整与优化。例如,对于家庭来说,面对孩子学习和成长方面的问题,家长应及时与学校沟通,寻求专业指导,共同探讨解决方案,以确保孩子在校外和校内的学习与生活能够相辅相成、互相促进。学校可以定期举办家长活动,让家长分享对学校教育的看法和建议,帮助学校不断改进教学方法和管理措施。

上述三条原则不仅为教育工作的开展提供了理论基础,也为实际操作中解决问题提供了思路。通过系统整合教育资源、关怀每一位学生、动态调整教育策略,校家社三方能够更好地协同合作、共同育人,实现学生的全面发展,推动校家社协同育人模式在更广的范围内展开,为培养富有竞争力和社会责任感的优秀人才奠定坚实基础。

五、校家社协同育人"教联体"工作路径解读

《家校社协同育人"教联体"工作方案》指出,"教联体"要"以学校为圆心、以区域为主体、资源为纽带",可以说这既是工作目标,也是工作路径。

(一)"以学校为圆心"保证"教联体"的工作方向

在校家社协同育人的背景下,明确职责,强化学校在"教联体"中的主导作用,是实现高质量教育的重要保障。

首先,学校应清晰界定自身在教育体系中的核心使命和责任,作为"教联体"的中心机构,学校不仅承担着传授知识的重任,更负责统筹协调家庭和社会的教育资源。学校需要设立专门的协同育人团队,负责与家长、社区及社会组织进行联系与沟通,从而确保信息畅通无阻,形成协同育人合力。

其次,学校应发挥教育活动的引领作用,定期组织各类家校互动活动,如家长开放日、教育主题讲座及亲子活动,让家长参与到学校的教育过程中,增强他们的责任感与参与感。此外,学校还可以主动与社会单位合作,整合周边的教育资源,开展丰富多样的校外实践活动,让学生在真实的社会环境中锻炼能力,拓宽视野。例如,组织学生到科技馆、博物馆上课时,要有明确的教学目标,做好教学计划,授课结束后还要对学习效果进行反馈,并组织"教联体"成员根据反馈结果开展教学研讨工作[①]。

最后,学校要重视个性化教育,针对不同学生的需求制订个性化的教育方案,并通过与家庭的密切合作,及时调整和优化教育策略,确保每个学生都能获得适合自己的教育支持。此外,学校可利用现代信息技术搭

---

① 申国昌,贺鹏丽.陶行知家校社三位一体协同育人思想与实践研究[J].教学与管理,2024(15):1-4.

建线上平台,促进家校之间的交流与协作,实现教育资源的高效共享。通过明确职责,强化学校在"教联体"中的主导作用,将有效提升校家社协同育人的整体效能,推动学生全面健康发展,最终实现教育质量的创新式提升。

(二)"以问题为导向"驱动"教联体"工作方案的落实

在推进校家社有效协同育人的过程中,问题导向是驱动力量。

首先,明确当前教育实践中存在的问题,有助于制订针对性的协同解决方案。例如,部分家长对学校教育的参与度不高,缺乏必要的教育知识和理念,导致家庭教育和学校教育脱节。这时,学校应积极开展家长培训活动,帮助家长了解教育的核心思想及方法,增强家庭教育的能力与意识。同时,定期开展家校沟通会和家长开放日等活动,让家长更深入地参与到学校的教育中,建立信任关系。

其次,针对学生在社交、心理健康等方面的需求,学校应积极引入社区资源,形成合力解决问题。学校可以与社区机构合作,开展心理咨询、职业规划等系列讲座,为学生提供更多的支持和指导。社区志愿者可以参与到学校的课外活动中,丰富学生的学习生活,帮助他们提高社交能力,增强社会适应性。

最后,利用信息技术手段搭建线上沟通平台,也是实现校家社协同的重要路径。通过这种平台,家长、教师和社区工作人员可以随时共享学生的发展动态、教育资源和活动信息,快速响应和解决存在的问题,可以定期开展问卷调查,收集各方意见,确保每一方的声音都能被听到,从而不断优化协同育人的策略。

通过问题导向的思维模式,明确校家社有效协同育人的具体路径,可以在实践中有效促进各方的合作,推动学生的全面发展,提升教育质量,实现真正意义上的协同育人。

(三)"以区域为主体"保证校家社协同力量的持续有效整合

建成高质量教育体系、推动教育强国建设,面临的最大的挑战是资源的整合与力量的协同,而要协同各方力量只靠学校是不够的,学校可以主导立德树人的育人方向,但学校外的力量整合,特别是各部门和社会组织的力量整合,就需要在一定的区域内加强党的领导和政府统筹。

根据《家校社协同育人"教联体"工作方案》的目标,到2025年,50%的县建立"教联体",到2027年所有的县全面建立"教联体"。"教联体"的建设区域主要指的是县(市、区),在这个区域范围内,涉及中小学生发展的教育资源、文化资源、体育资源、劳动资源以及卫生健康资源要能够进行有效整合,确保资源的全面性,提升区域内相关资源的利用率。

但是,从区域教育领导力、教育资源的可及性以及协同育人的可持续发展角度分析,我们也要重视乡镇、街道层面"教联体"的建设,因为在这个层面,校家社之间的关系更加紧密,教育力量更容易整合,协同育人方案更能得到持续推行。

(四)"以机制建设为重点"加强"教联体"工作保障体系的建设

建设协同育人工作者专业发展与合作机制。不断强化校家社协同育人的专业队伍建设是实现高质量育人目标的重要保障。首先,校家社各方需建立一支多元化的教育团队,凝聚教育力量。团队成员包括教师、家长、社区工作者和社会组织中的专业人士,各自发挥其领域专长,共同构建一个支持学生成长的生态系统。同时,家长作为孩子的第一任老师,应接受相关的培训与指导,增强家庭教育意识,掌握科学的教育方法。此外,社区工作者可以积极融入学校的教育活动,组织各类社会实践和志愿服务,增强学生的社会责任感与实践能力。其次,政府和教育部门应为校家社协同育人的专业队伍建设提供政策支持和资源保障,定期举办培训、研讨会与交流活动,促进跨领域的合作与经验分享。通过构建专业化、系统化的队伍,共同为学生创造一个良好的成长环境,打破"信息孤岛",实现资源共享。

建设沟通、评价、激励等长效工作机制。建立长效机制以支持协同育人是实现教育目标的有效途径,能够为学校、家庭和社会之间的协作提供持续动力。首先,政府及相关教育部门应制定相应的政策和法规,明确校家社协同育人的基本框架和运行机制,保障各方的参与权限与责任。同时,设立专门的协同育人工作机构,负责统筹协调资源,定期评估与反馈合作效果,以确保各项措施落到实处。其次,学校应建立与家长和社区之间的常态化沟通机制,如定期召开家长会、举办开放日活动和培训讲座,让家长了解学校的教育方向和策略,增强他们的参与感和责任感。同时,学校还需与社区及社会组织建立稳定的合作伙伴关系,共同开发丰富的校外实践项目,通过社团活动、志愿服务等形式,使学生在多元化的环境中锻炼和成长。最后,形成协同育人的评估与激励机制也是十分重要的。通过定期评估校家社合作的成果,给予优秀的教师、家长和合作组织相应的奖励,激励他们继续参与和推动协同育人工作。通过这一系列长效机制的实施,校家社共同构建的育人环境将更为完善,更有助于推动学生的全面发展与健康成长。

【分析与思考】

1. 请画图表示"家庭教育指导""家校合作""教联体"三个概念之间的关系。作为班主任,你是怎样理解上述三个概念的?请举例说明。

2. 作为班主任,你认为在开展家庭教育指导时会面临什么挑战?应如何突破?

3. 期中考试后,你作为班主任或任课老师,要在家长会上发言,请写出这次家长会你想达到的目标,并设计实现这些目标的步骤。

第二章
未成年人心理健康状况与成长生态探因

本章精讲

  在数字化浪潮与社会转型的双重裹挟下，当代未成年人正经历着人类历史上前所未有的成长境遇，他们的心理世界既闪烁着"数字原住民"特有的认知活力，又承受着传统教育模式与新兴生活方式碰撞带来的结构性压力。本章以生态系统理论为分析框架，突破个体病理化的单一视角，将未成年人心理健康置于家庭、学校、社会交织的生态网络中加以考察。通过解构心理健康的"认知—情绪—行为"三维评估体系，透视教育焦虑代际传导、数字生存异化、评价体系扭曲等深层生态危机，进而构建校家社协同治理的心理健康生态圈模型。这种系统化研究路径不仅能够揭示心理问题产生的社会动力学机制，更为破解当下的教育困局提供了新的理论支点。

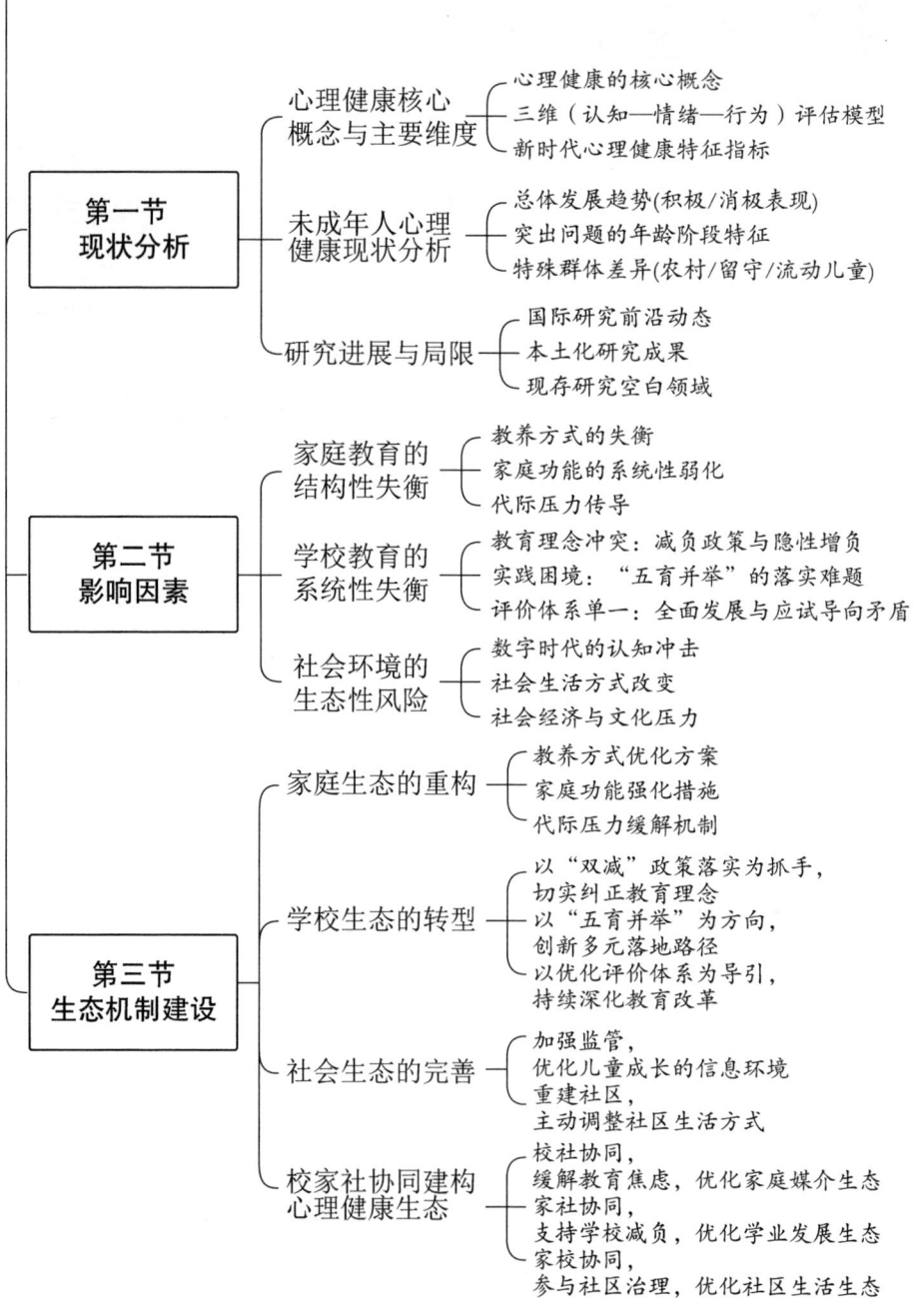

第一节
未成年人心理健康的现状分析

【案例导入】

初三男生小林每天凌晨三点左右会突然惊醒,盯着天花板数心跳,可早读时又像被抽空骨头般昏沉。他把近日的不适告知父母,父亲说:"你就是太闲了,才胡思乱想。"母亲正往他书包里塞新的《中考压轴题精讲》,抱怨地说:"我们小时候哪有这么多心理问题,多做点题就没空抑郁了。"小林默默揉碎了手上的"焦虑自评量表"。小林到底怎么了?他是不是出现了心理问题?他自己进行的焦虑测评科学吗?应该如何帮助小林?

一、心理健康核心概念与主要维度

(一) 心理健康的核心概念

心理健康是人类整体健康的重要组成部分,它的内涵和外延随着社会文明进步不断丰富、发展。

世界卫生组织(WHO)指出,"心理健康是健康和幸福的基础,也是个人有意义生活的基础。它不仅仅是指未罹患精神疾病,它是一个人思考、学习和理解自身情感及对他人反应的能力"。生态系统理论强调,环境会影响个体发展,个体也会反过来影响环境,心理健康是一个动态的发展过程,涉及个体与自我、他人及环境的良性互动。

心理健康标准具有文化相对性。江光荣认为,不同文化背景下对心理健康标准的定义存在差异①。邓云龙等人尝试从中国文化角度对心理健康标准进行解读,归纳出知己知彼、反应适当、真实和谐、悦纳进取

---

① 江光荣.关于心理健康标准研究的理论分析[J].教育研究与实验,1996(03):49-54.

四条标准[1]。李建明提出了较为系统的心理健康评价维度:1. 情绪稳定,有安全感。评价要素:情绪稳定、情绪控制、情绪积极、安全感。2. 认识自我,接纳自我。评价要素:自我认识、自我接纳。3. 自我学习,独立生活。评价要素:生活能力、学习能力、解决问题能力。4. 人际关系和谐良好。评价要素:人际交往能力、人际满足、接纳他人。[2]

心理健康标准具有年龄相对性。根据儿童期和青春期的心理活动特点,可以归纳出以下六个未成年人的基本心理健康品质:

(1) 智力发育正常,智力发展水平与其实际年龄相称。

(2) 情绪相对稳定,虽然会经历悲伤、困惑或挫败,但情绪波动不会持续过久或导致功能受损。

(3) 正确认识自己,清楚自己存在的价值,有理想,有目标,对未来持积极态度。

(4) 良好的人际关系,尊重理解他人,学习他人长处,友善、宽容地与人相处。

(5) 稳定协调的个性,能对自己的个性倾向和个性心理特征进行有效控制和调节。

(6) 热爱生活,充满动力,充分发挥自己的潜力,不因挫折和失败而失去信心。

本书以未成年人群体为核心研究对象,本节重点探讨未成年人的心理健康现状、评估指标。

(二) 三维(认知—情绪—行为)评估模型

"认知—情绪—行为"三维理论是美国社会心理学家阿尔伯特·珀塞提出的。该理论指出,人的行为不是由单一的因素决定的,而是由认知、

---

[1] 邓云龙,戴吉. 心理健康标准的中国文化解读尝试[J]. 中国临床心理学杂志,2010,18(01):125-126,124.

[2] 李建明. 中国人的心理健康标准与评价要素[J]. 中国健康心理学杂志,2012,20(02):169.

情绪和行为三个维度共同发挥作用而决定的。本书将以该模型为基础,结合中国未成年人(儿童期与青春期)的心理发展特点,探讨其心理健康的表现特征与评估要点。

认知是指人们获得知识或应用知识的过程,或信息加工的过程。儿童期是认知发展的关键期,个体发展出了完整的逻辑思维体系,逐步从以具体形象思维为主向抽象逻辑思维过渡。青春期是抽象思维与批判性思维发展的阶段,个体能够根据逻辑推理、归纳、演绎等方式解决问题,能够理解符号的意义、隐喻和直喻,能做一定的概括。

未成年人认知的健康发展表现为:

(1)对现实有准确的判断能力。

(2)能够建立积极的自我评价系统。

(3)拥有较为合理的归因方式和问题解决策略。

(4)对未来持有希望和目标感。

若认知功能出现偏差,例如存在持久性负性自动思维、灾难化想象、极端化归因等,往往是心理困扰的早期信号。

情绪是以个体愿望和需要为中介的一种心理活动。儿童期的情绪特点包括情绪情感的稳定性、自控力增强、情感体验的内容日益丰富。儿童期是情绪意识启蒙与社会情绪学习的关键阶段。青春期则被认为是情绪波动最剧烈的阶段,表现出了半成熟、半幼稚的两面性,其典型的特点是强烈、狂暴与温和、细腻共存,情绪的可变性与固执性共存,内向性与表现性共存。在中国文化背景下,个体在表达情绪上往往受到"内敛""克制"等社会期望的影响,可能抑制负性情绪的表达,这使得对情绪调节能力的培养尤为重要。

情绪健康的未成年人表现为:

(1)能识别并恰当地表达情绪。

(2)能体验到积极情感(如快乐、感激、自豪)。

(3)面对负性情绪(如愤怒、焦虑)时,能够通过认知调整、人际支持或行为活动进行有效调节。

情绪困扰往往表现为持续低落、过度敏感、情绪压抑或冲动易怒等形式,可能对学业、人际关系及身体健康造成广泛影响。

行为是个体在各种内外部刺激影响下产生的活动,例如,人际交往、社会互动、学习行为、冲突应对等方面。行为是认知与情绪的外在体现,也是心理健康最易被家长和教师观察到的层面。

心理健康的未成年人通常具有下列行为与能力:

(1) 适应性行为。能灵活应对新环境和变化情境。

(2) 目标导向性。行为具有计划性与持久性。

(3) 社会互动能力。在群体中展现出合作性、尊重与责任感。

(4) 自我调节能力。能在压力情境中维持较好的行为控制。

行为维度的异常可能表现为以下几类:

(1) 内化行为问题。如社交退缩、逃避、沉默寡言、自我否定。

(2) 外化行为问题。如攻击行为、冲动行为、撒谎逃避、破坏规则。

(3) 功能性退化。如失去原有的兴趣爱好、生活自理能力下降、拒学或厌学等。

(三) 新时代心理健康特征指标

随着社会经济的快速发展,未成年人的成长环境正发生深刻变化,社会结构、生活方式、家庭环境与教育模式不断演变,对心理健康提出了新的挑战和要求,同时,未成年人心理健康的内涵与评价标准也逐步更新,更加强调心理素质、社会适应与积极成长的融合。当前研究与政策倡导将以下几个维度作为新时代未成年人心理健康的重要衡量指标。

1. 自我认知与价值感

新时代的未成年人在信息复杂、竞争激烈的环境中成长,积极的自我认知、自尊和价值感成为心理健康的重要基础。具备清晰的自我认同与正向自我评价的个体,往往能够建立稳定的内在秩序,面对挑战时具备更强的适应能力与成长动力。

2. 人际适应与社会联结

良好的人际关系和社会归属感是未成年人心理健康的重要保障。新时代的心理健康相关研究强调，个体是否具备与他人建立积极关系的能力，能否有效沟通与解决冲突，以及是否从家庭、学校和同伴那里获得情感支持，是评估其社会适应力的关键。

3. 心理韧性与抗压能力

面对环境中的不确定性和突发挑战，心理韧性成为未成年人适应社会变迁的重要心理资源。新时代的心理健康评价将韧性视为人人都可培养的重要能力，是个体在逆境中恢复与成长的潜力，而不是少数人所具备的特质。

4. 自控力与行为调节

行为调节能力，尤其是注意力控制、延迟满足和目标管理能力，直接影响个体的学习效率与社会行为。近年来，诸如注意力缺陷、冲动行为、网络成瘾等问题日益突出，自控力成为心理健康测评中不可忽视的维度。

5. 数字素养与媒介使用健康

在高度信息化的社会背景下，未成年人对电子媒介的依赖程度持续上升。具备良好的数字素养、能够合理使用网络资源、不沉迷，以及拥有健康的信息获取与表达习惯，逐渐成为心理健康评价的新标准。

6. 成长导向与幸福感水平

新时代的心理健康评价更注重个体内在的成长动力与生活满意度。是否有清晰的目标并对生活持有希望与意义感，已成为衡量心理发展质量的重要指标之一，也引导心理健康教育从"问题导向"走向"发展导向"。

总体来看，新时代未成年人心理健康的评估体系正向"多维、积极、动态"的方向发展。现代标准更加关注个体内在潜能的激发以及个体与环境的互动机制。这一转变不仅对心理测评工具和教育干预策略提出了更新的要求，也为构建更加科学、系统的家校社支持网络提供了实践方向。

二、未成年人心理健康现状分析

（一）总体发展趋势（积极/消极表现）

近年来，未成年人心理健康问题成为全球公共卫生的重要议题。2019年全球疾病负担研究数据显示，全球10—19岁的青少年中，约14%（即约七分之一）患有精神障碍，占该年龄段非致命性残疾主因的20.27%。《2022年世界精神卫生报告》指出，抑郁症、焦虑症和行为障碍是青少年患病和残疾的部分主要原因。此外，青少年心理问题的高发还与自杀风险密切相关，自杀是15—29岁年龄组人群的第三大死因。

中国未成年人的心理健康状况同样不容乐观。《2022年国民抑郁症蓝皮书》数据显示，中国抑郁症患者中约有30%为18岁以下青少年，其中超过一半是在校学生。《中国国民心理健康发展报告（2021—2022）》指出，青少年的抑郁检出率已达到15%—24%，其中中重度抑郁的检出率为6%—8%，并呈现出明显的低龄化趋势。

蔺秀云指出，新时代儿童青少年心理问题呈现出三方面的特点：低龄化趋势、严重化趋势、网络负面心理影响加剧[1]。这些数据与资料启示我们，未成年人心理问题已不仅仅是个体的健康困扰，更是关系到教育、家庭和社会支持系统的系统性挑战。

（二）突出问题的年龄阶段特征

由于不同年龄阶段的心理特点与发展任务不同，未成年人的心理健康问题在不同年龄阶段呈现出特定的特征和趋势。

1. 儿童早期阶段（6—12岁）

儿童早期主要面临学业压力和同伴关系的挑战。根据美国疾病控制与预防中心（CDC）2019—2021年调查数据显示，儿童群体中一些特定心理健康问题呈现上升趋势：从2016年到2021年，全美3—17岁儿童中

---

[1] 蔺秀云.新时代儿童青少年心理健康问题现状及对策探析[J].中小学心理健康教育，2024(08):19-24.

MBDD(Mental,Behavioral and Developmental Disorders;心理、行为和发育障碍)的患病率从 25.3% 上升至 27.7%,焦虑和抑郁部分的患病率平均年增幅分别为 6.0% 和 5.3%。

2. 青春期初期（12—14 岁）

随着青春期的开始,青少年经历显著的生理和心理变化。全球范围内,2019 年,5—9 岁儿童的心理障碍患病率为 6.81%,而 10—14 岁青少年心理障碍患病率上升至 10.75%,这表明进入青春期后,心理健康问题的发生率明显增加。

3. 青春期中期（15—17 岁）

在这一阶段,青少年面临更大的学业压力和未来规划的不确定性。全球范围内,15—19 岁人群的心理障碍患病进一步增至 13.62%。根据美国国家儿童健康调查（NSCH）2023 年的数据,12—17 岁青少年中,16.1% 被诊断出焦虑症,8.4% 被诊断出抑郁症。此外,女性青少年的焦虑和抑郁的比例都高于男性,分别为 20.1% 对 12.3%,10.9% 对 6.0%。

4. 青春期后期（18—24 岁）

进入成年早期,年轻人开始独立生活,承担更多责任。全球数据显示,2019 年,20—24 岁人群中,心理障碍的患病率达到 13.63%,高于 15—19 岁儿童的 13.62%,这反映了随着年龄增长,产生心理健康问题的风险也在增加。

5. 中国青少年心理健康状况

中国青少年心理健康问题也日益突出。2022 年,中国科学院心理研究所对 3 万名青少年进行的调查显示,14.8% 的受访者存在不同程度的抑郁风险。另一项针对中国中学生的系统综述和荟萃分析发现,抑郁症的患病率为 26.17%。

（三）特殊群体差异(农村/留守/流动儿童)

在未成年人心理健康问题日益突出的背景下,来自不同社会背景的特殊群体——如农村儿童、留守儿童、流动儿童等——在心理健康方面呈现出显著差异。这些群体因家庭结构、生活环境、教育资源和社会支持系统的不同,往往面临更高的心理健康风险,亟需获得针对性更强的干预与支持。

1. 城乡差异:资源配置与社会支持系统的落差

城市儿童与农村儿童在心理健康状况上存在较大差异,这与教育资源、医疗服务、家庭支持及社区环境等多方面因素密切相关。中国儿童中心与联合国儿童基金会(UNICEF)联合发布的《中国儿童发展报告(2021)》指出,农村地区儿童心理问题的发生率明显高于城市儿童。

造成城乡差异的根源之一是教育资源的不均衡。城市中小学普遍配有专职心理教师和心理咨询室,能够为学生提供及时的心理疏导;而农村学校多数缺乏系统的心理健康教育体系,教师心理支持能力有限,学生的心理问题往往得不到及时发现与处理。此外,农村家庭的文化资本相对薄弱,父母教育水平普遍较低,对儿童心理健康的关注度以及对心理问题的应对能力都相对不足,这在一定程度上加剧了农村少年儿童心理问题的隐蔽性与复杂性。

2. 留守儿童:情感缺失与依附障碍的心理风险

根据《中国儿童福利与保护政策报告(2019)》的数据,截至2018年8月底,全国农村留守儿童人数达697万,占农村儿童总数的8.6%。他们因父母长期外出打工而被迫与祖辈或其他亲属生活,缺乏来自核心家庭的情感陪伴与支持,这种长期的情感剥夺可能导致依附障碍、自我认知失衡、社交恐惧、焦虑与抑郁等一系列心理问题。

《乡村儿童心理健康调查报告》显示,留守儿童中有抑郁倾向的比例高达23.2%,而非留守儿童的抑郁倾向比例为14.7%。此外,留守儿童在攻击性行为、注意力缺陷、人际关系问题等方面的得分普遍高于对照组。这些问题不仅影响其学业表现,还可能在青春期转化为更深层次的行为障碍甚至违法行为。

3. 流动儿童:身份认同冲突与社会融合障碍

与留守儿童相比,流动儿童则是随父母进入城市生活但未能充分融入城市社会的群体。由于户籍制度、教育资源门槛等因素的限制,他们在入学、医疗、社会保障等方面面临诸多障碍,从而在心理上产生强烈的疏离感和排斥感。

据《北京市流动儿童心理健康状况调查报告(2021)》统计,流动儿童焦虑、抑郁、社交退缩等问题的发生率普遍高于本地户籍儿童,尤其在小学高年级和初中阶段表现得更为明显。流动儿童常处于社会支持网络薄弱、教育适应困难、人际融合受限的环境中,这些不利因素共同构成其心理健康发展的"风险生态系统"。

综上所述,农村、留守与流动儿童等特殊群体在心理健康方面面临着不同程度的风险与挑战。要有效改善这一状况,不仅需要政策层面的倾斜与资源保障,更需要家庭、学校与社会各方密切协作,各尽其责。

三、研究进展与局限

(一)国际研究前沿动态

近年来,未成年人心理健康在全球范围内受到高度重视,国际学界围绕"早期识别、系统干预、生态支持"三大方向持续推进前沿研究。一方面,心理发展生态系统理论被广泛应用于未成年人心理健康研究中,强调家庭、学校、社区、媒体等多个系统之间的互动对个体心理的塑造作用。在此基础上,许多国家尝试构建多层级、多主体协作的心理健康支持体系。

数字化手段在心理健康干预中的应用也迅速发展。研究表明,数字心理干预(如客户端App、在线咨询、AI问诊)在提高资源可及性方面效果显著。

此外,"学生幸福感""心理弹性""社会情感学习(SEL)"等新兴概念也在未成年人心理研究中被广泛采用。这些理念突破了以疾病为中心的视角,强调积极心理素质的培养和整体发展的重要性。

总体来看,国际研究正逐步从"问题干预"向"系统预防""协同支持""个性发展"转型,为我国未成年人心理健康工作提供了有益借鉴。

（二）本土化研究成果

在中国，关注未成年人心理健康逐渐从教育议题上升为国家战略。党的二十大报告明确指出，要"重视心理健康和精神卫生"。为了全面加强和改进新时代学生心理健康工作，提升学生心理健康素养，2023年1月，教育部等十七部门联合发布了《全面加强和改进新时代学生心理健康工作专项行动计划（2023—2025年）》，其中提到"随着经济社会的快速发展，学生的成长环境不断变化，再加上新冠疫情的影响，学生的心理健康问题更加突出"，并部署了相关重点工作，进一步明确了加强学生心理健康工作的方向。

首先，心理健康教育制度化建设不断推进。中小学阶段，心理健康课程逐步被纳入教育体系，部分地区开展"心理健康教育进课堂"试点，提升学生的心理素养。

其次，心理健康服务体系逐步建立。南京师范大学心理学院调研团队基于本土实际，构建了"双维双向"中小学生心理健康动态筛查体系——通过综合测评障碍性问题与心理韧性两个维度，将心理风险学生分为四种类型，并依托家校协同建立"一人一档"数字化心理发展档案，实现全时全程关注；同时，通过整合学校、家庭和社区资源推进心育课程，提升学生心理韧性，为中小学生心理危机的预防和干预提供了科学高效的支持[①]。

但同时，本土研究也存在地域分布不均、理论创新不足、对农村与特殊群体关注有限等问题，有待在理论建构与政策转化之间架设更有效的桥梁。

（三）现存研究空白领域

尽管我国未成年人心理健康研究在不断推进，但在校家社协同心育机制的理论建构、实践路径与评估体系方面，仍存在明显空白。

首先，协同机制不健全，责任划分模糊。张勇指出，当前家校社协同育

---

① 王嘉秣,舒琦,殷飞.家校社共同维护学生心理健康[J].法制与社会,2023(15):46-47.

人存在职责定位不够清晰、工作科学化和规范化不够、协同育人质量评价机制欠缺等问题[1]。邢雯和黄正明发现，构建家校社协同育人的家庭教育指导服务体系存在着学校教育家庭化、家庭教育社会化、社会教育学校化的困境[2]。

其次，当前协同心育倾向于"医疗目标"（如危机干预），忽视预防性、发展性目标（如心理韧性培养、社会适应力提升等）。例如，学校心理健康档案多用于筛查问题学生，而非全面促进学生心理成长。

再次，对心理健康认知不足，目标不一致。校长多从"安全稳定"角度看待心理健康教育，重视不够；班主任普遍反映"心理工作增加了额外负担"；家长对心理健康存在误解，常将其与"病态""问题学生"画等号，合作意识与能力不足。这些因素导致各方目标缺乏整合，实际工作碎片化。

最后，社区资源缺位，协同平台不完善。许多地区的社区在青少年心理健康支持中几乎缺位，缺乏常态化、制度化的介入机制。社会组织与专业心理机构的介入形式化、临时化，难以形成稳定的支撑网络。此外，乡村学校由于资源有限、家长参与度低等原因，构建家校社协同育人机制难度更大[3]。

因此，未来的研究需重点关注校家社三方如何实现协同心育，只有实现校家社三位一体的协同支持，才能真正推动心理健康从"学校事务"转向"社会系统工程"，才能更好地守护未成年人特别是重点群体的心理安全与发展权。

---

[1] 张勇.学校家庭社会协同构建高质量育人共同体[J].教育科学论坛，2024(07):1.
[2] 邢雯,黄正明.校、家、社协同视角下家庭教育指导服务体系的区域构建[J].天津电大学报，2023,27(04):35-40.
[3] 沈微.贵州乡村中小学校园欺凌校家社协同防治构建的困境与对策[J].贵州师范学院学报，2023,39(09):61-65.

第二节
未成年人心理健康的影响因素

【案例导入】

初二女孩小雨,曾是老师口中的"别人家的孩子",然而,她最近却因为抑郁症向学校提交了一份"休学申请",理由是"患有中度抑郁症,需要暂停学业进行治疗"。小雨的母亲忍不住情绪失控:"她在家也没什么压力,是不是老师太严了?还是跟同学相处出了问题?她以前明明好好的,是你们学校的问题!"网友却说:"原生家庭的忽视,才是埋在孩子心里的定时炸弹。""不幸的童年真的需要一生来疗愈。""谁都没有错,是这个社会大环境的错。"小雨的抑郁症究竟是谁导致的?

新时代未成年人心理健康发展正面临校家社协同失衡带来的复合型挑战。家庭教育作为基础性场域,在教养模式转型中遭遇"控制"与"放任"并存的矛盾张力,数字化生存加剧了家庭功能的代际疏离;学校教育在素质培养与应试惯性的博弈中陷入实践困境,评价体系的单一化持续消解育人本质;社会环境则在技术革命与生活方式变迁中形成多重压力传导,信息过载与功利导向不断重塑未成年人的成长生态。这些结构性矛盾、系统性错位与生态性风险相互交织,构成了当代未成年人心理发展的复杂图景,亟待通过校家社协同重构培育机制,在动态平衡中守护其精神成长。

一、家庭教育的结构性失衡

(一) 教养方式的失衡

研究发现,父母的教养方式能显著影响青少年的心理健康,骄纵型管教方式下的青少年更容易发生亚健康[①]。在未成年人心理健康发展的生

[①] 李德敏,许军,张远妮,等.父母教养方式与青少年心理亚健康的关系:挫商的中介效应[J].中国健康心理学杂志,2024,32(01):74-79.

态系统中,父母的教养方式是塑造孩子情绪与行为的关键杠杆。父母教养方式的失衡,如过度保护与放任、情感疏离与溺爱并存等,将对孩子的自我认同、抗挫能力和社会适应能力产生深远影响。

家长教养行为的矛盾:安全需求与发展诉求的张力失衡。适度的监护行为能为儿童提供必要的安全基地,但当保护机制突破合理阈值时,就会异化为阻碍心理社会发展的桎梏。

具体而言,代偿性教养行为(如因过度焦虑而限制儿童同伴社交、替代性完成发展任务等)正在制造新型成长困境。发展心理学研究证实,在幼儿阶段(3—6岁),家长对孩子自主探索的过度干预会形成双重发展阻滞:一方面,抑制皮亚杰认知发展理论强调的"顺应—同化"平衡机制,另一方面,干扰埃里克森心理社会发展理论中"主动对内疚"关键任务的完成。这种教养模式直接导致未成年人心理弹性发展迟滞,形成"习得性无助"的心理表征。

青春期教养困境则呈现更复杂的动力学特征。根据自我决定理论(Self-Determination Theory),青少年对自主性、胜任感和归属感的需求呈现指数级增长。此时若延续过度保护模式,不仅会触发逆反心理,如"罗密欧与朱丽叶效应",更可能通过"发展性任务剥夺"导致同一性危机(identity crisis)。研究表明,父亲惩罚、严厉、拒绝、否定、矛盾性、控制性是儿童青少年双相情感障碍发病的危险因素,儿童青少年双相情感障碍与父母教养方式及家庭环境密切相关[①]。

家长教育目标异化:发展理性的失衡。现代家庭教育场域中,"超常发展"已成为集体无意识的价值取向。家长教育投资呈现显著的前置化特征:学前教育阶段追求识字量破千、双语能力建构;小学阶段介入学科竞赛体系;中学阶段聚焦顶尖高校"升学军备竞赛"。相关研究和报道确实指出,中国学龄前儿童的学习时间普遍较长,反映出"童年加速主义"的趋势。

---

① 宋雯,张华,孟苓苓,等.儿童青少年双相情感障碍与父母教养方式及家庭环境的关系[J].国际精神病学杂志,2024,51(05):1413-1416,1441.

(二)家庭功能的系统性弱化

当代家庭系统正经历功能要素的结构性退化,具体表现为亲密联结、沟通效能与情感支持能力的协同弱化。大量研究表明,家庭功能与青少年心理健康状况之间存在显著的负相关。具体而言,家庭功能的完善与青少年内化问题(如焦虑、抑郁等)和外化问题(如攻击性行为、反社会行为等)均呈显著的负相关①。

家庭成员亲密度的下降日益明显。根据"时间都去哪儿了?外部冲击与中国时间利用变化"系列研究,2017年至2021年间,中国居民用于休闲、社交的时间整体偏少,家庭成员之间缺乏高质量互动。《2021年中国家庭教育白皮书》指出,家长在亲子教育中面临的主要困境包括"凭感觉教育孩子、缺乏有效方法"和"无暇陪伴孩子",反映出家庭内部陪伴质量和情感投入的普遍不足。

心理学研究进一步印证了家庭亲密度对青少年心理健康的重要影响。有研究表明,高中生的家庭功能与其心理健康水平存在显著负相关关系,家庭功能越健全,青少年出现心理问题的概率越低。其中,家庭功能中的亲密度、情感支持与合作程度,能够显著负向预测高中生的心理健康问题②。

家庭沟通普遍存在不足。《中国家庭发展报告2022》指出,67%的子女与父母每月深度沟通时间不足2小时,反映出家庭成员在日常交流中的情感联结日益淡化。上海市的一项研究则揭示了父职沟通的显著缺位:经常与子女进行有效沟通的父亲比例不足20%,而每周与父亲沟通时间不足1小时的初中生占比高达42.6%。

心理学研究表明,青少年的抑郁情绪与其情绪调节自我效能密切相关,而良好的亲子沟通不仅有助于情绪的稳定,还能显著提升青少年的情

---

① 王恩娜,张俊杰,黄巧敏,等.家庭功能与青少年问题行为的关系:一项交叉滞后研究[J].中国临床心理学杂志,2022,30(04):794-801.
② 李华华,罗嘉仪.家庭功能与高中生心理健康状况的关系研究[J].中小学心理健康教育,2024(32):12-14.

绪调节能力①。这表明,亲子沟通在青少年心理健康发展中具有关键性的调节作用,值得家庭和社会各界的高度关注与系统干预。

家庭情感支持的不足。复旦大学发布的《中国青年网民社会心态调查报告(2024)》指出,青年网民在与父母互动中普遍面临情感支持缺失的问题,家庭在其成长过程中的情感功能相对薄弱。与此同时,中国青少年研究中心的调查发现,"00后"更倾向于在遭遇困境时寻求同龄人而非家庭成员的支持。心理学研究发现,家庭中积极的情绪表达不仅有助于幼儿形成亲社会行为,还能减少其问题行为,进而降低其社交退缩倾向,显示出家庭情感氛围对儿童早期社会适应的深远影响②。

(三) 代际压力传导

代际教育焦虑下沉。随着社会竞争日益激烈,家长对孩子教育的期望不断提升,教育焦虑逐渐成为家庭中的普遍现象。调查数据显示,约60%的家长表示在教育过程中曾经历焦虑情绪,其中一部分家长将焦虑内化并影响其教育方式。这种情绪往往导致家长在教育过程中采取更具控制性和干预性的策略,不仅加重了自身的心理负担,也无形中增加了子女的学习压力。

随着孩子逐渐成长,特别是在进入青春期后,学业压力与父母期望同步上升。在这种高压家庭氛围中,青少年往往会感到自己承载着过高的期望,进而产生学习焦虑、自我价值感低落等负面情绪。相关研究表明,家长的教育焦虑可以显著正向预测一年后青少年的厌学情绪,即焦虑的传导主要源自家长而非子女③。这一发现揭示了家长的教育焦虑对青少年学习动机和情绪健康的深远影响。

---

① 李瑾,唐海娇.亲子沟通与青少年情绪调节自我效能感、抑郁的关系[J].心理月刊,2023,18(16):36-38,41.
② 侯雪艳,金芳,张文莉,等.家庭情绪表露与幼儿社交退缩的关系:社会情绪能力的并行中介作用[J].中国健康心理学杂志.2025,33(03):471-475.
③ 高新航,梁肖,李湘,等.家长教育焦虑与青少年厌学的交叉滞后分析[J].应用心理学,2025(04):1-10.

亲子角色倒置。亲子角色倒置现象指的是在家庭教育中,父母的角色逐渐向子女转变,父母反而承担起了更多的情感依赖和支持角色。现代社会中,许多家长将自己未曾实现的愿望寄托在孩子身上,迫切希望孩子能够按照自己的期望去成长,这使得家长与孩子之间的角色关系逐渐发生错位。

北京师范大学中国教育与社会发展研究院安超在中国儿童中心发布的一份研究报告中指出,在高度规制化的家庭教育环境中,父母因教育焦虑而表现出强控制倾向,往往忽视了子女在情感上的需求。该研究通过对一个中产家庭的深度追踪,揭示了"焦虑的父母与抑郁的孩子之间的养育互动",明确指出家庭教育中角色错位对儿童心理健康构成了显著威胁[①]。在此背景下,少年儿童不仅要在学业上满足父母的期望,还需在情感层面承担本应由成年人负责的支持与安抚职责。这种情感功能的错位对少年儿童的心理发展极为不利,可能导致其情绪调节能力受限、自我价值感下降,进而引发焦虑、抑郁等心理问题。

二、学校教育的系统性失衡

(一)教育理念冲突:减负政策与隐性增负

近年来,我国教育主管部门陆续出台一系列"减负"政策,旨在有效缓解中小学生的学业压力,推动学生德智体美劳全面发展。政策核心包括减少课业负担、压缩考试频次、规范校外培训行为,试图构建更加健康、公平的教育生态。然而,在具体实施过程中,减负政策与家长、学校长期形成的"升学导向"教育理念发生了冲突,进而催生出"隐性增负"的新现象。

一方面,尽管政策明确规定要控制课外作业总量、限制校外培训机构的运营时间和教学内容,但部分家长出于对孩子未来发展的焦虑,仍自行

---

① 安超.超级妈妈、隐身爸爸与抑郁的孩子——儿童抑郁的家庭系统发生学[J].中华家教,2021(06):73-80.

加码,为孩子报读价格昂贵的一对一辅导课程,甚至在寒暑假和周末安排密集的学习任务。

另一方面,一些学校在执行减负政策过程中,并未真正转变教育理念,而是将部分教学任务"外包"至家庭。例如,布置"家庭协作型作业",要求家长"打卡"、拍照上传等,使原本应由学校承担的教学责任转嫁给家长,变相增加了家庭教育压力。

殷飞指出,"高质量教育体系"的建立和"良好教育生态"的构建,并非单靠政府或学校某一方的努力就能完成。"在落实'政府主导''学校主体'作用的同时,还需坚持家庭、学校和社会在'双减'目标上的各负其责、协同发力"[①]。因此,破解"减负"与"增负"之间的张力,需要政策制定者、教育机构与家庭形成共识,共同推动教育理念的更新与实践方式的转型,才能真正实现减负政策的预期效果。

(二) 实践困境:"五育并举"的落实难题

"五育并举"是指德育、智育、体育、美育和劳动教育的全面发展,旨在培养学生德智体美劳全面发展的综合素质,推动新时代教育的高质量发展。然而,在实际推进过程中,"五育并举"在落实层面仍面临诸多现实挑战。陈理宣等人在相关研究中系统梳理了当前"五育并举"实施中的几大困境,主要表现为:教学目标"低层化"、教学内容贫乏、教学方式碎片化、教学评价单一[②]。

首先,教学目标存在"低层化"倾向。在应试导向的背景下,许多学校及教师过度追求学业成绩,将教育重心过于集中在智育上,忽视了德育、美育、体育与劳动教育的长远价值与实践意义,导致教育目标趋于功利化和片面化。学生的品德修养、审美能力、身体素质和实践能力难以得到应有的发展。

---

① 殷飞.构建良好"双减"教育生态需要家校社协同发力[N].江苏教育报,2021-11-03(001).
② 陈理宣,姜若梅."五育融合"的发展历程、现实困境与实践对策[J].课程·教材·教法,2024,44(03):121-125.

其次，教学内容呈现出"贫乏化"特征。一方面，"五育"内容之间融合不深，缺乏系统性设计；另一方面，课程内容缺乏时代性和针对性，不能满足学生多元化、个性化的发展需求。特别是在美育和劳动教育方面，内容设计往往较为表层，缺乏文化内涵与情感引导，难以激发学生的兴趣与内在动力。

再次，教学方式普遍存在"碎片化"问题。"五育"在实施中往往各自为政，缺乏整体规划与统筹安排，教学活动零散，缺乏连贯性，难以实现有效衔接和有机融合。

最后，教学评价体系"单一化"问题突出。目前多数学校仍以分数为唯一评价标准，忽视了对学生综合能力和素质的多元化评价，导致教师在教学中难以兼顾"五育"内容的落实，进一步削弱了"五育并举"的导向性和可操作性。

此外，"五育并举"在实施中还存在育人主体协同不足的问题。殷飞等人指出，校家社协同育人存在三大实践困境：价值认同困境、主体责任困境、协同整合困境[①]。学校、家庭与社会之间缺乏有效联动机制，使得五育教育成为"学校单打独斗"的任务，难以形成合力。

（三）评价体系单一：全面发展与应试导向矛盾

根据教育部发布的《国家义务教育质量监测方案（2021年修订版）》，我国义务教育阶段的学生发展质量监测已涵盖德育、体育、美育等多个维度，旨在实现对学生综合素质的全面评估。然而，在实际操作层面，学校教育评价体系仍然以学业成绩为核心，忽视了学生在道德素养、身体素质、审美能力以及劳动技能等方面的发展。

在"唯分数论"的驱动下，教师在教学中往往将更多时间和资源集中投入语文、数学等主科，以期提升学生的考试成绩。这种教学资源的倾斜，直接影响了非学科核心领域的教学质量，进一步拉大了课程目标与学生全面发展需求之间的距离。

---

① 殷飞,缪建东.建构高质量的家庭教育实践体系——校家社协同育人的困境与突破[J].教育发展研究,2023,43(06):26-34.

不仅如此,应试教育对学生创造力的压制也日益凸显。柯政与梁灿指出,应试教育环境对拔尖学生创造力的发展具有显著抑制作用,尽管这一影响并非拔尖群体所独有,但在这一群体中表现得尤为突出①。

总的来看,当前单一的评价体系不仅制约了学生德智体美劳的协调发展,也在无形中加剧了学生的心理压力与焦虑感。长期处于"以分数论英雄"的教育氛围下,学生容易产生厌学、焦虑等负面情绪,严重者甚至会损害身心健康。

三、社会环境的生态性风险

(一) 数字时代的认知冲击

随着数字技术的普及,尤其是移动互联网的高速发展,未成年人几乎从出生起就接触并沉浸在信息化环境中。短视频、网络游戏、社交媒体、虚拟现实等多源信息系统,不仅改变了未成年人获取信息的方式,也在深刻影响他们的认知模式和心理状态。

首先,信息过载显著加剧了个体的认知负荷。根据心理学家斯威勒(Sweller,1988)提出的"认知负荷理论"(Cognitive Load Theory),个体在加工信息时存在一定的认知容量,当外部输入的信息超过这一容量限制时,极易引发认知疲劳和注意力障碍。尤其是在当今数字化环境中,信息呈现出高度碎片化与情绪化的特点,进一步干扰了认知系统的有序运作,使得未成年人的专注力与深度学习能力受到严重影响。

相关研究表明,信息过载成瘾与大学生的心理健康状况呈显著相关性。具体而言,信息过载成瘾得分与焦虑、抑郁和压力水平之间存在显著正相关关系,而与自尊水平之间则呈显著负相关②。这意味着,信息摄入

---

① 柯政,梁灿.论应试教育与学生创造力培养之间的关系[J].华东师范大学学报(教育科学版),2023,41(04):72-82.
② 李鸣曦.信息过载成瘾对大学生心理健康的影响及运动干预建议[C]//中国体育科学学会.第十三届全国体育科学大会论文摘要集:墙报交流(体质与健康分会)(一).太原:中北大学出版中心,2023:309-310.

过多不仅会引发负面情绪反应,还可能削弱个体的自我认同感,进而影响其在学习、生活以及人际交往中的表现。

其次,数字内容所带来的高强度感官刺激对少年儿童的大脑发育构成了潜在风险。短视频平台通过快速切换的画面、强烈的视听冲击以及个性化推荐算法,持续激活大脑奖赏系统,促使多巴胺大量分泌,从而诱发即时满足感。这种"快感回路"使少年儿童更容易沉迷其中,逐渐形成对高刺激内容的依赖,进而削弱其对延迟满足和复杂任务的兴趣与耐心。郭佳盈总结指出,沉溺于短视频会对青少年大脑产生三大不利影响:浏览短视频极易成瘾、注意涣散飘忽难集中、认知能力缺乏锻炼提升[1]。

最后,算法推荐机制强化了"信息茧房"效应。个性化推送虽然提高了信息效率,但也在无形中构建起信息过滤圈,使得未成年人暴露在相似价值观与观点的信息中,减少了认知多样性的可能,削弱了其批判性思维和社会共情能力。

(二) 社会生活方式改变

当前社会正从"熟人社会"向"陌生人社会"转变,从以家庭、社区为中心的生活方式转向以个人、工作与屏幕为中心的"公寓式"生活状态。未成年人在这一转型中的成长空间、社会联系与情感支持系统发生了深刻变化,对其心理安全感与社会适应能力提出挑战。

首先,社区功能的弱化正显著削减少年儿童的社会支持网络。在传统社会中,家庭、邻里与学校共同构成了少年儿童成长的"保护网",为其提供基本的情感支持与社会联系。然而,随着城市化进程的加快和人口流动性的持续上升,社区中的人际关系日益疏离,原本稳固的邻里互助与陪伴机制逐渐瓦解。未成年人在日常生活中难以获得持续、稳定的社交资源和情感支持,易产生孤独感、被忽视感等负面心理体验。心理学研究进一步表明,生活事件影响搬迁青少年的焦虑情绪,社会支持在二者之间

---

[1] 郭佳盈.短视频对青少年心理健康的影响[J].心理与健康,2024(12):66-67.

发挥中介作用①。这意味着良好的社会支持系统可以在一定程度上缓解因搬迁带来的情绪困扰,降低青少年的焦虑感。

其次,公寓化生活减少了儿童与自然的接触,削弱了其感官与身体的发展。研究表明,城市绿地对居民身心福祉具有积极影响,能够改善城市居民生理及心理健康状况、缓解工作压力、增强幸福感②。然而,现代城市空间的设计往往优先考虑交通与经济效率,公共绿地和户外活动空间被不断压缩,使得儿童活动范围局限在封闭空间内,影响其身体发育与心理舒适度。

最后,社交媒体成为主要社交渠道,也使少年儿童更容易陷入"网络孤独"和虚拟人设压力之中。这种"去现实化"的社交方式虽然拓展了人际交往的空间,但也带来了比较焦虑、身份迷失等心理负担。

(三) 社会经济与文化压力

在社会经济快速发展的背景下,竞争机制逐步向低龄段渗透,导致"就业压力前移""教育功利化""经济优越性驱动下的动力缺失"等现象普遍存在。这些趋势已逐渐成为影响未成年人心理健康的重要社会风险。

首先,就业焦虑已逐渐向未成年群体蔓延。在"内卷"成为社会关键词的背景下,越来越多的家庭将对未来职业成功的期待转嫁至孩子身上。即便在小学阶段,部分家长也已开始规划孩子的升学路径和素质发展方向,导致"考前焦虑"向更早的阶段扩展。

其次,教育的功利化导向削弱了学习本身的内在动机。在升学率导向下,学习被简化为获取名校"门票"的手段,而非知识探索与自我实现的过程。长期在"分数—排名—评比"的系统中成长,少年儿童更容易产生"学而无趣"的认知,甚至在高压下形成"工具人"式心理结构,缺乏独立判断能

---

① 李科生,张婷,马鹏,等. 生活事件与搬迁青少年焦虑情绪的关系:应对方式和社会支持的中介作用[J]. 中国临床心理学杂志,2023,31(05):1243-1247.
② 肖华斌,何心雨,王玥,等. 城市绿地与居民健康福祉相关性研究进展——基于生态系统服务供需匹配视角[J]. 生态学报,2021,41(12):5045-5053.

力与创造力。

最后,经济条件优渥反而可能弱化成长内驱力。在中高收入家庭中,部分未成年人由于物质获取较为便利,缺乏挫折体验与责任感,容易产生"轻努力心理"或"心理脆弱化"倾向。长期的"被满足"状态会弱化其耐挫能力与自我激励机制,一旦进入需要自主拼搏的现实环境,就容易失落与焦虑。

第三节
未成年人心理健康的生态机制建设

【案例导入】

初三女生小溪最近变得沉默寡言,上课时常走神发呆,作业质量也明显下降。班主任温和地与她交谈:"最近状态是不是不太好?需要我帮你预约心理测评吗?"并随后通知了小溪的母亲。听到消息,小溪的母亲顿时紧张起来:"学校说她心理有问题?明天我就带她去大医院挂精神科看看!"母亲一边说着,一边开始调整小溪的作息时间表,删除她手机上的社交软件,并安排她晚上听"情绪管理音频"。学校焦虑,家长焦虑,而小溪却越来越沉默、孤独。面对这样的状况,学校、家庭和社会三方究竟该如何帮助小溪,给予她真正的支持与关怀?

本节强调构建家庭、学校与社会的动态协同网络。家庭层面需优化教养方式、强化功能与缓解代际压力,为少年儿童提供稳定的情感支持;学校层面以落实"双减"、推进"五育并举"与优化评价体系为抓手,纠正应试导向,创新教学实践;社会层面则要加强信息环境监管、重建社区支持网络,营造安全、友好的公共空间。最终,通过校社、家社、家校三方面的交互融合,形成资源互补、职责共担、响应快速的系统化支持体系,为未成年人心理韧性与社会适应力的全面提升提供坚实保障。

一、家庭生态的重构

(一)教养方式优化方案

积极教养方式的优势。 系列元分析结果显示,积极教养方式(如情感温暖、理解)与青少年的自尊、复原力等积极发展指标呈中等正相关[①]。

[①] 唐甜,王雨,巩芳颖,等. 家庭教养方式与中国青少年积极发展的关系:系列元分析[J]. 心理科学进展,2024,32(08):1302-1319.

研究表明,父母的情感温暖和理解对青少年的心理健康具有重要影响,其中父亲的作用尤为突出。相反,父亲的拒绝、否定、过度保护、惩罚、严厉、过分干涉,以及母亲的拒绝、否定、过度保护、惩罚、严厉等不良教养方式,与心理问题的发生呈显著正相关,这些负面教养方式显著增加了青少年出现心理问题的风险①。

积极教养方式干预途径。自2013年起,北京市海淀区法院率先探索"强制亲职教育"司法实践,此后,江苏、广东等地的检察机关联合妇联、教育学与心理学专家,针对涉罪或失职家长开展系统化培训。在张家港市、南京市浦口区等地的多个试点,家长在"情感温暖"和"正向引导"方面的能力已显著提升。全国妇联联合信息技术公司于2024年底上线小程序"幸福家·家庭教育服务园地",为数千万家庭提供易懂、可操作的家庭教育课程,助力家长掌握"温暖+理解"的教养技能,构建可持续的家庭支持网络。以上多层级、多渠道的积极教养干预模式,为在全国范围内推广基于"温暖与理解"的家庭教养方式提供了坚实的数据支持和可复制的实践路径。

(二)家庭功能强化措施

构建"亲密型"家庭结构:重塑联结与互动机制。首先,亲子共处时间制度化有助于增强少年儿童安全感和归属感。人民网教育频道的相关报道指出,家庭若能坚持落实"每周家庭日"或每日共进晚餐,孩子在学业与心理健康方面均表现更佳。其次,多样化的家庭活动能够深化情感联结。应鼓励家庭成员共同参与多样化的活动,以增强家庭成员间的情感联结。在东莞市的一个流动儿童家庭中,社工通过家庭系统干预,制订了具体的"家庭作业",如每天晚餐后共同散步、父亲参与孩子的游戏、每周家庭外出活动等,显著提升了家庭成员的亲密度和孩子的自我效能感。最后,家庭角色互换体验能促进家庭成员的相互理解。比如父母全情投入孩子的

---

① 王芬芬,张榆敏,王霞.父母教养方式与青少年心理健康关系的元分析[J].青少年学刊,2018(03):38-43,55.

游戏中,孩子参与家庭决策,这种做法可显著提升家庭成员的共情能力和尊重氛围。

优化家庭沟通模式:提升情感表达与理解能力。提升家庭沟通效能的首要途径是进行系统的沟通技能培训,包括教授积极倾听、非暴力沟通(NVC)技巧等,以增强家庭成员的沟通能力。研究表明,非暴力沟通在提升同理心和减少冲突方面具有显著效果。

强化家庭情感支持系统:构建安全依附与心理支持网络。首先,通过系统化的情感支持教育课程,父母可以在专业心理学家和教育专家的指导下学习具体策略,如正念倾听、共情回应和情绪调节技巧,以提升在日常生活中为孩子提供情感慰藉和心理支持的能力。同时,通过建立支持性家庭文化,能够促进家庭成员彼此之间的理解和信任,使之可以更好地应对生活中的挑战。

(三)代际压力缓解机制

强化社会支持网络。社会支持包括家庭、学校与社区支持,是缓冲个体教育焦虑与相关压力的重要资源。研究表明,高中生的压力知觉与其领悟社会支持的能力呈显著负相关,领悟社会支持能显著负向预测压力知觉,因此,要降低高中生的压力知觉,应关注提升其领悟社会支持的能力,并进一步通过提高实际的社会支持水平来促进该过程①。

"认知—情绪"调节策略。认知行为疗法(CBT)通过识别并重构家长对教育期望的失调认知,能够有效降低家长的教育焦虑,并阻断焦虑向子女的传递。郭宝玥和蒲少华的个案研究显示,经过 12 次 CBT 个体咨询干预后,家长的成就焦虑显著下降,亲子关系与夫妻关系均获得长期改善,干预效果在三至六个月随访中持续维持②。

角色边界重建。为了消解"亲子关系倒置"带来的功能失衡,系统式

---

① 王宇泽,陈泓霓,陈培杰,等.高中生压力知觉与领悟社会支持、心理资本的关系:性别的调节作用[J].中国健康心理学杂志,2024,32(07):1102-1109.
② 郭宝玥,蒲少华.家长教育焦虑的认知行为疗法个案概念化及干预[J].心理学进展,2023,13(2):423-431.

家庭治疗借助角色互换与三角关系重组等体验式技术,帮助家庭成员重塑互动模式,厘清并重建稳固的亲子界限,从而有效阻断代际压力传导。

二、学校生态的转型

(一) 以"双减"政策落实为抓手,切实纠正教育理念

重塑教育价值观:以"立德树人"与综合素养为核心。"立德树人"是新时代教育的根本任务,应成为各级学校和家庭的共识。中共中央办公厅、国务院办公厅印发的《关于进一步减轻义务教育阶段学生作业负担和校外培训负担的意见》明确提出,要"压减作业总量和时长,规范校外培训行为",并要求提升学校教育质量,让学生"在校内学足学好"。为落实这一导向,各级学校应在课程设置与教学评价中,将德育、体育、美育和劳动教育与智育放在同样重要的地位,并在普通高中课程方案和义务教育课程标准中,明确项目式学习和探究式教学的实施要点,从而减少机械刷题任务,培养学生的问题解决能力与社会责任感。

加强学校、家庭、社会协同:构建多方共治格局。殷飞强调,良好的"双减"教育生态需要"家庭、学校和社会在目标上各负其责、协同发力",学校要发挥专业优势,提高集体教育的个性化指导水平;家长要提升教育理性,加强家庭生活教育的引领能力;社区要增强服务能力,支持学校和家庭落实"双减"[1]。

完善政策执行与监督反馈:打造长效机制。教育部应每年组织国家督学对重点区域和学校开展专项督导和调研,及时发现政策执行中的难点与盲区,并结合地方实际制定差异化改进方案,推动"双减"政策在更广范围和更深层次落地生效。应建立面向家长和社会公众的"双减"政策热线与在线反馈平台,整合教育、市场监管和民政等部门的资源,对家长投诉和建议及时受理,并公开处理结果和整改措施,实现闭环管理。

---

[1] 殷飞.构建良好"双减"教育生态需要家校社协同发力[N].江苏教育报,2021-11-03(001).

(二)以"五育并举"为方向,创新多元落地路径

完善顶层设计与政策保障。 中央与地方教育行政部门应持续细化"五育并举"实施方案,将德育、智育、体育、美育、劳动教育纳入学校年度发展规划与考核指标,形成政府—部门—学校—社会四级联动格局。教育部在京津冀调研中强调,要完善立德树人机制,深入推进思政课与"五育"融合,以制度化设计夯实"五育"落地基础。

构建校本课程一体化实施机制。 学校应以课程实施方案为引擎,统筹推进"五育"校本课程建设。应将思想品德、学科知识、体育美育和劳动实践整合于课内外活动中,实现育人目标的一体化呈现。也可以以"五育"中的薄弱课程为主,如劳动教育,通过系统设计劳动课程与课程劳动,将劳动教育与德智体美有机融合。

统筹师资培训与协同育人。 推动"五育并举"必须赋能教师,建立校本与区域联动的培训体系,定期开展跨领域教学研讨和实践观摩。2024年教育部启动"人工智能助推教师队伍建设"试点,将人工智能与课堂教学深度融合,以技术赋能教师跨学科教学与教育创新。

发动社会资源与家校社协同。 "五育并举"需破除"学校单打独斗"的局面,激活家庭与社区力量。各地可在社区设立劳动实践基地、艺术体验中心与体育俱乐部,并通过"家长学校+志愿者服务"模式,组织家长与社会人士参与学校德育、美育和劳动教育实践,形成多方共育格局。

(三)以优化评价体系为导引,持续深化教育改革

强化过程性校家社协同评价。 学校可推广"学习日志""项目实践报告""小组合作记录"等工具,及时记录并反馈学生在探究式学习、体育锻炼和劳动实践中的参与度与进步。同时,每学期开展一次综合素养测评,将测评结果与家长沟通会、学生自评相结合,编制"学生成长报告",为制订个性化教学与支持方案提供精准依据。在建设校家社协同育人"教联体"的背景下,学校要主动将家庭和社区纳入评价体系,通过信息技术将未成年人日常生活中的点点滴滴记录在册,以此形成全员、全时、全方位

评价的新格局。

推广学生心理发展档案袋与电子化档案管理。 各校应依托国家监测平台,建设校本电子系统,将学生的品德评价、运动成绩、美术作品照片、劳动证书等素材嵌入档案,实现师生、家长和学校的多方共享。此外,建议推广全员导师制。江苏省教育主管部门在保留班主任制度的基础上,在全省中小学实施了"全员导师制",学校按照一定的比例为学生配备导师,导师在学生的人格、体格、心理、学业、潜质等方面进行关爱与跟踪指导,形成了"教师人人是导师,学生人人有导师"的格局,逐步形成了"1+N"和"N+1"工作模式。

完善教师评价与学校激励机制。 应将德育成效、体育和美育课程教学质量以及劳动教育组织能力等纳入校长与教师的绩效考核体系,并通过随机抽查过程性评价与心理发展档案使用情况形成硬性约束,通过教师、校长评价与学校评价的改革带动学生评价的完善。

通过以上举措,评价体系将从单一的结果导向转向多元的过程关注,从而更好地促进学生的全面发展和教师的教学创新。

三、社会生态的完善

(一)加强监管,优化儿童成长的信息环境

加强法律法规建设与执行。 为规范网络信息内容,中央网信办持续开展"清朗"系列专项行动。2024年,中央网信办部署开展"清朗·整治违规开展互联网新闻信息服务"专项行动,集中整治编发虚假不实新闻信息、仿冒新闻单位、未经许可开展新闻信息服务等突出问题。2025年"清朗"系列专项行动将进一步聚焦人民群众反映强烈的突出问题,强化源头管理和基础管理,整治短视频恶意营销、AI技术滥用、网络直播打赏乱象等问题。

优化平台内容推荐与算法机制。 为防止"信息茧房"效应,网络平台需优化内容推荐算法,避免过度依赖用户历史行为,增加多元化信息的曝光度。2024年,中央网信办部署开展"清朗·打击违法信息外链"专项行

动,集中整治账号、评论、群圈、直播和短视频、生活服务、浏览器和搜索引擎、电商、涉未成年人版块等违法信息外链问题易发多发的八大重点环节。网络平台应建立健全内容审核机制,强化对不良内容的识别和拦截,保障未成年人的网络安全。

提升公众媒介素养,加强心理健康教育。公众,尤其是家长和未成年人,应提高媒介素养,增强对网络信息的辨识能力。教育部门可将媒介素养教育纳入课程体系,培养学生的批判性思维和信息筛选能力。同时,学校和社区应加强心理健康教育,提供心理咨询服务,帮助未成年人应对信息过载带来的焦虑、抑郁等问题。

(二) 重建社区,主动调整社区生活方式

重建社区支持网络。首先,推进儿童友好型社区建设。借鉴联合国儿童基金会(UNICEF)中国办公室发布的《构建儿童友好型城市和社区手册》,建议地方政府在城市规划与社区治理中充分考虑儿童的需求。其次,强化校家社协同机制。《加强流动儿童关爱保护行动方案》强调要"充分发挥政府、学校、家庭、社区、社会各方作用,建立完善多部门工作协调机制"。学校可设立社会工作与心理辅导岗位,并定期与社区联合组织开展家长沙龙、邻里联谊、心理健康科学知识普及等活动,以织密流动儿童的社会支持网。江苏"爱心暑托班"实践提供了可借鉴的校社联动模式。南京与高校合作建立实践基地,招募大学生志愿者为暑托班提供心理团辅与素质拓展服务;无锡和镇江等地则通过政府、团组织、社会力量的合作,整合教师志愿者和社区资源,为流动儿童提供稳定的成长支持。

回归自然活动。根据国家体育总局发布的《全民健身指南》,建议中国居民每周进行3至7天、每天30至60分钟的中等强度至高强度体育活动。学校层面,可以设立"晨跑俱乐部",或组织师生做加强版的课间操,鼓励学生在日常学习之余进行适量运动。家庭方面,家长可以组织周末的亲子公园行走或骑行活动,让孩子在"公寓式"生活中也能保持足够

的运动量。寒暑假和节假日,社区可以招募运动达人为志愿者,由他们作为运动骨干组织社区的孩子们参与"运动俱乐部",营造良好的运动氛围。

四、校家社协同建构心理健康生态

(一) 校社协同,缓解教育焦虑,优化家庭媒介生态

教育焦虑的理性疏导。家庭作为心理健康的基础单元,需通过校社联动优化教育理念。家长应基于孩子的兴趣与潜能为其制订个性化发展路径,以成长型思维替代功利化预期,帮助孩子在多元兴趣探索与自主决策中积累自我效能感,形成应对外部竞争的内在心理资源。学校需与社区心理咨询机构及医疗机构共建"发展—补救"一体化心理健康项目,覆盖全体学生,并针对高风险群体进行个性化干预,形成家庭、学校、社区、医院的闭环支持体系。

家庭媒介生态的优化。需构建家校社共治"数字世界"的框架,《第5次全国未成年人互联网使用情况调查报告》显示,2022年我国未成年网民规模达1.93亿,普及率为97.2%,因此,校社亟需协同建立"监管—教育—体验"闭环:家庭执行屏幕时间管理(如2—5岁幼儿每日接触电子屏幕时间不超过1小时);学校依据《未成年人网络保护条例》将网络素养教育纳入课程体系;社区则提供"亲子数字工作坊"等实践平台。家庭、学校和社会应共同构建"家庭—学校—互联网"联动系统,引导未成年人规范网络行为,提升其网络素养。

(二) 家社协同,支持学校减负,优化学业发展生态

"家庭—学校—社会"减负生态系统。首先,家庭可以借助在线家长学校与社区讲堂学习合理期望管理与成长型思维方式,学习基于孩子兴趣与潜能设定个性化目标,避免将职业成功压力过早转嫁给子女。其次,学校可以结合"教联体"模式,依托社区资源与医疗机构共建"心理健康与学业辅导"联合体,提供发展性与补救性支持,确保所有学生均能在校内完成作业并获得及时的学业与心理干预。再次,社区可以扩展课后服务与公益实践,依托社区中心与社会工作站开展免费或低费的"作业辅导+

兴趣拓展"项目,进一步压降家庭对校外培训的依赖。

优化学业发展生态。家校社三方应共同推进评价与学习方式革新。学校可以持续推进多元化评价体系,促进社会情感学习(SEL)常态化。教育研究指出,"双减"与"内卷"互嵌的情况下,需以多元评价替代唯分数导向,才能真正改善儿童学习体验[①];同时,基于经济合作与发展组织(OECD)数据的实证研究表明,实施 SEL 项目的学校,其学生社交能力和情绪韧性较对照学校显著增强[②]。

(三)家校协同,参与社区治理,优化社区生活生态

家校社参与社区治理。家长、学校与社区应共同构建常态化的协商机制,确保儿童事务决策的透明与高效。可依托社区议事会或"教联体"平台,明确家长、教师及社区代表在议题提出、讨论与监督过程中的权责分工,形成稳定的沟通渠道与共商机制。

家校社共同优化社区生活生态。首先,在社区规划和建设中,应将儿童需求调研成果纳入决策要点。例如,家校社三方联合制订公共空间使用规范和体验设计指南,推动无障碍设施与安全防护标准化。其次,家校社可共同策划多样化的社区文化项目——如阅读共享角、艺术体验坊和环保教育营等——将学校课程资源、家庭教育实践与社区场域有机融合,丰富儿童的课余生活。最后,可引入第三方评估机构与家长问卷调研,定期评估社区环境的友好度与安全性,并将评估结果反馈至社区议事会和家长委员会,确保规划与服务不断完善,形成闭环改进机制。

【分析与思考】

1. 作为班主任,在面对坚信"学业圆满就能解决心理问题"的家长时,如何

---

① 王晓莉,吴梦琰."双减"与"内卷"互嵌结构下儿童美好生活的困境与破解[J]. 基础教育参考,2024(04):62-72.
② 黄忠敬,尚凯悦,张静. 成长型思维如何影响学生社会与情感能力的发展?——基于 OECD 社会与情感能力测评的实证分析[J]. 华东师范大学学报(教育科学版),2023,41(04):22-32.

用具体案例说明过度加压的副作用?

2. 请从系统观的视角分析,为什么现在的父母受教育水平提高了,家长和教师的教育程度也提高了,孩子们的心理问题却更加严重了?

3. 请选择班级中一位存在心理困扰的学生,尝试从学校、家庭和社会等多个角度分析造成其心理问题的原因。

第三章

未成年人心理健康教育现状与协同维护

本章精讲

前两章重点讨论了"校家社协同育人'教联体'"概念与政策的历史演变,以及相关逻辑关系,并分析了当前未成年人心理发展的现状与原因。本章将深入探讨未成年人心理健康教育的现状与校家社协同育人的系统性生态维护,旨在为构建更加全面而有效的"教联体"心育工作机制提供理论和实践依据。

本章首先分析学校心理健康教育管理体系面临的多重困境,并指出相应的突破困境的路径,以期提升学校在心理健康教育中的管理效能。接着,聚焦社会场域心理健康教育所面临的困境,探讨如何通过生态修复的方式改善社会环境对未成年人心理健康的影响。最后,讨论校家社协同心理健康教育的现状,强调心育"教联体"建设的重要性与必要性,探讨如何通过多方协作形成合力,共同促进未成年人心理健康发展。

通过系统分析,我们将揭示未成年人心理健康教育在整体教育体系中的重要价值,强调跨部门、跨领域合作的必要性,为实现心理健康教育效能的全面提升奠定基础,同时,为校家社三方协同的心理健康教育方案的制订和实践提出切实可行的建议。

未成年人心理健康教育现状与协同维护

第一节 学校心理健康教育管理体系的困境与突破

- 学校管理者认知偏差，心育观有待调整
  - 树立全面发展的教育理念
  - 强化预防意识和措施
  - 促进各方协同合作

- 心育机制运行碎片化，跨部门协作有待加强
  - 明确各部门的职能与责任
  - 加强部门之间的沟通与信息共享
  - 建立综合性的心理危机应对机制
  - 增强全校师生的心理健康意识

- 心育顶层设计不足，课程建设有待优化
  - 明确课程定位
  - 创新教学模式
  - 强化家庭和社会的联动
  - 推动教学内容的融合
  - 保障心育课时和资源

- 课程实施主体能力不足，师资专业性有待提升
  - 建立系统的培训机制
  - 完善师范教育课程设置
  - 建立对心理教师的支持系统

- 评估机制形式化，质量监控体系有待完善
  - 制订全面的评估标准
  - 引入多元化的评估工具
  - 建立有效的反馈机制

第二节 社会心理健康服务体系的挑战与应对

- 社会心理健康服务资源分散，体系化服务有待加强
  - 社会心理健康服务面临的挑战
  - 建构体系化的社会心理健康服务系统

- 社会公众心理健康素养低，科普力度与科学性有待提升
  - 社会心理健康科普面临的挑战
  - 加强心理健康科普的科学性与系统性

- 心理健康领域自媒体科普监管"真空"，内容生态有待优化
  - 心理健康领域自媒体科普存在的问题
  - 优化心理健康科普的生态系统

第三节 校家社协同心育的现状和工作机制建设

- 校家社协同心育的现状
  - 协同观念不足，认知时有冲突
  - 资源整合不够，工作力量分散
  - 对工作独特性认识不清，生态遭破坏

- 校家社协同心育工作机制建设
  - 协同构建学生心理发展信息动态更新机制
  - 加强全员科普，构建观念协同机制
  - 加强全过程协同，构建流程衔接工作机制
  - 加强德心结合，构建生态完善机制

第一节
学校心理健康教育管理体系的困境与突破

学校心理健康教育在维护未成年人心理健康工作中应该发挥主导性作用,这是由学校作为立德树人主阵地的性质决定的,也是由学校作为教育和心理专业资源的集聚高地的实际情况决定的,更是"教联体"建设的工作机制所规定的。但是,学校在开展心理健康教育实际工作时,学校管理者的认知、心育工作运行机制以及课程设置等方面均面临一些困境。

【案例导入】

小张刚从师范大学心理健康教育专业毕业,在顺利考取教师编制后,他满怀信心和激情进入一所中学担任心理健康教师。工作一段时间后,他发现学校领导在大会小会上都强调学生安全和心理健康的重要性,但是在确保心理健康教育课的落实上却不那么重视。学校里,心理健康教育专职教师就他一人,于是很多心理健康教育课就交给了班主任,不少班主任要么把心理健康教育课时用于主科教学,要么就是给学生们讲一些心理学方面的概念和原理,不仅没帮到学生,还让学生产生了困惑。作为心理健康教育专职教师,小张每天都在做汇报材料,或写各种专门报告,有时还要"造假",这让他十分纠结。

一、学校管理者认知偏差,心理健康教育观有待调整

在现代学校教育体系中,心理健康教育的重要性日益凸显,然而,由于一些历史性原因以及各种现实挑战,目前还存在着学校管理者对心理健康教育这一领域重视程度不足、认知有偏差等现象。

首先,心理健康教育工作重障碍,轻发展。 问题就是号令,危机就得冲锋。当前基础教育中的心理健康教育,受到学校管理者专业意识、专业师资、课时安排、社会关注程度等多种因素的影响,呈现出单一的"以问题为

导向"的态势,即,如果学生心理没有出现明显障碍,就被视为没有问题,就得不到应有的重视。学校教育资源和心理辅导资源更多地向心理已存在明显障碍的学生倾斜,而对学生中潜藏的发展性心理问题重视不够。

其次,心理健康教育方式重干预,轻预防。"重障碍,轻发展"的工作重点倾向必然使学校心理健康教育工作出现"重干预,轻预防"的另一倾向,学校会把有限的心理健康教育资源更多地投放在干预工作上,如:对可见的、需要接受考评的心理咨询室投入较大,而对心理健康教育课程投入较少。"轻预防"不仅体现在对少年儿童发展过程中可能面临的心理危机的认识不足,还表现为学校心理教育课程较少有"提前量",如:到了青春期中期,才开始讨论青春期心理,而这时学生的心理问题和亲子关系方面的问题已经积压多时。这既反映了当前学校管理者和专业的心理教师在心理健康教育工作中疲于应付的客观现实,也折射出他们的心理健康教育观念存在偏颇。

再次,学校心理健康教育管理上重应付,轻落实。许多学校管理者将心理健康教育视为一种附属任务,而非学校教育的核心目标。在以应试教育为主的背景下,心理健康教育往往被边缘化,学校在设定教育目标时,也缺乏对学生心理发展重要性的深刻理解。面对学业压力、家庭环境及社会期待,学生的心理健康问题日益凸显,但很多管理者仍未意识到这些问题可能会对学生的学习与发展产生深远的影响,聘请心理健康教师更多的是为了应付上级教育部门的检查。调查表明,只有 25.86% 的学校管理者认为开展心理健康教育对提升整体教育质量有很大的促进作用[1]。"重应付,轻落实"的另一点体现为师生配比的失衡。我国心理健康教育的师生配比与标准比例之间尚有较大差距。然而,在数量不足的情况下,心理健康教师往往承担着繁重的工作任务,不仅要负责心理健康教育课程的教学,还需要承担个别辅导、心理咨询、危机干预等多项工作。

---

[1] 邓林园,梁洁姗,李蓓蕾,等.中小学心理健康教育现状:心理教师与学校管理者的不同视角[J].教师教育研究,2018,178(4):60-66.

较重的工作负担使得心理教师难以深入开展心理健康教育工作,正如一位一线心理教师所说的,"我们的工作还是以应付检查为主,基本上都在忙着做材料。发现真正存在心理危机的孩子时,班主任往往也认为是学生矫情,认为是给他们增加负担!主动配合我们的少之又少!"

最后,心理健康教育落实上重分割,轻统筹。育人理念与心理健康教育的落实过程中,存在着各学科独立,甚至割裂,以及对课程与教育活动的统筹不足的现象。许多学校在教育计划的制订与落实上,缺乏对心理健康教育的统筹考虑,通常将其视为教导学生学习知识和技能的附加部分。这种分割,不仅使得心理健康教育难以嵌入日常的教育活动中,也大大削弱了心理健康教育的效果。比如,学校在开展学业考核时,往往只关注学生的学习成绩,而忽略了学生的心理承受能力及心理状态。这种重视结果、忽视过程的管理模式,易导致部分学生在学业压力下出现焦虑、抑郁等心理问题,从而阻碍他们的全面发展。

突破路径:

为了纠正学校管理者的认知偏差,学校需要从根本上对心理健康教育的目标进行重新定位。**首先,树立全面发展的教育理念**。即从"应付式"管理转向"价值导向"管理,不仅认识到心理健康教育对学生全面发展的深远影响,更要明确心理健康教育不仅仅有助于解决心理问题或干预心理障碍,更是促进学生全面发展的重要教育内容。学校应将心理健康教育视为教育体系的核心内容之一,强调其在培养学生社会适应能力、情绪管理能力和人际交往能力等方面的重要性。**其次,强化预防意识和措施**。学校应重视心理健康教育的预防性,建立心理问题早期识别和干预机制。通过定期开展心理健康情况评估和问题筛查,及时发现学生的心理问题,并提供相应的支持和指导。同时,学校应在课程中加入预防心理问题的教育内容。**此外,促进各方协同合作**。学校管理者应积极与家庭、社区及专业机构建立合作关系,共同推动心理健康教育的开展。通过定期举办家长会、社区讲座等活动,提高家长和社会对心理健康教育的重视程度,形成良好的支持网络。

总之，纠正管理者的认知偏差需要学校管理者、教师和心理健康教育专业人士的共同努力，只有多方协作，才能为学生营造良好的心理健康教育环境。

二、心理健康教育机制运行碎片化，跨部门协作有待加强

在当前学校教育的实际运作中，内部跨部门的协作机制往往较为薄弱，这导致了教育管理机制的运行碎片化。这种状况严重影响了学校在心理健康教育方面的决策和执行能力，进而影响了学生的身心发展。

首先，部门沟通意识弱。各个部门之间的沟通和信息共享不足，是导致机制运行碎片化的主要原因之一。比如，心理咨询中心、教务处和学生事务处等部门之间缺乏有效沟通，不同部门对心理健康问题的认知不同，处理方式各自为政，造成信息不对称。这种"隔阂"，不仅延误了对出现心理问题的学生的救助，也降低了资源配置效率。

其次，统筹协调能力不足。许多学校在制订心理健康教育政策时，往往缺乏系统性考量，不能从整体上理清各部门之间的职能与责任。这就造成一旦出现心理危机事件，各部门难以协调一致进行应对，最终形成各自为政、各自应对的被动局面。比如，在发现心理危机个案时，学校可能仅仅安排心理教师来处理，而忽视了班主任、学科教师以及教务处、学工处或德育处的系统性介入，导致无法形成围绕个案的系统性工作机制，事倍功半。

最后，应对模式被动化。心理健康教育的被动应对模式也在不断加剧机制运转的碎片化。学校管理者或相关部门在面对学生的心理问题时，往往只是采取一系列应急措施甚至公关措施，而缺乏长远和系统的规划。如有些学校在学生出现心理危机时，可能仅采取个案干预的方式，进行短期心理辅导，却未能建立起针对学生群体的系统性心理健康教育策略。这种以解决问题为导向的被动模式，难以为学生心理健康发展创造一个持续的支持环境，容易使教师和学生忽视心理健康问题。

突破路径：

为了解决机制运行碎片化的问题，学校亟需建立健全的跨部门心育

协作机制。**首先,明确校内各部门在心理健康工作中的职能与责任**。学校应建立清晰的心理健康教育工作运行机制,详细规定各相关部门在心理健康教育中的职责和角色。通过建立跨部门工作小组,使各部门成员可以协同工作,共同设计和落实心理健康教育的具体措施。**其次,加强部门之间的沟通与信息共享**。学校应建立定期沟通机制,例如,每季度召开心理健康教育协调会议,以促进不同部门之间的信息交流与共享。在还没有搭建好区域性心理健康教育信息平台的地区,学校可以借助现代信息技术建立校级心理健康教育信息平台,各部门可以根据权限或根据需要申请通过平台上传、查看学生的心理健康评估档案、咨询记录及转介信息等,以形成完整的数据链。**此外,建立校内综合性的心理危机应对机制**。学校应针对不同的心理健康问题建立多层次的校内干预模式,比如发生校园欺凌事件时、学生出现学习或人际适应困难等情况时,能够快速召集心理咨询师、班主任、教务处工作人员等共同制订应对方案并及时落实。**最后,增强全校师生的心理健康意识**。学校应在各种活动中融入心理健康教育的内容,增强师生对心理健康问题的关注和认识。如,通过举办心理健康讲座、主题班会、心理健康宣传周等活动,提高师生的心理素质和心理危机应对能力。此外,学校也应安排非心理健康专业的教师参加心理健康教育理论与方法的培训,使其具备一定的心理健康知识和心理问题识别能力,从而形成校内全员参与心理健康教育的氛围。

总之,破解校内心理健康教育工作机制运行碎片化的问题,需要学校在管理模式上进行变革,注重短期应对与长期规划的结合,确保心理健康教育的系统性和整体性。只有通过多方合作与资源整合,才能为学生建立相对完善的、可持续发展的心理健康支持网络。

三、心理健康教育顶层设计不足,课程建设有待优化

课程建设是学校心理健康教育顺利开展的基础,然而,当前许多学校的心理健康课程,在课程定位、教学模式、教学内容等方面存在一些问题。

首先,课程定位模糊。学校对心理健康课程的定位较为模糊,这是个

普遍存在的现象。学校往往将其视为一门辅助课程,忽视了其在学生全面发展中的重要性。同时,学校在制订教学计划时,从课时到师资,往往会轻视心理健康课的安排,有些学校,甚至会在出现学生心理危机后,上级教育主管部门前来检查时,突击授课,补齐材料,或者用讲座代替应系统开设的心理健康课程。

其次,教学模式单一。目前,很多学校的心理健康课程,仍主要采用传统的讲授式教学,忽视了心理健康教育课程的特点,互动性与实践性不足。与此同时,心理健康教育课程主要集中在学校内部,课程的设置和实施往往局限于课堂教学,缺乏与家庭和社会的有效联动,出现了心理健康教育"唯课程化、唯学校化"的现象。在许多情况下,学校的心理健康教育活动往往是单向的,仅教师在课堂上传授知识,家长和社区的反馈和参与很少。我们要强调的是,学生心理健康问题往往与他们的生活环境、亲子关系和社会交往密切相关。如果仅仅依靠学校的教育,而不重视家庭和社会的支持与互动,学生的心理健康问题将难以得到有效解决。

此外,心育含量不足。随着学校对心理健康教育工作的重视,开设专门的心理健康教育课程的学校越来越多,但是,各学科的教师有意识地在语文、数学、英语、体育等科目中渗透心理健康教育的意识不强,从而出现了"有心育课程,无课程心育"的现象。2023年,教育部等十七部门印发的《全面加强和改进新时代学生心理健康工作专项行动计划(2023—2025年)》中明确提出了"五育并举促进心理健康"的重要理念,即"以德育心、以智慧心、以体强心、以美润心、以劳健心"。俞国良等学者也指出:德育、智育、体育、美育和劳动教育共同构成心理健康教育的框架,它们分别代表着价值导向、前提条件、体质基础、基本内涵和重要途径[①]。由此可见,心理健康教育与各学科的融合有利于对学生心理健康问题进行科学辅

---

① 俞国良,靳娟娟. 心理健康教育与"五育"关系探析[J]. 教育研究,2022,43(1):136-145.

导,也是满足时代现实需求的体现①。

最后,课时保障不足。许多学校,在课时安排上优先考虑学科课程,特别是影响学校升学率的主要学科,而将心理健康课程安排在较为边缘的时段,或是仅在学期末集中授课。此外,在课时安排上也常常受到师生配比失衡的影响,使得心理健康课程无法与学生的实际需求相匹配,导致教育目标无法实现。

突破路径:

针对心理健康教育顶层设计不足的问题,我们提出如下建议。**首先,明确课程定位。**学校应重新审视心理健康课程的价值,将其视为促进学生全面发展的重要组成部分,通过开展调研、分析需求,准确把握学生在心理健康方面的真实需求,根据心理健康教育课程教学大纲制订切实可行的教学计划。**其次,创新教学模式。**心理健康教育需要采用多样化的教学方法,以提高学生的参与度和学习兴趣。学校可以引入互动式教学、案例分析、角色扮演等活动形式,鼓励学生积极参与讨论和实践。同时,结合现代科技手段,利用在线平台和社交媒体拓展心理健康教育的形式和内容,增强学生的情感体验,提供实践演练机会。**再次,强化家庭和社会的联动。**学校应积极构建家庭、学校和社会三位一体的心理健康教育网络,通过将学校心理健康教育课程向家庭与社区拓展,提升课程教学的效果。学校还应该定期举办家长培训和社区活动,加深家长对心理健康教育的认识,提高其对心理健康教育的参与度,使家庭环境能够更好地支持学生的心理健康发展。学校还可以与社区心理健康服务机构合作,通过购买服务等方式整合资源,为学生提供更为全面的心理健康支持和服务。**此外,推动教学内容的融合。**学校应鼓励教师将心理健康教育内容融入各学科的教学中,形成"心育课程与课程心育相融合"的良性循环。学校要制订心理健康专任教师参与各学科备课组集体备课的工作机制,

---

① 侯健美. 小学心理健康教育与学科课程的融合策略[J]. 天津教育,2022(03):55-57.

将心理健康教育的理念和内容通过跨学科的课程设计渗透在其他课程中,使学生在各个学科中都能接受健康心理的熏陶,达成心理健康教育目标。**最后,保障心育课时和资源**。学校应合理安排课时,确保心理健康课程足额足时落实下去。同时,增加对心理健康教育的资金投入,用以聘请专业的心理健康教师、提供培训机会以及购买相关的教材和教学工具等,为课程的开展提供必要的资源支持,以提升课程的教学质量和效果。

总之,心理健康教育课程建设需要学校在理念、实践和制度上进行多方面的探索与改进,只有丰富课程设计、创新教学方法、合理安排课时,才能落实科学开展心理健康教育的要求。

四、课程实施主体能力不足,师资专业性有待提升

师资队伍的专业化水平直接影响学校心理健康教育的质量与效果,然而,当前的师资队伍在心理健康教育专业化程度上普遍不足,这一问题主要体现在专业资质、培养体系和支持系统三个层面。

首先,专业师资有待补齐。在基础教育一线,专业的心理健康教育教师的缺口很大,在应急状态下,不少学校紧急让一批教师转岗从事心理健康教育工作,这导致很多从事心理健康教育的教师没有经历过系统培训,也没有专业的资质认证。

其次,培养体系有待完善。现有的师范教育,在心理健康教育方面的课程设置相对薄弱。虽然越来越多的高校意识到心理健康教育的重要性,并尝试在课程中增加相关内容,但心理健康教育师范专业课程仍然较为稀缺,相关专业培养往往缺乏系统性,难以帮助职前教师打下牢固的知识和技能基础,这使得许多教师在实际工作岗位上仍然感到无从下手,无法有效开展心理健康教育。

最后,支持系统有待丰富。学校缺乏对心理健康教育教师的有效支持,导致教师在教学过程中孤立无援。许多学校未能为心理健康教育提供必要的资源和时间支持,教师在工作中不得不承担过多的课外任务,而难以将精力真正投入心理健康教育的实施中。同时,不同的地区和学校

对心理健康教育的重视程度也存在差异,在学校教育中,存在着心理健康教师身份认同混乱、专业发展与晋升通道狭窄、教科研组织水平偏低等情况,导致心理健康教师的工作积极性下降。

突破路径:

为了改变心理健康教育师资专业化水平偏低的现状,学校需要积极推进教师队伍的专业化建设。**首先,建立系统的培训机制**。地方教师发展中心和学校应定期组织对心理健康教育教师的专项培训,邀请专业人士举办讲座,或开展工作坊活动,帮助教师提升心理健康教育的知识和技能。此外,学校还可以与高等院校和专业机构合作,开展专兼职心理健康教育师资培训项目,提升教师的专业素养。**其次,完善师范教育课程设置**。高校应在师范教育中增加心理健康教育相关课程,培养具备心理健康教育能力的教师;有心理学专业的高校,要积极开展心理健康教育专业人才培养工作。同时,鼓励高校与基础教育学校建立合作关系,开展心理健康教育的实习和实践活动,让教育专业的学生在实际环境中锻炼心理健康教育能力。**最后,建立对心理教师的支持系统**。学校应为心理健康教育教师提供必要的资源和支持,包括专门的心理健康教育办公室、心理咨询室以及相关的教学材料等。同时,学校应合理安排教师的工作量,确保他们有足够的时间和精力投入心理健康教育中。

通过以上措施,学校可以有效提升心理健康教育教师的专业化水平,从而提高心理健康教育的质量与效果,为学生的心理健康发展提供更为坚实的保障。

五、评估机制形式化,质量监控体系有待完善

在心理健康教育的评估机制中,存在形式化现象,造成了效果追踪与质量监控的缺位。这一问题体现在多个方面。

首先,过程性评估工具缺失。心理健康教育需要实时跟踪学生的心理变化,但目前大多数学校缺乏有效的评估工具,无法对学生的心理状态进行全面的监测和记录,这使得学校在调整教育策略和课程安排时缺乏

必要的数据支撑，难以针对性地解决学生心理健康方面的问题。

其次，结果反馈机制不健全。心理健康教育的评估不是仅对学生的心理行为表现结果进行筛查，而是应更关注学生的心理发展与变化。然而，现有的评估方式往往侧重于结果而忽视过程，缺少对心理健康教育效果的跟踪式反馈。这种评估方式，使得教师和管理者无法获取学生在心理健康教育中的真实体验和感受，进一步导致教育目标的偏离。

最后，教育闭环未形成。当前，学校对心理健康教育状况进行评估后，往往无法及时将结果反馈给相关教师和管理层，对薄弱环节缺乏有效的改进措施和办法。这种情况，使得学校不能及时对已发现的问题进行干预和处理，从而导致问题积累与恶化，形成恶性循环。

突破路径：

为了解决评估机制形式化的问题，学校需要建立一套科学合理的心理健康教育评估体系，以提升评估质量。**首先，制订全面的评估标准。**学校应根据心理健康教育的特殊性，开发一套适合本校特点的评估标准和具体指标。这些标准应涵盖学生的心理素质发展、情绪管理能力、亲社会行为、抗逆力等多个方面，确保评估的全面性和科学性。有了明确的评估目标，也便于教师和学生明确方向。**其次，引入多元化的评估工具。**学校应结合量表、问卷、访谈、观察等多种评估工具和方法，完善过程性评估，以便更全面、实时地监测学生的心理状态和变化。**最后，建立有效的反馈机制。**学校应定期对评估结果进行分析，并将其反馈给教师和管理层，确保各方能够及时掌握学生的心理健康状况。在此基础上，教师可以根据反馈结果制订针对性的教学策略和干预措施，学校管理者也能够据此进行资源配置和政策调整。同时，要鼓励学生和家长积极参与反馈过程，听取他们的意见和建议，以实现更为全面的评估。

综上，学校应基于以上客观认识与科学分析，建立起一套科学、系统的心理健康教育评估机制，以提升心理健康教育的质量与效果，从而更好地促进学生的心理健康发展，及时应对和解决他们的心理问题。

第二节
社会心理健康服务体系的挑战与应对

随着社会的发展和人们对心理健康认识水平的提高,少年儿童的心理健康问题因其影响个人的学习和生活质量,关系到家庭、学校乃至整个社会的和谐与发展,正日益成为公众关心的焦点。然而,当前心理健康服务面临诸多挑战,在社区、社会和自媒体等层面表现得尤为明显。我们需要通过系统性分析来探索生态化的应对挑战的路径,以提高全社会心理健康服务的整体效能。

【案例导入】

小明是一个住在城市的15岁初中男生,表面阳光开朗,但内心却在与焦虑斗争。随着学习压力的增加,他感到无比疲惫,每晚都辗转反侧,难以入睡,课堂上也常常无法集中注意力。小明的父母忙于工作,对他的状态并不在意,甚至在一次家庭聚会时,父亲说:"当时我们不也是这么过来的?现在的小孩就是没吃过苦,说什么有心理问题,就是作出来的。"这让小明更加羞愧和孤独。尽管小区里就有一家心理咨询中心,但因缺乏宣传和相关资源,很多人,包括小明在内,根本不知道其存在,更别提利用它了。小明试图在网络上寻找帮助,但社交媒体上满是"心灵鸡汤"和误导性的"确诊心理问题"的视频,这让小明更加迷茫和害怕。一天,在学校课堂上,小明因为忍耐已久,情绪崩溃,泪水夺眶而出。老师注意到了他的异常情绪,耐心地询问。终于,这位老师的关心让小明意识到自己并不孤单,决定勇敢地寻求帮助。

一、社会心理健康服务资源分散,体系化服务有待加强

目前,社会心理健康服务经常表现为一种"孤岛化"倾向。这种倾向主要体现在心理健康服务资源的分散与合作机制的缺乏。卫生健康系统的专业心理服务力量不足,导致一号难求;许多社区虽然设立了心理健康

服务机构,但缺乏系统的管理和整合,导致其专业性不够、持续性不强,服务效果不尽如人意。因此,需要进一步加强社会心理健康服务的体系化建设,以服务社会日益增长的心理健康服务需求。

(一) 社会心理健康服务面临的挑战

1. 卫生健康系统专业心理健康服务力量不足,无法满足日益增长的心理健康服务需求

目前,卫生健康系统内的专业心理健康服务力量仍较为薄弱,专业心理咨询师和精神科医生的数量有限,特别是在基层医疗机构中,心理健康服务专业人员的配备严重不足。这导致许多心理健康需求无法得到及时、有效的满足,出现"看病难、服务缺失"的状况。

2. 社区心理健康服务资源分散,心理服务可及性与持续性不足

现实中,在大部分社区公告栏上可以看到心理咨询中心的相关宣传,但居民一旦想要寻求帮助时,却常常发现咨询师的专业能力不足、服务时间短缺或是排队等候时间过长,最终只好放弃咨询。由于缺乏有效的宣传和引导,不少居民甚至不知道这些心理健康服务中心的存在,导致在遇到心理问题时依然选择隐忍而不求助。这种信息不对称的局面,使得众多有需要的居民在寻求支持时孤立无援。与此同时,社区之间的心理健康资源往往缺乏统一的协作机制,导致各种服务难以有效整合,在很多情况下,居民并不知道自己应该向哪种机构寻求心理健康方面的帮助。各个心理健康服务机构的职责界限模糊,信息共享机制不健全,也导致资源利用的低效与浪费。

3. 社会机构的心理健康服务专业性参差不齐,服务有效性不足

当前,社会上的公益性和商业性心理健康服务机构,在专业水平和服务质量方面存在一定的差异。许多公益性的心理健康服务机构依赖政府资助和社会募捐,操作相对规范,但由于资源有限,人员培训和专业标准尚未完全统一,导致服务水平参差不齐。而一些商业心理咨询公司或机构,因为生存压力,或者以快速盈利为导向,往往追求规模和收益,可能存在专业水平不足、从业人员资格审查不严、服务缺乏个性化和科学依据的情况。这种状况使得部分心理健康服务的有效性受到影响,难以满足个体深层次的对心理健康服务的需求,也影响了整个社会心理健康服务体系的公信力和实效性。

(二)建构体系化的社会心理健康服务系统

为了有效应对上述挑战,走出困境,需要建设基于校家社协同心育"教联体"的社会心理健康服务系统。

1. 建立"学校—家庭—社区"心理服务网格,划定责任片区

通过建立"学校—家庭—社区"心理服务网格,在社区内形成横向和纵向结合的责任体系。在每个社区内安排心理健康服务专员,或者让现有的社区网格员承担心理工作相关职责,由其负责编制详细的责任区和工作计划。每个心理专员与周边学校和家庭建立密切联系,确保资源和信息双向流动、互通有无。当社区中的某位少年儿童出现心理问题时,心理专员能够迅速与学校的心理教师和家庭联动,帮助处理心理问题。这种模式,可以最大化利用资源,为居民提供更及时、更有效的心理健康服务。

2. 开发"场景化科普工具包",激发社区居民参与心理健康相关活动的积极性

社区可以设计一系列"场景化"的科普工具包,充分结合家庭活动和社区活动的特点,以更生动、有趣的方式传播心理健康知识,让心理知识融入日常、深入人心。例如,社区可以针对不同的时节和节日,如开学季、情绪波动季、考试季等,设计相应的心理健康活动并实施。比如,在开学季,举办"新学期心理准备"公益活动,引导学生和家长一起探讨如何适应新的学习环境、管理学习压力;在情绪波动季,安排"情绪表达与管理"亲子活动,通过绘画、角色扮演等形式,帮助孩子认识和表达自己的情绪,加强亲子间的情感联结。通过应用这些"场景化科普工具包",社区不仅能够提升居民对心理健康的认知水平,还能鼓励他们积极参与对心理健康的讨论和实践。

3. 建构"医—校—社"协同服务体系,提升心理个案咨询服务水平

首先,应成立由医院心理科、社区卫生服务中心和学校负责人共同参与的联席工作委员会,明确各自职责、合作目标和工作流程。定期举行联席会议,讨论个案干预中的难点、资源配置和服务优化措施,确保信息畅通、合作顺畅。其次,应建设信息化平台,将个案资料、诊断结果、干预措施等信息电子化、规范化,确保相关机构可以获得实时更新的个案动态。平台应具有权限管理和数据保护措施,保障患者隐私。再次,应建立"分级干预"机制,将个案按情况严重程度划分:轻度问题由学校和社区进行初期干预;中度和重度问题由医院进行深度诊断和治疗。三方共同制订个案干预计划,确保在不同环节信息畅通,资源高效利用,定期组织跨机构的培训和研讨,提高心理健康专业人员的合作能力和应对突发事件的能力。最后,建立合作成效评估体系,根据个案管理效果、合作满意度等指标,对相关机构进行奖励或提出改进建议,促进各方持续优化合作模式。

二、社会公众心理健康素养低,科普力度与科学性有待提升

在社会层面,心理健康问题被广泛关注,同时也暴露出社会公众心理健康素养水平较低的现状。"心理健康素养"概念由乔姆(Jorm,1997)等人提出,意为"有助于识别、管理或预防精神障碍的知识和信念"[1]。心理健康科普的不足,导致心理健康问题常常被污名化,这种现象不仅影响了公众对心理健康问题的理解,也给那些经历心理困扰的少年儿童带来了极大的心理负担。

(一) 社会心理健康科普面临的挑战

1. 科普活动形式化,居民参与动力不足

在社区内进行的心理健康宣传和教育活动往往存在形式化问题。尽

---

[1] JORM A. F., KORTEN A. E., JACOMB P. A., et al. "Mental health literacy": a survey of the public's ability to recognise mental disorders and their beliefs about the effectiveness of treatment[J]. The Medical Journal of Australia, 1997, 166(4): 182 - 186.

管社区偶尔会举办心理健康方面的讲座、工作坊活动或宣传活动,然而,居民的参与热情并不高,许多居民在接到活动通知后,并不会表现出足够的兴趣。这种热情的缺乏,常常是因为活动内容与他们的生活经验之间缺少关联,或是因为活动内容较为枯燥,"冷场"现象时有发生。此外,许多社区心理健康活动也没有面向不同年龄层和群体作个性化安排,一味采用普适化的活动内容与形式。但事实上,不同年龄段、不同职业背景的人,对心理健康的认知和需求各不相同。例如,少年儿童群体可能更倾向于以轻松有趣的方式交流心理问题,而老年人则更希望听到与其生活经历相关的真实案例和经验分享。如果这些期望与细节没有得到充分考虑,活动效果自然大打折扣,居民的参与动力也随之下降。

2. 心理健康知识普及率低下

2025年4月,《心理健康蓝皮书:中国国民心理健康发展报告(2023～2024)》正式发布,其主题报告《2024年国民心理健康状况、影响因素与服务状况》中明确指出,心理健康知识普及率低下是当前突出的"短板",心理健康知识水平方面问题的答题正确率均比较低,多数居民对一些与日常生活紧密关联的重要知识点还不掌握。由此可见,公众的心理健康知识普及程度仍然较低,严重影响了对心理疾病的早期识别和干预。科学认知的缺乏,不仅使个体在面对心理问题时容易产生误解、偏见和恐惧,也限制了家庭和社会对心理健康的正确引导与支持。

3. 心理科普内容的科学化不足,心理疾病被污名化

诸多研究结果显示,心理疾病污名化的程度是影响少年儿童精神障碍患者心理求助态度的主要因素之一[①]。少年儿童在感到抑郁、焦虑时,会因为害怕被他人评判而不敢表达自己的感受,导致问题得不到及时解决。随着时间的推移,未得到有效处理的心理问题会进一步恶化,导致更为严重的心理健康危机,甚至影响到他们的学业、人际关系和整体生活质

---

① 黄传浩,王会秋,王秀珍,林贝尔.青少年抑郁情绪、抑郁障碍因果信念和自我污名感对求助意愿的影响[J].中国健康心理学杂志,2021,29(07):1091-1095.

量。心理疾病被污名化的现象还会导致少年儿童在寻求帮助时感到羞愧和孤立,他们会认为寻求心理咨询或治疗是一种弱者的表现,这种自我污名感使得他们在面对心理问题时更加孤立无援,形成恶性循环。

4. 心理疾病归因道德化

在很多情况下,公众对心理疾病的看法充斥着道德判断。这种偏见不仅影响了少年儿童对心理健康问题的理解,也加剧了患者的心理负担。许多人倾向于将心理疾病视为一个人的道德缺陷或意志薄弱的表现,认为心理疾病是由主体缺乏自制力或不努力而导致。这种道德化归因方式,使得患者在面对心理健康问题时常常感到羞愧,甚至受到来自周围人群的指责。

(二)加强心理健康科普的科学性与系统性

我们应深入贯彻落实习近平总书记"要把科学普及放在与科技创新同等重要的位置"重要讲话精神[①],在心理健康日益受到重视的当下,应进一步加强心理健康科普的科学性和系统性。

1. 校家社协同科普,发起"去标签化"社会倡导

这样的倡导,旨在揭除公众对心理疾病的负面"标签",帮助公众重新审视心理健康。同时,设立心理健康宣传小组,鼓励学生参与心理健康宣传和教育活动,让他们成为传播心理健康知识的使者,进一步消除对心理疾病的误解和偏见。在社会舆论中,利用媒体和公共平台开展"心理健康无标签"行动,鼓励公众分享自己的心理健康守护经历,倡导真实、开放的对话,通过真实故事和经验的分享,让更多的人意识到心理健康问题的普遍性和复杂性,从而避免对心理疾病进行道德化归因。这种行动可以通过短视频、微博等多种形式进行,吸引不同年龄层和背景的人参与,以形成支持性强、互动性高的社会氛围。在家庭中,通过家庭教育指导,帮助家长理解心理健康的重要性,消除对心理疾病的偏见,营造一个开放、理解的家庭环境,

---

① 全国科技创新大会 两院院士大会 中国科协九大召开[N]. 中国青年报,2016-05-31(03).

让少年儿童在遇到心理困扰时能够毫无顾虑地寻求家长的帮助和支持。

2. 构建校家社联动的科普课程"群链"

为了让心理健康知识更有效地传播并扎根于少年儿童群体中,学校、家庭和社区应紧密结合,形成一个资源共享、信息互通的立体网络。在学校层面,心理健康教育应融入课程体系,使学生从小就重视心理健康。通过寓教于乐的方式,让学生在日常学习中自然接触到心理健康知识。在家庭方面,家长的参与至关重要,学校应积极组织家长培训和讲座,帮助家长掌握与孩子有效沟通的技巧。在社区层面,应形成与学校和家庭相互支持、协作的配合机制。社区可以作为学校和家庭之间的桥梁,组织各类心理健康宣传活动和讲座,提供心理咨询服务。社区中心可以设置专门的心理健康信息角,提供书籍、宣传材料和心理健康资源链接,方便居民随时获取相关信息。同时,鼓励社区志愿者参与心理健康宣传和教育工作,形成多元化的心理健康服务网络,整体提升社区的心理健康意识。

总之,我们应逐步消除社会对心理疾病的误解和偏见,提升公众的心理健康素养,建设一个更加包容和理解的环境。只有当每个人都能以开放的心态面对心理问题,才能真正"撕下"给心理疾病贴上的那些"标签",推动整个社会提升心理健康认知水平,更积极地看待并应对心理健康问题。

三、心理健康领域自媒体科普监管处于"真空"状态,内容生态有待优化

在自媒体时代,心理健康知识的传播变得更为快捷,但是因流量逻辑占据主导地位,心理健康科普知识的传播也存在失序现象,不仅影响了心理知识的科学、准确传递,也加剧了全社会对心理健康问题的标签化与污名化,增加了少年儿童的心理负担。

(一)心理健康领域自媒体科普存在的问题

科学知识普及是一项具有科学性的工作,需要遵循基本的规律。心理健康知识的科普还有一定的独特性,简单的标签化和个案的普遍化容易制造社会焦虑,不仅不能对促进全社会重视心理健康有所帮助,还容易

造成反作用,破坏正常的社会心理生态。

1. 网络监管不足导致伪科学泛滥

自媒体平台内容的发布缺乏专业审核机制。自媒体平台的开放性使得任何人都可以发布内容,但缺乏有效的审核机制,这使得一些低质量甚至错误的信息得以传播。如以"心理测试"为名头的营销类账号发布的内容,以及"玄学疗愈"短视频等内容,往往以吸引眼球为目的,追求点击率和流量,而忽视了应有的科学性与严肃性。这不仅影响了公众对心理健康的正确认识,也使得一些需要专业帮助的少年儿童在面对问题时无法找到正确的解决方案。心理健康知识的传播应当建立在科学依据之上,而不能仅仅凭借个人经验,或单纯为了情绪宣泄。只有通过专业人士的审核与指导,才能确保传播内容的准确性和可靠性。

2. "信息茧房"加剧少年儿童的认知偏差

有研究指出,短视频平台造成的"信息茧房"和群体极化现象可能固化负面认知[1]。在自媒体平台上,算法推荐系统通过分析用户的浏览习惯和兴趣爱好,向他们推送个性化内容。这种机制虽然在某种程度上优化了用户体验,但也导致了一系列问题。少年儿童在面对心理健康问题时,缺乏多元的视角和全面的理解,会对某些心理健康问题产生偏见,甚至形成极端的看法,从而影响他们的情感和行为。一方面,算法的工作原理使得少年儿童接触到的内容往往是与其已有观点和情感状态相呼应的信息。这意味着,少年儿童可能会不断被重复推送相似的观点和信息,从而导致自身缺乏多元化的视角。这种信息的单一化,不仅限制了他们对心理健康问题的全面理解,还可能加深他们对某些错误观念的认同。另一方面,算法推荐的内容往往以吸引眼球和引发情绪共鸣为目标,而许多自媒体创作者为了获得更多的点击量和关注度,可能会故意夸大或扭曲事实。这不仅误导了少年儿童对心理健康问题的认知,还可能使他们在

---

[1] 顾伟驷,吕上一,丁月茹,等.自媒体下信息伦理规制及青少年权益保护研究[J].中国教育信息化,2020(14):16.

面对真实的心理困扰时,产生不必要的焦虑和恐慌。

(二) 优化心理健康科普的生态系统

我们可以通过智能审核与正向内容孵化相结合的路径,来加强心理健康知识自媒体传播规范性建设。

1. 利用科技手段,净化网络生态环境

通过加强网络信息筛查,实现对虚假和有害信息的有效监控与过滤。相关部门和平台应利用先进的人工智能技术,建立智能审核系统,对发布的内容进行实时检测和分类,从而排除伪科学和误导性信息,确保用户接触到的心理健康知识是准确、可靠的。同时,可以定期邀请心理专家对内容进行审核,为公众,尤其是为少年儿童提供具有权威性的心理健康知识。

2. 加强行业自律,扶植优质账号

通过扶植"心育'教联体'认证科普账号",为那些生产科学、友好的心理健康内容的创作者提供必要的资源和支持。鼓励自媒体人制作易于理解的互动问答、动画短片以及有趣的心理健康科普内容,以吸引少年儿童的关注。通过新的传播手段,提高少年儿童对心理健康知识的接受度,消除对心理问题的恐惧和误解。

3. 优化评价引导,鼓励专业工作者参与科普

大中小学、科研院所以及卫生健康机构的心理专业工作者是心理健康科普的主力军。各级政府和各个相关部门要加强顶层设计,通过评价措施的倾斜,引导广大心理专业工作者参与到科普行动中来。

综上所述,在自媒体时代,心理健康知识的传播面临着诸多挑战,如伪科学内容泛滥、算法推荐带来认知偏差等。要有效解决这些问题,我们需要进行顶层设计,建立健全监管机制,提升心理健康科普内容的科学性和权威性,同时,要提高少年儿童心理健康的"媒介素养"。唯有如此,我们才能帮助少年儿童树立正确的心理健康观念,减轻他们的心理负担,促进他们全面、健康发展。

第三节
校家社协同心育的现状和工作机制建设

随着党和政府对少年儿童心理健康工作的重视,学生心理健康已经成为学校、家庭乃至全社会重点关注的议题。目前,校家社协同开展心理健康教育的工作格局正逐步得到重视,相关理念慢慢成为人们的共识,但在此过程中,还存在协同认知片面化、协同内容分散以及对各主体特征认识不清的情况。

【案例导入】

小雨是一名初一学生,最近她的情绪十分低落,伴随着成绩下降,对很多事情失去兴趣、与同学关系紧张……这让她感到孤立无助。心理教师王老师注意到了小雨的变化,决定介入,建立一个由老师、家长和社会工作者组成的心理健康工作小组。

在一次家长会上,班主任李老师分享了小雨的情况,并强调了学校对学生心理健康的重视,然而,小雨的父母在会上却表现出不以为然的态度,他们并不认为小雨的心理问题真的那么严重,认为那只是"年轻人发泄的方式"。

与此同时,心理教师王老师试图为小雨联系社区的心理咨询服务人员,但由于缺乏有效的沟通,对方对学校的特殊需求了解不够,服务内容与小雨的实际需求不符,例如,只提供一般的心灵鸡汤式劝慰,而没有针对性的心理辅导。

在协同工作组的第一次会议上,虽然大家都认同建立合作机制的重要性,但参与者之间的信息与资源严重分散,对实际情况的认知也不一致。班主任李老师想了解社区所拥有的心理健康教育资源,而社会工作者却表示自己关于心理健康的专业知识不足,无法提供必要的支持。同时,家长对自己孩子的情绪问题缺乏全面认识,仍然抱持较多的偏见,认为只需督促孩子学习便能改善一切。

最终,在老师的多次劝导下,小雨的父母同意参加学校组织的心理健康培训,慢慢地,他们对心理健康的重视程度提高了。小雨在心理教师的辅导下也开始探索自己恶劣情绪的根源,并在学校的团体活动中结交了新朋友,逐渐找回了自信。

一、校家社协同心育的现状

（一）校家社观念协同不足，对心理健康教育的认知时有冲突

心理健康教育目前存在经费不够、专业师资力量不足、工作持续性和有效性有限等问题，其背后实际上是学校、家庭、社会各方对心理健康教育的认知水平不一致、教育协同性不足，也反映出心理健康教育体系的不健全。

从本节的案例可以了解到，教师、家长、社区工作者以及社会组织相关人员对学生心理健康的认知存在着较大差异，当发现学生出现较大的心理波动、面对情绪失控的挑战时，校家社很难协同一致地予以及时回应和帮助。

（二）校家社资源整合不够，心理健康教育工作力量较为分散

一方面，来自不同系统的心理健康教育力量协同意识弱，协同渠道少，工作资源分散。心理健康教育资源是心理健康教育工作质量的基础和保障。随着社会关注度的上升，对心理健康教育资源的开发正在不断加强，各种形式的资源，如心理健康讲座、心理健康工作坊活动、家长学校等层出不穷，然而，校家社协同意识与协同渠道的不足，使得这些宝贵资源并没有得到充分的共享和传播，如家长缺乏相应的心理健康知识，导致很多需要帮助的孩子无法获得及时的支持和指导。以学校心理健康教育为例，各学段在整合教学资源时往往各管一段，衔接意识不强，缺少可供各学段共享心理健康教育优秀资源的一体化平台，系统化的心理健康教育资源共享机制尚未建立。

另一方面，心理健康教育过程缺乏信息资源的整合。少年儿童在成长过程中经受着包括来自学业、父母、同伴等的各种压力，心理健康问题的成因涉及其生活的方方面面，因此，预防、筛查与干预不应是割裂的，而应是相辅相成的，心理健康教育工作也不仅仅是心理健康专职人员的职责，而应该是各系统合力开展的全员、全过程的协同行动。

总之，心理健康教育应通过整合教育资源促进协同育人，应建立起一个更加全面、高效的心理健康工作体系，为少年儿童的心理健康成长汇聚更强大的心育力量。要联通学校、家庭和社会各方力量，发挥各自的心育资源优势，如家庭的生活资源、学校的课程资源、医院的医疗资源和社区的场馆环境资源等。在学校内部，还需要联通各学段的心理健康教育资源，促进心理健康教育一体化。

（三）校家社对心育工作的独特性认识不清，心理健康服务生态遭破坏

社会转型时期，人们的生活节奏明显加快，各种竞争加剧，人们容易在宏观系统变迁的大背景下产生心理不适应，少年儿童正生活在逐步趋于封闭的生态环境中，个体心理健康问题日益凸显，心理健康教育工作方式面临着严峻挑战。

在责任方面，家长、学校和社会对孩子心理健康问题的独特性理解不足。不少人把学习任务重、压力大作为导致孩子出现心理问题的罪魁祸首，简单指责学校，导致对各自的责任认识不足，没能形成校家社协同心育的氛围与工作机制。因此，学校虽然在学业上为学生不断减负，但是学生的心理问题发生率依然居高不下，甚至出现了这样的现象——家长和社会一边抱怨学校教育的竞争压力，一边又在不断给孩子增加校外补习负担，甚至不惜占用孩子的睡眠、运动时间。被剥夺了起码生活体验的孩子，出现心理问题的风险进一步加大。

在工作方法方面，不少家长、教师和社会工作者一谈到心理健康教育，就将其窄化地理解成心理障碍咨询，甚至理解为心理疾病的医学治疗与干预。在实践中，学校在大力建设心理咨询室，社区也在建心理咨询室，而真正发挥作用的很少。家庭的生活化心理健康体验、学校的课程化心理健康教育、社会的心理健康咨询等，各自的特色都没能得到清晰的梳理与重视，导致整个心理健康教育方式出现领域与部门间的同质化倾向，互补型的工作生态没能形成。

那么，如何通过构建学校、家庭与社会协同育人的工作机制，形成维护少年儿童心理健康成长的"教联体"生态格局?如何提升学校心理健康教育的针对性、有效性与持续性?以下措施与各位老师一同探讨。

二、校家社协同心育工作机制建设

学生的身心健康受生物、环境、文化等综合因素的影响,因此,要维护其身心健康,就需要家庭、学校和社会共同发力,各教育主体间协同工作需要稳定的工作机制。

(一)校家社协同构建学生心理发展信息动态更新机制

预防并化解学生潜在的心理危机,离不开对学生心理状态科学持续的综合动态评估。

南京师范大学心理学院研究团队创新建立了"双维双向"筛查建档机制。双维,指的是"问题—韧性"双维筛查,即在心理危机筛查工具中兼容了抑郁、焦虑等障碍性问题的筛查维度和以心理韧性为代表的常态维度。通过匹配分析,将被筛查者划分为4种风险等级:高危脆弱型(危机型)、低危脆弱型(冲动型)、高危坚韧型(自强型)和低危坚韧型(稳定型)。这套机制,为更加科学系统地对不同类型的学生进行有针对性的关注、指导与干预奠定了基础。

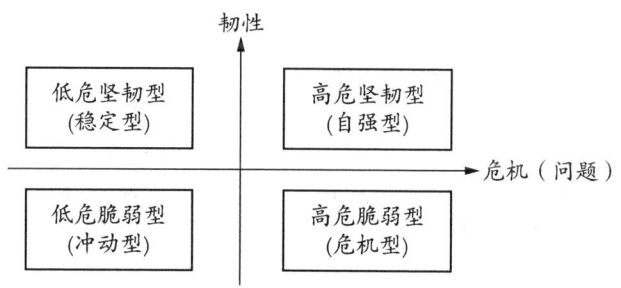

图 3-1 "问题—韧性"双维筛查机制

双向,指通过"家庭—学校"双向渠道,对学生心理发展与成长信息进行收集与验证,系统地对教师和家长开展社会调查,构建不同风险等级学生生活环境画像,动态建立学生心理档案,以弥补心理筛查工具所获得的心理健康信息来源单一的弊端,更全面和准确地判断学生的心理状况,达到提升筛查准确率、降低危机发生率以及提高资源利用率的目标[①]。

(二) 加强全员心理健康教育科普,构建校家社心理健康教育观念协同机制

通过加强全员心理健康教育科普,促进学校、家庭和社会的合作,共同关注和支持学生的心理健康,这将有助于建立起一个更加全面、高效的心理健康工作体系,为少年儿童的心理健康成长提供更有力的保障。

一方面,需要提升全员的心理健康认知。认知影响情绪,认知和情绪驱动行动。如何正确认识心理健康,这影响着孩子自身的健康发展,也影响着学校、家庭、社会的协同育人成效。在全社会关注少年儿童心理健康时,我们要有意识地补齐心理健康教育观念与知识的"短板",向全社会,包括少年儿童,全面且辩证地进行心理科学知识普及,明确科学、全面、客观的心理健康教育标准,纠正经验化、片面化定义心理健康教育的倾向。

另一方面,需要建构呼应时代需求的校家社心理健康教育观念统一机制。学校应加强心理健康教育的课程建设,应立足于心理健康课的教育属性来促进学生心理健康发展;家庭应注重对孩子的关爱与支持,应与学校协同配合,共同关注学生的心理状态;社会则应提供更多的心理健康服务和资源,为学校和家庭提供支持和指导。建立统一机制,能够使各方的努力协同一致,形成合力,最大程度地促进学生心理健康和全面发展。

(三) 加强全过程心理健康教育协同,构建"预防—教育—筛查—干预"心理健康教育流程衔接工作机制

少年儿童的心理问题,很大程度上是社会、学校和家庭问题的延伸,因此,需要进行多角度追踪,提升全过程心理健康教育的连续性和有效性,助力一体化建设,保障学生心理健康、良好地发展。同时,学校作为基础教育阶段教育工作的主要责任方之一,应加强全过程心理健康教育协同,牵头建构"预防—教育—筛查—干预"心理健康教育工作机制。

---

① 王嘉秣,舒琦,殷飞.家校社共同维护学生心理健康[N].中国教育报,2023-05-21(04).

首先是构建心理健康"五育"融合预防机制。 学校通过心理健康教育与"五育"的融合,对学生和课程进行双向赋能,在"五育并举"全面发展素质教育的旗帜下,加强对"课程心育"的指导,在润物无声中提升学生的心理健康水平。

其次是构建心育课程与课程心育融合机制。 学校系统的心育课程是学生心理韧性培养的主渠道,为全面提升心育课程的效果,需要基于课程整体观,分别以学校、家庭和社区为核心设计校家社协同课程融合机制。课程根据校家社各自的特点分别展开,并融合三方力量共同推进落地。

一是以学校规范课程为核心,融合家庭与社区资源。学校规范的心育课程包含心育专项课程和学科课程心育。心育专项课程是指学校列入教学计划的专门的心育课程,学科课程心育是指在学校所开展的德、智、体、美、劳各科课程中挖掘心理健康教育的要素。在以学校规范课程为核心的同时,还要有针对性地将课程拓展到家庭生活和社区活动中,以增强学校心育课程和课程心育的实践性与生活化。

二是以家庭生活课程为核心,融合学校心育目标与社区心育资源。要以学校为主导,积极建设以家庭为核心的生活化心育课程。学校要通过各学段学生家庭生活的主要场域来融合学校心育目标与内容,开发诸如"家务劳动中的韧性体验""同胞互动中的情绪韧性"等课程。家庭生活化心育课程要融合学校评价和社区拓展,通过校家社协同,以家庭生活为载体来开展,学校则加强指导与引领,同时,鼓励家长引导孩子参与社区活动,丰富社区心育资源。

三是以社区活动课程为核心,推动心育课程活动化和社会活动心育化。学校要围绕偏社会化的心育主题课程积极和社区保持沟通,开发以社区活动为核心的心育课程,如在五一国际劳动节,设计社区心育活动,鼓励学生和家长聆听劳模分享、参观劳动场景、共同参与社区服务劳动等,提升心理韧性素养。

再次是构建学生心理健康筛查机制。 学校要建立对学生心理健康状况的共时性静态筛查与历时性动态反馈机制,即各级各类学校要对新生进行一次心理健康科学筛查,以掌握各年段学生的心理健康状况,为开展有针对性的心理健康教育指导提供科学依据。在考试、升学、节假日前后等重要节点,要引导家长和教师关注学生心理健康的即时状态,做好信息联动与动态反馈,保证心理干预的及时、准确。

最后是构建学生心理健康问题干预机制。对部分有心理问题的学生,学校要进行团体干预和个体干预,需要时,还可进行家访、家庭指导,以及由学科老师参与系统性干预等。

对有心理问题的学生应进行全时协同干预,即在一天中的不同时段,以实际监护人为核心,对心理高危学生展开协同干预措施。如,孩子起床后到上学前,家庭和社区要做到协同干预,如果社区在上学时间段发现有未成年人流连在校外,要及时和相关家庭及学校联系、沟通,避免对孩子的关注处于"真空"状态;学生在校时间段,学校要通过多员协同关注的方式保证学生得到及时的帮助与干预。

对有心理问题的学生还应进行全程协同干预,这分为二次评估、预警锁定、预警处置、转介四步。二次评估阶段,需要心理教师联合班主任与学生家长,从心理韧性、危机事件、环境因素等多维度对心理异常学生进行二次评估。预警锁定环节,可查阅学生心理档案,了解学生历次的普测数据和动态数据图,然后组成心理危机预警小组。预警处置阶段,校家社应形成对预警锁定学生的全方位监控,如发现学生的异常行为,则依托共享机制实现三方信息同步,及时进行危机干预,避免学生出现突发过激行为。转介阶段,对已表现出严重心理危机和自杀倾向的学生,在基于档案实行动态跟踪的同时,进行"校—家—医"联席干预,鼓励和支持学生逐步回归学校生活,巩固医疗机构的治疗效果。

总之,学生的心理韧性提升,需要校家社全域、全程和全员的参与和支持,构建起良好的社会心理生态。这需要以学校为主导,以系统为导向,通过环境营造来形成支持性氛围,为学生的心理韧性培养注入"共同认知"和"协同力量"。

（四）加强德心结合，构建"生活—学习—娱乐"心理健康生态完善机制

少年儿童的心理状态，某种程度上也是时代精神的折射。随着居住环境和生活方式的改变，传统的人际交往方式已经遭到破坏，少年儿童形成生活态度、学习目标感以及人生价值观等的生态系统也遭到了一定程度的破坏。因此，在对少年儿童进行直接教育、干预的同时，还应着眼于时代精神的塑造，应通过社会主义核心价值观的引领，努力为少年儿童建构全方位的心理健康生态。

第一，培养坚韧的生活态度。生活是烦琐的，但它总是回馈给认真投入者以甘甜。要引导孩子积极参与家庭生活劳动和社会服务劳动，鼓励孩子们在劳动中形成坚毅的品格，感受努力后的获得感，形成正确的价值观，培养孩子们积极的生活态度。家长和教师要做离孩子们最近的积极工作、为社会做贡献并实现个人价值的榜样，也要引导孩子们在推动社会进步、国家富强中形成正确的价值观。

第二，树立高远的学习目标。人要有崇高的目标与追求。这是一个人在面对困境和挫败时所持态度的价值核心。少年儿童面对学业时感受到的压力，和他们的学习追求有关，同样的压力，不同心境的人感受不同。浅薄短视的学习者，竞争只会增加他们无谓的心理压力；目标高远的学习者，压力却是他们奋斗的鼓风机。因此，全社会都要引导孩子们树立更为高远的学习目标，同时，引导他们在学业压力面前学会分析，学会调适，学会超越。

第三，形成有节制的娱乐态度。娱乐是健康生活所必需的，但是健康的娱乐是有节制的，是以不牺牲正常生活节奏为前提的，是能够"拿得起、放得下"、不损害应有的生活规律、不耽误正常学习的。我们要尊重儿童的娱乐与休闲权利，也要引导他们努力将生活、学习与娱乐融为一体，形成动态平衡的、系统的心理健康教育生态[①]。

---

① 章怡雯，倪睿，殷飞. 中小学生心理健康教育的"三全"育人机制研究[J]. 教学月刊·中学版（教学管理），2024(Z2)：12-20.

中小学生的身心健康是教育的底线,维护并促进他们健康成长是每一位教师的职业担当与使命,在重视学生心理健康问题检测、筛查与干预的同时,我们要坚持预防为先,教育先行,整合资源,创新构建学校、家庭、社会协同开展心理健康教育"教联体"工作机制,促进学生健康、可持续发展。

【分析与思考】

1. 请分析你们学校当前的心理健康教育可能存在的问题,以及这些问题的某些具体成因。

2. 如果你发现班级一名孩子过分依赖智能手机,导致上课注意力不集中,你就和其家长沟通,希望他们配合你教育孩子,但是家长接受了某些网络自媒体的宣传,认为要给孩子绝对的自由,只要耐心等待,孩子自然就会好起来。面对家长的观念偏差,你将如何沟通?

3. 你班有一位心理高危学生,通过系统的治疗后有所好转,其家长希望孩子能尽快返校复课。请写出你应和该生家长沟通的基本内容及相关注意事项。

第四章
校家社协同心育"教联体"的价值意义与运行机制

本章精讲

随着社会的发展和教育理念的不断更新,学校、家庭和社会在少年儿童心理健康教育中的协同作用日益凸显。校家社协同心育"教联体"是一种创新型心理健康教育模式。该模式打破了传统心理健康教育中学校"孤军作战"的局限,构建了学校、家庭与社会三位一体的协同育人网络,为少年儿童心理发展创造了更为有利的环境。校家社协同心育"教联体"明确各主体在少年儿童心理成长中不可或缺的角色。学校作为专业教育的主阵地,承担着系统性、规范性的心理健康教育任务;家庭作为少年儿童成长的第一环境,提供情感支持和价值观引导;社会机构则为少年儿童提供了丰富的实践体验和多元化的发展平台。三者各司其职,又相互配合,共同构成了促进少年儿童心理健康的完整体系。同时,相关机制的建立对校家社协同心育的有效开展也至关重要。信息协同机制、资源协同机制、教育协同机制和评价协同机制的建立和完善,可以促进各方资源的高效整合,提升心理健康教育的质量和成效。

校家社协同心育"教联体"的价值意义与运行机制

第一节 "教联体"的价值与意义

- 促进儿童心理可持续发展
  - 婴幼儿期：初期协同，打牢根基
  - 学龄期：知识建构，教育合力
  - 青春期：多方链接，助力成长
- 促进学校心理健康工作的优化
  - 促进学校心育课程的拓展
  - 促进学校心育课程的落实
  - 促进心理困境学生的筛查与心理问题的预防
  - 促进心理困境学生的干预与治疗
- 促进社区心育生态的有效构建
  - 环境熏陶课程方案
  - 入户自导课程方案
  - 亲子活动课程方案

第二节 "教联体"各主体的分工与职责

- 政府统筹，协同心育政策与资源
  - 政府统筹的现实意义和独特优势
  - 政府统筹推动机制建设
- 部门协作，提升协同心育效能
  - 破除"各自为政"的困境
  - 形成多维度多层次的深度协同心育
- 学校主导，确保协同心育的方向与科学性
  - 学校主导协同心育的科学性
  - 学校主导协同心育的方向
- 家庭尽责，确保协同心育落地做实
  - 创造安全型依恋的家庭氛围
  - 落实心育课程的家庭拓展
  - 引导孩子参与社会服务
- 社会参与，提升协同心育效能
  - 突破传统教育资源的边界，优化心育资源配置效能
  - 搭建实践协同心育场景
  - 培育心育公益服务生态

第三节 "教联体"的运行机制建设

- 信息协同机制
  - 信息协同，提供更全面更及时的信息
  - 建立班级学生发展与家庭教育动态档案
- 资源协同机制
  - 挖掘校家社各领域心育资源
  - 创新校家社协同心育资源开发路径
- 教育协同机制
  - 协同发挥校家社各自的教育特点
  - "一课三案"，建设校家社协同心育课程体系
- 评价协同机制
  - 校家社协同评价让儿童的心理发展被"看见"
  - 校家社协同评价计划表让心育反馈更真实

第一节
校家社协同心育"教联体"的价值与意义

本节将从校家社协同心育促进儿童心理健康可持续发展、校家社协同心育对学校心理健康工作的优化作用,以及校家社协同心育对社区心育生态的有效构建三个方面,深入探讨校家社协同心育"教联体"的价值与意义。我们将探讨校家社协同心育如何有力地促进学校心理健康工作的优化,也将分析校家社协同心育对构建社区心育生态的积极作用。

【案例分享】

四年级学生小芳原本是个怯生生的女孩,父亲在工地打工,母亲在县城做保洁,她跟着不识字的奶奶生活,数学常考不及格,总躲在教室角落。班主任周老师家访时发现,小芳总用草稿纸折小动物,折得活灵活现,却不敢给人看。于是,周老师便联系社区工作人员带小芳到社区活动室,和手工社的老人学剪纸。同时期,学校也开始开展相关主题的手工展示活动。半年后,学校把操场角落改造成"手作花园",小芳带着同学们用废纸板做花架,做各类展示品。小芳和奶奶也在社区摆起"废纸重生"摊位,教小朋友们做书签、笔筒。教育局把这套"发现孩子微光、链接社区资源、激活家庭力量"的做法推广到全县乡镇学校,并在调研会上展示小芳编的秸秆笔筒,说:"教育不是拔尖子,而是让每个孩子都能挺直腰板发光。"

一、校家社协同有利于促进儿童心理健康可持续发展

在当代社会快速变革的背景下,儿童面临着前所未有的心理挑战,家庭结构变化、学业压力增加、网络使用普及等因素都深刻影响着儿童的心理成长轨迹。校家社协同心育通过整合多方资源,为儿童心理的可持续发展创造了有利条件。心理学家皮亚杰的认知发展理论指出,儿童的发展经历多个阶段,各个阶段各有其特点。本节将基于儿童发展各阶段特点

梳理校家社在不同时期应发挥的功能,以及校家社之间的协同育人路径。

(一)婴幼儿期:初期协同,打牢根基

按照认知发展理论,婴幼儿期正处于感知运动阶段和前运算阶段,这一阶段,婴幼儿通过感觉和运动来探索世界,建立认知。因此,这一阶段校家社应给予孩子探索外部世界的机会,同时给予其充足的外部支持,包括情感和环境支持,以此来促进其感知觉的发展。

1. 家庭奠基

《关于促进 3 岁以下婴幼儿照护服务发展的指导意见》(国办发〔2019〕15 号)明确指出需构建"家庭为主、托育补充"的照护体系,社区通过建立普惠性托育机构与家庭服务站,既缓解了双职工家庭的育儿压力,又以专业化的游戏活动、同伴交往弥补家庭养育中的社会化缺失。当儿童进入幼儿园,代表着其社会化过程的开启,孩子接受教育的主要场所开始从家庭空间转向集体公共空间,同时,也代表着孩子个性化的发展需要与社会集体化的要求相融合。在此阶段,家庭教育若与幼儿园的集体教育分歧过大,将会产生孩子入园适应困难等问题。因此,为了帮助孩子更好地适应幼儿园生活,家长应该提前做好规划,培养孩子基本的自理能力,如自己穿脱衣物、整理自己的物品等,孩子的生活节奏也应该及时调整,保持良好的作息,发展自我管理能力。

2. 社区支持

社区应该为婴幼儿走出家庭、走进大自然提供安全且丰富的社区活动环境,让孩子们能够自由地探索世界,通过组织亲子活动,创造丰富的人际互动机会,促进婴幼儿健康成长。社区组织的托幼机构也应该运用游戏化规则渗透(如轮流等待、物品归位)的策略来培育孩子初步的集体意识,形成"家庭情感支持—社区过渡适应—园所规则内化"的渐进式儿童社会化路径。这种三位一体的协同机制,本质上是通过空间转换实现教育功能的互补:家庭奠定情感与认知根基,社区搭建从封闭到开放的缓冲带,幼儿园则系统建构社会规范认知,三者共同构成儿童社会化发展的

"三重保护网"。

(二) 学龄期:知识建构,教育合力

按照认知发展理论,学龄期儿童处于具体运算阶段,其认知发展有了显著的进步,开始具备逻辑思维能力,并获得了守恒性和观点采择能力。然而,他们的思维仍然受到具体事物的限制,难以进行抽象的、系统的和假设的推理。因此,这一阶段儿童的知识建构与社会化发展亟须学校、家庭与社会形成教育合力。

1. 学校促认知

学校教育通过国家课程体系实现"有组织的知识传递",如语文课程培养符号思维、数学课程训练逻辑推理能力,而"双减"政策推动下的课后服务改革,更将知识学习与项目式探究结合,形成"课堂奠基—拓展深化"的双轨育人模式。

2. 家庭累经验

学生对知识的深入探究与持续动力需要家庭的支持。首先,家庭要为学龄儿童提供丰富的生活经历,家长要带孩子多多体验生活,积累经验,为学校的系统性知识学习奠定基础;其次,孩子在家庭中如果拥有了更适宜学习的环境,包括物理环境(安静稳定的学习空间)与心理环境(家人的陪伴与支持)等,其学习的自信心会更加充足,也更容易在学业上取得成就。

3. 社会促实践

家长应该重视社会教育的价值,让孩子参与更多的社会实践,包括去博物馆学习、参与研学活动等,孩子就有了将学科知识转化为问题解决能力的绝佳机会,其在学校所学到的知识能够得到更多实践机会,其社会性也得到进一步提升。

值得关注的是,家校社协同中存在"责任转嫁"和"教导错位"的风险,如部分家庭将身心健康、道德发展以及劳动、运动等方面的教育完全寄托给学校,导致学校教育不堪重负,无法将更多的精力与资源投入其主业教

书育人中,无奈又不甘的家长只能在家庭中投入更多精力辅导孩子功课,或者花费更多经费将孩子送到校外辅导班,这样的教育功能错位不仅会造成孩子生活节奏的错乱,影响其心理发展的稳定性,也会让学校、家庭和社会无法正常发挥其各自的优势育人功能,导致教育系统的低效运行。

(三)青春期:多方链接,助力成长

青春期儿童多处于"形式运算"阶段,他们已经能够进行抽象逻辑推理,并进行系统性思考。这一阶段,他们也具备了反思能力,能从多个角度看待问题。因此,校家社对这一时期儿童成长的支持,要根据儿童自身发展的需要适时调整,任何"先入为主"和"强人所难"在这一时期都会遭到剧烈"反抗"。

1. 学校认知引领

学校一方面要通过家长学校、家庭教育沙龙、家访等方式指导家长进行家庭教育,提升家长对青春期孩子的陪伴质量与引导能力,另一方面还需要对处于青春期的孩子开设青春期生理卫生、心理辅导与道德法制教育等课程,形成系统性的青春期教育课程。学校既要进行家庭教育指导,也要对学生进行亲子关系中的"子职"教育,即对亲子双方进行双向指导。对于出现成长挑战、面临成长困境的青春期学生,一些地区和学校实施了"全员导师制""一生一导",学生的情况能够得到更及时的关注;导师制下,教师与学生定期的座谈,也是学生表露自己、获得支持,教师进行个别观察、及时指导的绝佳时机。基于此,学校的引领能得到更客观的数据支持,也更符合儿童的发展需要。

【案例分享】

"学生人人有导师、教师人人是导师"。上海市出台的《中小学生全员导师制工作方案》,对导师配备、导师职责、重点工作作出了明确要求。如,中小学要为每一个学生配备导师,教师原则上都要担任学生导师,每位导师指导的学生数原则上不超过 15 名;导师每年至少进行 1 次家访,开展个性化的家庭教育指导;导师要为学生提供成长建议并进行书面反馈等。

2. 家庭情感支持

随着孩子进入青春期，他们的自主性和独立性日益提高，同时依赖性依然存在，形成了一定的成长矛盾性，此时的家庭教育要和过去的随机性引导不同。家长要主动改变亲子沟通方式，构建平等的亲子关系，为孩子平稳度过青春期奠定基础。家长也可以让孩子参与更多的家庭分工，如管理零花钱、参与家庭决策等，这样既能激发孩子的责任感，又能帮助其建立初步的责任感。

3. 社会职业探索

学校制订"社会参与必修学分"制度，要求学生通过参与社会实践获得必修学分，既能促使学生及其家庭主动与社会形成链接，也为社会指明了为这一阶段学生提供资源与平台的方向。同时，校家社要防止"为链接而链接"的形式化倾向，真正做到通过实践帮助学生与社会建立真实的链接，使社会参与真正成为青少年从认知自我到融入社会的"转化器"。

二、校家社协同有利于促进学校心理健康工作的优化

随着社会变革的深入和教育改革的推进，学校心理健康教育工作面临着前所未有的机遇与挑战。学校心理健康教育不仅是培养学生心理健康素养的重要途径，也是预防和解决学生心理问题的有效手段。在这一背景下，校家社协同心育打破了传统教育模式中学校孤立开展心理健康教育的局限，通过整合学校、家庭和社会的资源与力量，构建全方位、多层次的心理健康教育体系，为学生的健康成长提供更有效的支持和保障。

（一）校家社协同有利于促进学校心育课程的拓展

学校心育课程是学校心理健康教育的重要载体，是培养学生心理健康素养的重要途径。然而，随着社会的发展和学生心理需求的变化，传统的学校心育课程在内容、形式和方法上都面临着更新和拓展的需求。校家社协同为学校心育课程的拓展提供了新的思路和途径。

1. 整合资源，丰富课程内容

学校拥有专业的心理健康教育教师和系统的课程资源；家庭了解学生的个性特点和成长环境，能够提供个性化的心理支持；社会则提供了丰富的实践活动和心理服务资源。三者各具特色。通过校家社协同心育，可以将学校、家庭和社会的资源有机结合，开发出更加丰富、多元的心育课程内容。例如，学校心育活动走向社区，与家庭个性化需求挂钩，为孩子建构多样的户外实践性心理课程。

2. 融合方法，拓展课程形式

传统的学校心育课程主要以课堂教学为主，形式相对单一。通过校家社协同，可以将课堂教学与家庭教育、社会实践相结合，拓展心育课程的形式和方法。例如，学校利用网络平台，制作微课或短视频，定期对家长进行心理健康知识科普，或利用直播渠道，聘请专业人士对家长的育儿疑问进行解答。同时，学校开展多种形式的心育课程，邀请家长积极参与线下互动，也是促进学校心育课程形式百花齐放的有效途径。

3. 促进创新，推动课程发展

社会的发展和学生心理需求的变化要求学校心育课程与时俱进。通过校家社协同心育，学校可以及时调整和更新心育课程的内容和方法，使心育课程更加贴近学生实际需求。例如，针对当前学生面临的手机成瘾、学业压力大、人际关系障碍等问题，学校可以与家庭和社会合作，开发针对性的心理健康教育课程，帮助学生应对这些挑战。同时，学校也可以针对不同年龄段学生的心理特点和发展任务，开发分层次、分阶段的心理健康教育课程，满足不同学生的发展需求。

（二）校家社协同有利于促进学校心育课程的落实

学校心育课程不应该只存在于心理课程中，更应该渗透到各学科课程的教学中。学校引导各学科教师在教学中渗透心理健康教育的理念和方法，促进学生心理健康发展，这对促进学校心育课程的落实具有重要作用。

1. 校家社协同,提高教师心育课程的能力

学校可以定期组织教师参加心理健康教育培训,引导其学习科学心育的理念和方法;家庭应该主动与学校合作,积极配合教师,更全面地了解学生的学习环境和生活环境。例如,学校开展家长开放日活动,邀请家长走进课堂,让学长了解教师的教学理念和方法,同时,针对学生在学校生活及家庭生活中的共性问题与个性问题,与教师进行沟通,共同制订家庭教育指导方案。

2. 校家社协同,丰富学校心育课程的资源

心育课程的落实需要丰富的资源和多方面的支持。通过校家社协同,学校可以整合家庭和社会的资源,为心育课程的有效开展提供支持。例如,学校可以通过家访、家长会等形式,了解学生的家庭环境和心理需求,也可以与社会机构合作,引进心理健康教育资源,丰富心育课程的内容和形式。

3. 校家社协同,建立心育课程的评价机制

有效的评价和反馈机制可以检验心育课程效果并引导教师改进教育方向。通过校家社协同,学校可以建立多元化的评价体系,包括教师自评、学生评价、家长评价和社会评价等,全面评价心育课程的效果,并根据评价结果不断改进心育课程的实施方法和策略。例如,学校可以通过问卷调查、个体访谈等形式,了解家长对心育课程的评价和建议,也可以通过学生反馈、作品展示等形式,了解学生对心育课程的感受和需求。

(三) 校家社协同有利于促进心理困境学生的筛查与心理问题的预防

心理困境学生是指那些在心理发展过程中遇到困难或问题的学生,对心理困境学生的筛查与心理问题的预防是学校心理健康工作的重要内容,也是促进学生心理健康发展不可缺少的一项工作。

1. 校家社协同,提高心理困境学生筛查的准确性和及时性

心理困境学生的筛查需要更全面的信息和更专业的指导。通过校家社协同,学校与家庭对学生的信息收集得更加全面,对学生暴露出来的心理问题也能更准确地把握。同时,学校也需要与专业社会机构合作,引入专业评估工具和方法,提高筛查的科学性和准确性;学校还可以与社区医疗机构合作,通过专业医生的评估和诊断,提高筛查的专业性和权威性。

2. 校家社协同,为心理问题的预防提供多元化的支持

心理问题的预防需要校家社多方共同努力,其中包括学校的心理健康教育、家庭的情感支持和社会的心理服务等。例如,学校可以定期开展心理健康教育活动,心理教师对心理困境学生进行定期的个性化指导;家庭可以提供情感支持和心理引导,帮助学生及时调整心理状态。

3. 校家社协同,建立心理困境学生筛查与心理问题预防的长效机制

心理困境学生的筛查与心理问题预防是一个长期过程,需要建立长效机制。通过校家社协同,学校可以建立定期筛查、定期评估和定期干预的机制,确保心理困境学生的筛查与心理问题预防工作能够持续有效地开展。例如,学校可以与专业社会医疗机构合作,建立定期随访、定期跟踪的机制,确保心理困境学生的现实状况得到关注。

(四)校家社协同有利于促进心理困境学生的干预与治疗

对于已经出现心理困境的学生,及时有效地干预与治疗是帮助他们恢复心理健康的重要手段。

1. 校家社协同,提供多元化的干预与治疗方案

针对心理困境学生的干预与治疗,需要根据学生的具体情况制订个性化的方案。学校可以提供心理咨询和心理辅导,帮助学生解决学习、人际关系等方面的心理问题;家庭可以提供情感支持和心理引导,帮助学生建立健康的家庭关系和心理状态;社会可以提供专业的心理治疗服务,为心理困境学生提供系统、专业的干预与治疗支持。

2. 校家社协同,确保干预与治疗行动的连续性和一致性

通过校家社协同,心理困境学生的心理问题可以得到长效关注与动态反馈,这样持续地引导与配合,实际上更能对其心理健康发展起到正向引导作用。学校、家庭、社会专业医疗机构共同了解学生的心理状态,制订长期的干预与治疗方案,并在学生心理发展过程中进行及时调整,以确保干预与治疗行动的一致性。

3. 校家社协同,为干预与治疗提供长期支持和保障

对心理困境学生的干预与治疗需要校家社多方长期的支持和保障,这种支持与保障既有物质上的支持,也有精神上的鼓励。学校的心理咨询和辅导,家庭的情感支持和心理引导,社会的心理服务和资源支持,三位一体的架构能够互相促进,共同建立帮助学生解决心理问题与促进学生心理发展的长期机制。

三、校家社协同有利于促进社区心育生态的有效构建

随着社会的快速发展和变迁,青少年心理健康问题日益凸显,成为社会各界关注的焦点。在这一背景下,校家社协同心育机制聚焦促进社区心理健康教育的发展与落实,围绕环境熏陶课程、入户自导课程和亲子活动课程三个维度,探讨如何通过这些课程方案的实施来促进社区心育生态的有效构建。

(一) 环境熏陶课程方案促进社区成员的认知共识

环境熏陶课程是一种隐性课程,也是构建社区心育生态的基础性工作,它通过营造良好的社会心理环境,使社区成员在潜移默化中形成对心理健康的正确认识。

在具体实践中,南京师范大学心理学院校家社协同心育团队在昆山心育基地的实践中,通过举办心理健康讲座、开展社区宣传活动、制作发放心理健康手册等多种形式,向社区居民普及心理健康知识,提高社区成员的心理健康素养。同时,团队还通过建立心理健康宣传栏、开设心理健康微信公众号等途径,为社区居民提供持续的心理健康教育服务。

(二) 入户自导课程方案促进家庭成员的有效互动

家庭是个人成长的重要环境,儿童个体的心理发展更与家庭成员间

的互动息息相关,因此,心理健康教育的落实,必须鼓励与支持家庭的自我指导。通过提高家长的心理健康教育能力,促使其能够在日常生活中自然而然地融入心理健康教育元素,助力儿童健康心理的形成。

在实践中,南京师范大学心理学院校家社协同心育团队积极开发入户自导课程,依据儿童发展需求每月制订不同主题,并依据儿童各阶段成长特点制订侧重点不同的入户自导课程图册,这样的心理入户自导方案更能满足不同家庭儿童的心理发展需要。

图4-1　2025年4月江苏省昆山市入户自导课程图册中的一页

(三) 亲子活动课程方案赋能亲子关系的有效建构

亲子关系是家庭关系的核心,也是影响儿童心理健康的重要因素。亲子活动课程的实施,旨在通过亲子互动促进亲子关系的有效建构,为儿童的健康成长提供良好的心理健康教育指导。

在实践中,南京师范大学心理学院校家社协同心育团队高度重视亲子关系的建构和发展,开发并实施了亲子活动课程方案,团队注重发挥学校、家庭和社会的协同作用。学校提供前期支持,动员学生志愿者参与;家长主动配合,积极参与亲子活动;社区提供资源与场地,进行环境布景与引导。三方协同,共同促进亲子关系的建构和发展。

图4-2　2025年4月江苏省昆山市泗桥社区亲子活动现场

实践证明,通过环境熏陶课程、入户自导课程和亲子活动课程的实施,家长和学生对心理健康的认知和态度发生了积极变化,心理健康素养得到了显著提升。家长表示,通过参与协同心育团队组织的课程活动,不仅学到了科学的家庭教育知识和方法,也提高了自身的心理健康水平,从而更好地支持和促进孩子的健康成长。

第二节
校家社协同心育"教联体"各主体的分工与职责

【案例导入】

初三学生林林的周记多次出现异常,班主任李老师发现其写了"活着好累"并伴有擦拭痕迹,随即约谈他并发现其有自伤倾向,却因学校心理教师配置不足、自身缺乏心理健康专业知识而无法有效干预。同时,林林家长忙于工作且缺乏心理健康意识,多次推却李老师的沟通约请。社区虽建立了心理健康服务站点,但覆盖范围有限且与学校信息共享机制不连通,未能及时发现预警信息。最终,林林在放学途中试图轻生,被路人发现送医。此次事件暴露了校家社在学生心理健康协同工作中存在的严重问题:学校有心无力,家长避而不谈,社区鞭长莫及。三方职责不清、协同不力,导致学生心理危机未能得到及时有效的干预。

校家社协同育人的核心在于形成"政府统筹—部门协同—学校主导—家庭尽责—社会参与"的工作机制。政府进行政策与资源统筹,部门之间通过多领域配合形成合力,学校依托家长和社会资源发挥枢纽作用,家庭主动参与共建,落实育人责任,社会力量参与资源供给。这一创新机制的建立与完善,突破了传统家校合作的碎片化模式,通过系统重构、精

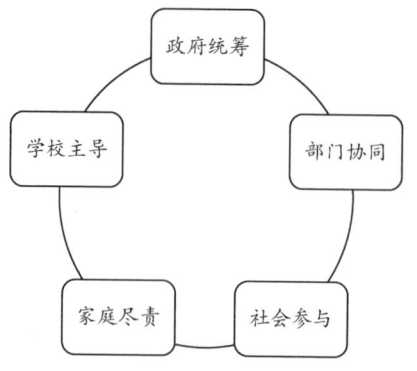

图4-3 "教联体"各主体分工示意图

准匹配、动态优化协同方式，为心理健康教育生态进化提供了可持续的制度保障。

一、政府统筹，协同心育政策与资源

2024年，教育部等十七部门联合印发了《家校社协同育人"教联体"工作方案》，其中在论述政府部门工作职责时指出："政府部门加强对家校社协同育人工作统筹领导，指导各部门协同配合，建立家庭教育指导机构，调动各类社会育人资源"。这是攻坚克难，集中力量办大事、办难事、办成事的保证，这一点对心理健康教育生态的建构尤为重要。

（一）政府统筹，在校家社协同心育中有现实意义和独特优势

1. 法律为基，制度优势

首先，政府的统筹角色具有坚实的法律基础。《中华人民共和国宪法》明确保障公民受教育权，《中华人民共和国教育法》则赋予政府组织、领导和管理教育事业的法定职责。2012年10月26日通过的《中华人民共和国精神卫生法》为政府统筹协同育人提供了合法性支撑，体现了中国特色社会主义制度集中力量办大事的治理效能，为政府统筹提供了独特的制度优势。政府通过精准投放政策工具，整合各方心育力量，形成心育合力。政府统筹心理健康相关政策与资源并非进行简单的行政干预，而是通过制度创新激活多元主体协同开展心理健康教育的效能。

2. 现实需要，统筹协同

心理健康工作涉及广大少年儿童和家庭的隐私，而在我们的传统文化中，心理问题和大众忌讳的"精神病"有着千丝万缕的联系，因此，不少家长在心理健康知识普及程度还不够的当下，会对学校或者社区工作者乃至医疗机构的专业工作者持有怀疑和不配合的态度，影响了对孩子心理问题的及时干预。此时，政府的公信力能够破解这一现实难题。政府统筹旨在系统性破解校家社协同心育中的权责模糊、资源错配、标准缺失

等结构性矛盾。2021年《教育部办公厅关于加强学生心理健康管理工作的通知》发布,在"加强源头管理,全方位提升学生心理健康素养"部分指出:"增强学校、家庭和社会教育合力。学校及时了解学生是否存在早期心理创伤、家庭重大变故、亲子关系紧张等情况,积极寻求学生家庭成员及相关人员的有效支持。在家庭访问等家校联系中帮助家长更加了解孩子所处年龄段的心理特点和规律,在家长学校、社区家长课堂中将青少年发展心理学知识列为必修内容,防止因家庭矛盾或教育方式不当造成孩子心理问题。充分利用广播、电视、网络媒体等平台和渠道,传播心理健康知识,积极营造有利于学生健康成长成才的社会环境。"

(二)政府统筹,重点推动校家社协同心育的机制建设

1. 跨部门统筹构建协同预防教育机制

传统的教育治理模式往往存在"政出多门"、部门之间各自为政的问题,导致政策执行效率低下。这一现象在未成年人心理健康教育工作中依然存在。为了破解这一难题,政府强调卫健、教育、民政、财政以及工青妇等群团组织各部门的联动效能,通过建立跨部门心育联席会议制度、心理发展信息共享平台等,加强部门之间的沟通与协作。将校家社协同心育的责任落实到具体部门,有效消除了部门合作的执行梗阻,形成了协同推进未成年人心理健康教育的强大合力。

2. 跨部门统筹构建协同干预治疗机制

未成年人心理健康工作需要同步加强预防与干预工作,在心理健康干预工作中,政府更要加强统筹,将财政、卫健和教育力量进行有效整合,形成协同干预机制,以提升心理障碍干预的效能。政府需要统筹构建协同干预心理健康的相关机制,财政部门要牵头建立心理个案干预的财政投入机制、困境儿童和家庭心理干预经济分摊机制等;卫健部门牵头制定标准化服务机制;教育部门要系统嵌入心理健康动态筛查、转介、治疗后返校等工作机制;社区依托基层网格开展重点人群动态监测;公安司法部门联动处置危机事件等。

二、部门协作，提升协同心育效能

【案例导入】

某地一名留守儿童因长期缺乏家庭关爱和有效的心理疏导，出现了严重的心理和行为问题，学习成绩急剧下降，甚至出现自残倾向。学校只能进行简单的说教和安抚，期间孩子的问题也没有得到足够的关注，因此该儿童的心理问题未能得到及时有效的干预，最终发展为严重的心理障碍，不仅影响了其自身的学习和生活，也给家庭和社会带来了沉重的负担。对留守儿童的心理辅导，由于教育、卫健、民政部门的职责边界模糊，往往陷入"三不管"的困境。

教育部门在政府支持下与有关部门、社会资源单位协调联动，引导学校发挥主导作用和专业指导优势，强化与家庭、社会的沟通与协作。

（一）部门协作，破除心育工作中"各自为政"的困境

传统行政体制下，尽管各部门之间职责边界清晰，但也导致了心理健康教育资源的分散和难以有效整合。教育、民政、卫健等部门"各自为政"，难以形成合力，导致心理健康教育资源无法得到最优配置，影响了心育的效果和整体施行。同时，由于缺乏有效的协调机制，政策执行碎片化，心理健康教育政策在执行过程中往往难以落实为统一的行动，导致心育效果大打折扣。

（二）部门协作，形成多维度多层次的深度协同心育

1. 部门协作，促进心理健康教育的多维度协同

心理健康教育的实施与发展受多种因素影响，是一个多维度、多层次的复杂系统。在这一系统中，部门协作扮演着至关重要的角色，它不仅是整合资源的有效途径，更是实现心理健康教育多维度协同的重要保障。例如，学校教务部门与心理健康教育部门的协同合作至关重要，两者的协作可以确保将心理健康理念有机融入课程体系，促进学生身心全面发展。

2. 部门协作,促进心理健康教育的多层次协同

首先,通过多部门协作,可以整合各类资源,开发科学有效的心理健康筛查工具。其次,部门协作可以实现专业互补,提高筛查的准确性和效率。再次,部门协作可以扩大筛查覆盖面,确保筛查工作的全面性。最后,部门协作可以促进筛查数据的共享和分析,为后续干预提供科学依据。

三、学校主导,确保协同心育的方向与科学性

学校因地制宜建立"教联体",通过联责任、联资源、联空间,会同家长和社会各方共同研究,推动破解学生成长中面临的新情况、新问题。

(一) 学校主导协同心理健康教育的科学性

学校作为青少年成长的重要场所,在其心理发展方面承担着不可推卸的责任。学校主导协同心理健康教育,作为一种整合多方资源、形成教育合力的模式,在多方面体现出科学性,正日益受到关注。

1. 学校主导协同心理健康筛查的科学性

首先,在理论基础和技术规范上,现代学校心理健康筛查已经超越了传统的问卷调查,开始采用多种数据采集技术和数据分析方法。其次,学校主导协同心理健康筛查的主要目的在于对学生进行发展性评估和潜在心理问题的初步筛查。此外,筛查还能够为学校心理健康教育提供决策依据。通过筛查,学校可以了解学生心理健康的整体状况,发现存在的问题和风险,从而更有针对性地制订心理健康教育计划和心理问题干预措施。

2. 学校主导协同心理健康教育的科学性

学校主导协同心理健康教育的科学性首先体现在教育理念上,即以培养学生积极心理品质为核心。其次,体现在教育内容上,其依据心理学原理,符合学生心理发展规律,能满足学生现实心理发展需求。此外,还体现在其多样化、互动性、体验性的教学方法上。例如,《中小学心理健康教育指导纲要(2012年修订)》明确指出:心理健康教育课应以活动为主,可以采取多种形式,包括团体辅导、心理训练、问题辨析、情境设计、角色

扮演、游戏辅导、心理情景剧、专题讲座等。

3. 学校主导协同心理健康教育个案干预的科学性

首先,学校主导协同心育个案干预秉持"以学生为中心、尊重个体差异、注重发展性"的理念。其干预是基于对学生的全面了解和评估,针对学生的具体问题和需求,力求为其提供个性化的支持和帮助。同时,学校在评估过程中,应采用多种方法和工具,从多个角度获取信息,确保评估的全面性和准确性。其次,学校应该意识到,学生的心理健康状况是动态变化的,评估应是一个持续的过程,而非一次性事件。通过定期评估和跟踪,学校应了解学生心理状况的变化和发展,及时调整干预策略和方法。

(二) 学校主导协同心理健康教育的方向

1. 学校主导协同心育"立德树人"的总方向与路径

校家社协同心理健康教育要坚持"为党育人、为国育才"的政治要求和价值导向,引导家长在教育孩子时自觉把"爱家和爱国统一起来",自觉用社会主义核心价值观引领孩子的人生观,破解当下有些孩子存在的"无意义感"和"躺平心理"。学校具备专业的心理健康与道德教育资源和师资力量,能够为家庭和社会提供"德心结合"的方向引领,避免心理健康教育过分的心理咨询化与医学化,破解极端偏激的个体主义价值在心理健康教育领域的泛滥。

2. 学校主导协同心育"五育并举"的总路径

《全面加强和改进新时代学生心理健康工作专项行动计划(2023—2025年)》明确提出通过"五育并举"促进心理健康,强调以德育心、以智慧心、以体强心、以美润心、以劳健心。学校主导协同心育的方式,意味着学校要发挥其专业优势和资源整合能力,构建多元主体参与、形式多样的心育路径。首先,学校应成立心理健康教育工作领导小组,形成齐抓共管的工作机制。其次,学校应制订心理健康教育工作计划,明确工作目标、内容和措施,建立心理健康教育工作的长效机制。再次,学校应配备专兼职心理健康教育教师,定期开展心理健康教育培训,提高教师的专业素养和工作能力。最后,学校应结合实际情况,创新心理健康教育形式,如主题班会、团队活动、心理情景剧等,通过生动活泼的形式,提高心理健康教育的吸引力和有效性。

四、家庭尽责,确保协同心育落地做实

《关于健全学校家庭社会协同育人机制的意见》指出,家长要强化"家庭是孩子第一个课堂、家长是孩子第一任老师"的责任意识,注重家庭建设,为子女健康成长创造良好的家庭环境;要积极参加学校组织的家庭教育指导和家校互动活动,充分理解学校正常的教育教学工作;主动利用节假日、休息日等闲暇时间带领或支持子女开展户外活动和参观游览,帮助子女更好亲近自然、开阔眼界、增长见识、提高素质。

(一)家庭尽责,为孩子创造安全型依恋的家庭氛围

首先,父母需要认识到,安全型依恋的形成源于父母对儿童需求的及时回应。其次,父母的一致性行为和反应对儿童形成安全感至关重要。再次,积极沟通是建立安全依恋的关键。父母应该积极与孩子进行开放、诚实的对话,倾听孩子的想法和感受,并对他们的需求作出回应。最后,父母应该认识到,依恋关系的建立是一个持续的过程,需要时间和耐心。

(二)家庭尽责,积极配合学校落实心育课程的家庭拓展

首先,家长应该熟悉学校的心理健康课程内容和目标,通过与学校教师和心理健康专业人员沟通,更好地理解学校教育的重点和方向,从而在家庭环境中提供支持。其次,家长应该积极参与学校组织的家长学校和亲子教育活动。再次,家长应该在家庭中延续学校的心理健康教育活动,帮助孩子巩固在学校学到的知识和技能,形成一致的学习体验。最后,家长应该关注孩子的心理健康变化,及时发现和解决潜在问题。

(三)家庭尽责,引导孩子参与社会服务培养亲社会心理

首先,家长应该为孩子树立亲社会行为的榜样,可以向孩子展示关心他人、参与社会服务的行为。其次,家长应该根据孩子的兴趣和能力选择

合适的社会服务活动。再次,家长应该关注孩子的感受和反馈,及时调整所参与的社会服务活动的内容和方式。

五、社会参与,提升协同心育效能

《家校社协同育人"教联体"工作方案》指出,社会参与是家校社协同育人的重要组成部分,不同的社会主体要发挥合力,将各自的资源优势整合起来,共同参与家校社协同育人工作。

(一)突破传统教育资源的边界,优化心育资源配置效能

社会参与将社会各领域的优质资源转化为心育资源,将极大地丰富心育的内涵和外延。将这些社会资源纳入心理健康教育体系,能够有效弥补学校心理健康教育资源的不足,实现心育资源的最优配置,提升心育质量和心育效果。通过建立多元化的心育资源供给渠道,构建起覆盖广泛、内容丰富、动态更新的心育资源库,为社会参与协同心育提供坚实的资源保障。

(二)搭建实践协同心育场景,培育心育公益服务生态

社会作为心育的广阔舞台,可以通过整合各类社会资源构建起多样化的实践心育场景,为学生提供丰富的心理发展实践机会和体验。例如,社区是学生们除了家庭和学校之外最主要的生活场景,但是随着居住方式的变化,高层住宅、公寓房的扩大化,社区正在变得越来越封闭,孩子们很少能够自由地在社区玩耍、交往和活动,这极大地限制了孩子们自然交往的机会,直接导致了他们交往能力不足、交往动机下降,"宅"正在成为当下孩子们社区生活的主要特征。回到过去"熟人社会"的生活状态已然不太可能,为了孩子们的身心健康,学校要和社区主动联系,向社区负责人宣传社区交往环境对少年儿童心理健康发展的价值与意义。

社会参与的深度和广度,直接影响着心育生态的开放性、多元性和协同性。学校、家庭、社会应协同构建心育的良好生态,各展所长,形成合力,共同促进学生的心理健康。

第三节
校家社协同心育"教联体"的运行机制建设

校家社协同心育"教联体"的运行机制建设主要包括学生心理发展信息协同机制、心育资源协同机制、心理健康教育协同机制和心理发展评价协同机制四个主要部分。在各机制运行过程中,学生心理发展信息协同机制是基础,心育资源协同机制是保障,心理健康教育协同机制是核心,心理发展评价协同机制是关键。这四个部分的协同工作机制相互联系,相互促进,为培养心理健康、全面发展的社会主义建设者和接班人奠定坚实基础。

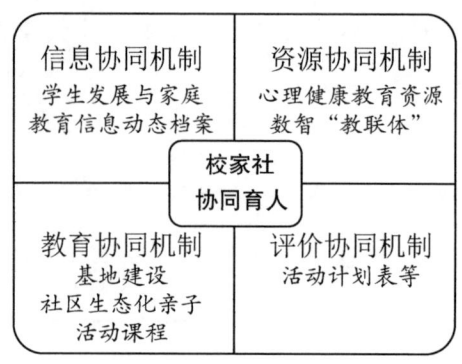

图4-4 校家社协同育人机制建设内容示意图

【案例分享】

某初二学生小宇,父母在外打工多年,跟着年老多病的奶奶生活,因为缺少起码的管教与引导,学业成绩落后的小宇逐渐变得不爱上学、沉迷游戏、不愿和害怕与人交流,社区工作人员也注意到小宇经常半夜在外面晃悠。班主任老师发现小宇上课心不在焉、同学矛盾增加、家庭作业不完成等异常现象,立刻与其家长进行沟通。在外打工的小宇父母通过手机参加了线上会议,意识到自己长期疏于关心孩子。随后,各方迅速进行调整:妈妈辞职回家陪伴小宇;爸爸积极加强和孩子的互动;学校组织专门的教师团队给予小宇针对性的学业与心理指导,并定期进行评价反馈;社区和妇联的志愿者组织活动帮助小宇释放情绪,更好地融入集体。

一、信息协同机制

心理发展信息协同机制的运行逻辑包含三个层面：一是构建标准化的心理发展动态信息共享平台；二是建立多方联动的动态反馈机制；三是根据儿童心理动态多维数据分析，校家社共同制订儿童心理健康教育及心理问题干预方案，协同实施并通过持续数据监测评估教育与干预效果。

（一）信息协同，为心理健康教育提供更全面更及时的信息

1. 把儿童的信息统整起来，才能全面了解其心理发展

对儿童的信息加以整合分析，能勾勒出孩子完整且立体的形象，从而更好地理解他们的需求、优势和不足，为他们的成长提供更精准、更有针对性的支持和引导。

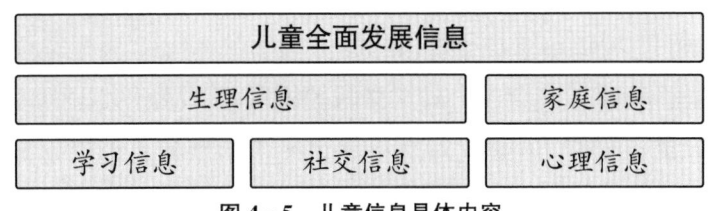

图4-5　儿童信息具体内容

2. 让儿童的信息跑动起来，才能及时把握其心理变化

通过数字化平台，各个部门和组织都可以安全、便捷地汇总和调取这些信息。当信息流动起来，教育者可以及时了解儿童的最新心理发展状况，发现潜在问题并迅速响应；家长也能更全面地掌握孩子的成长轨迹，与学校更紧密地合作；医疗人员可以更好地进行健康监测和管理。只有让信息真正跑动起来，才能实现为儿童的心理健康发展提供精准服务，及时满足他们的需求，为他们的健康成长保驾护航。

（二）以学校为主体建立学生发展与家庭教育动态档案

学校应主动承担起责任，以班级为单位，建立学生发展与家庭教育动态档案。

学生发展与家庭教育动态档案	
在校学业表现	家庭教育情况
行为习惯	家庭结构
兴趣爱好	亲子关系
心理健康情况	家校沟通情况

图 4-6 动态档案具体信息

1. 档案的建立对校家社协同心理健康教育具有重要意义

（1）信息联合，实现个性化心育

通过整合来自学校、社区、家庭及社会机构的数据资源，利用大数据与人工智能技术，对学生学业表现、身心健康、家庭状况等进行全方位分析，可以生成个性化的学生心理成长画像。同时，建立动态预警机制，及时发现潜在问题，并将预警信息推送至校家社对应责任人。

（2）信息协同，完善风险预测机制

构建全方位、立体化的心理健康防护体系，需要强化心理风险防范意识，完善心理预警机制，实现对潜在心理风险学生的早期识别与精准研判。要加强宣传引导，提升公众的心理健康意识以及心理危机防范意识和能力，并积极运用科技手段促进心理发展信息协同，提升心理风险监测预警的智能化水平。

（3）信息联通，提升协同心育效率

通过科学规划与合理调配，将各部门心理健康教育的人力、物力、财力等资源调动、整合起来，打破部门壁垒，建立健全沟通协调机制，促进心育资源信息共享，形成心育工作合力。此外，运用现代信息技术搭建一体化平台，实现心育资源调配的智能化与精准化。

2. 儿童心理健康教育信息的采集需要政府统筹与多方协同

政府统筹。政府建设信息平台，是提升公共服务效率、保障数据安全的关键举措。

社区协同。社区作为社会基层单元，在补充儿童和家庭心理健康信息方面发挥着不可或缺的作用。

公检法协同。公安机关负责提供所掌握的涉罪儿童行为信息及涉罪家庭的基本状况；检察机关在审查起诉阶段，补充完善涉罪儿童成长经历、心理测评等信息，并监督信息流转；法院在审判过程中，进一步收集涉罪儿童在教育、矫治和心理干预等方面的信息，并反馈至相关部门。

民政部门协同。民政部门掌握着大量涉残儿童和困境家庭的基础信息，如家庭经济状况、保障需求等，通过与其他部门协同，能够整合各方资源，为精准帮扶提供依据。

卫健部门协同。卫健部门作为医疗健康服务的主管单位，掌握着身心障碍儿童的诊断、治疗、康复等关键信息。

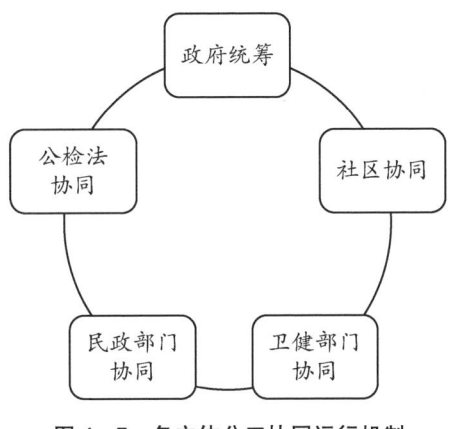

图4-7　各主体分工协同运行机制

3. 档案的完善需要多方反馈与动态更新

学生发展与家庭教育档案需要校家社共同参与，提供儿童成长的真实数据。同时，随着儿童的成长，校家社及时反馈，更新儿童成长数据。只有获得全方位实时的数据支持，心理发展档案才能真正成为反映个体成长轨迹、事件发展历程的有效工具，也才能为个性化服务、精准施策提供有力支撑。

图4-8　心理发展档案信息收集与完善过程

4. 档案的保存与使用安全需校家社达成共识

(1) 保护儿童个人隐私,避免信息的泄露与滥用

我们应积极采用先进技术手段,保障敏感信息的安全,防止其被非法获取、使用或传播,在充分利用数据价值的同时,筑牢数据安全与隐私保护的坚实防线。

(2) 合理使用档案数据,避免标签化和污名化倾向

儿童心理发展档案中的数据是支持性工具而非评判分值,因此,各方在使用数据时,尤其是面对问题儿童群体时,更需谨慎使用,防止"问题化"解读。校家社各方应尊重学生的个体差异,关注数据背后的原因和学生的成长需求,真正发挥数据在支持学生心理健康发展中的积极作用,避免心理问题的标签化和对需要帮助儿童的歧视性对待。

二、资源协同机制

资源协同机制旨在打破心育资源分布的壁垒,促进社会心育资源整合与共享,形成心理健康教育合力。通过心育资源协同机制,构建一个开放、共享、高效的心理健康教育生态系统,让每个学生都能享受到家门口的、生活化的、系统的高质量心理健康教育服务。

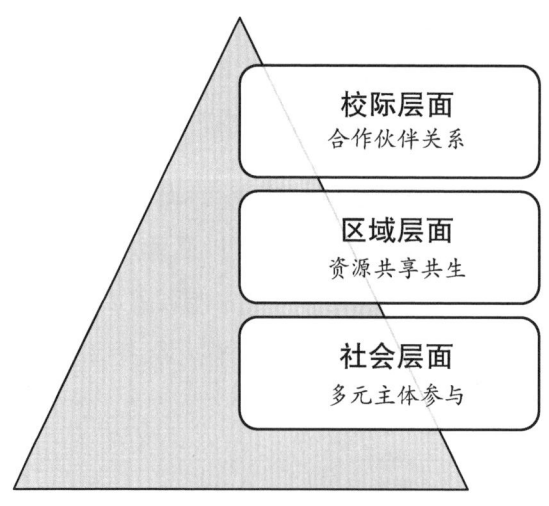

图 4-9 资源协同机制的多个层面

(一) 挖掘校家社各领域心育资源

1. 社会心育资源为学校心育课程的拓展提供支撑

博物馆、科技馆等社会资源,是丰富学生学习体验、提升学生综合素质的重要支撑。这些场馆作为校外学习的第二课堂,能够将抽象的知识具象化、形象化,激发学生的学习兴趣和探索欲望。社会心育资源的利用形式包括心理健康专题展览、心理拓展研学旅行、心理专家讲座等,还能提供相关的心理健康教学资源和指导。学校应将社会场馆学习纳入心理健康教学计划,鼓励教师将场馆资源与心育课堂教学有机结合,引导学生在社会生活中运用、实践从学校心理健康教育中获得的知识与技能。

2. 家庭心育资源能促进儿童获得个性化成长

家庭是儿童心理健康成长的起点,家庭结构、家庭氛围、亲子关系等都在影响着孩子当下的心理感受和未来的心理健康。"幸福的童年可以治愈一生",指的就是优良的家庭心育资源会对孩子的一生产生积极影响。家庭劳动是心理健康教育最应该重视,但也是最容易被忽视的心育资源,这一点在接下来的"协同心育资源开发路径"中再进行详细论述。

3. 学校心育资源是心育资源系统化的基础

学校是心理健康教育的主阵地,通过心理健康教育课程与各学科课程的心理健康教育渗透,形成了两条平行的学校心育路径。在校家社协同育人"教联体"建构理念的指引下,学校还需要进一步挖掘学校中的心育资源,如学习过程中的心育资源、学校管理中的心育资源、师生交往中的心育资源等。这些学校心育资源融在学校工作的方方面面,需要进一步挖掘与整理,以达到资源系统化的目的。

(二) 创新校家社协同心育资源开发路径(以劳动教育为例)

教育部等十七部门联合印发的《全面加强和改进新时代学生心理健康工作专项行动计划(2023—2025年)》中,明确提出"学校、家庭、社会和相关部门协同联动的学生心理健康工作格局更加完善"。学校应通过"五育并举"来促进心理健康教育贯穿育人全过程,构建全员化、全方位、全流程的心理健康教育体系。"五育并举"指通过德育、智育、体育、美育和劳动教育的融合,形成"以德育心、以智慧心、以体强心、以美润心、以劳健心"的基本格局,使心理健康教育贯穿育人全过程。接下来以劳动教育为例,分析校家社协同心育资源开发的基本路径。

【案例分享】

日前,郭村镇家校社协同育人数智"教联体"在扬州成立,来自南京、扬州、苏州等地的学校、政府、家长和企业代表等参加了成立仪式。

"数智技术为'教联体'建设提供了新的视角和广阔平台。"项目指导专家、扬州大学中国乡土教育研究中心教授刘佳介绍说。物联网、大数据和人工智能等新技术迅速发展,通过这些数智技术,能够打破传统教育的时空限制与信息壁垒,充分整合区域内学校、家庭和社会的教育资源,形成智能化、协同化、高效化的家校社大教育生态系统。——来自中国教育新闻网关于"扬州大学团队研发数智平台赋能家校社协同育人"的报道

从上述报道中可以了解到,劳动教育资源数智"教联体"整合了学校、家庭和社会多方资源,构建起智能化、协同化的劳动教育生态系统。这种模式为区域内的学生劳动教育提供了丰富的实践机会和资源支持,也为学生心理健康发展创造了更加全面、多元的成长环境。

1. 学校场域内的劳动心育资源开发与整合

学校劳动主要侧重于劳动认知、情感以及集体劳动体验与技能培养。在这个过程中,要重视劳动心育资源的开发与整合。例如,在认知上,通过引导学生理解劳动对人类发展的价值以及劳动对个体的具体心理素养的提升,鼓励学生重视劳动,改变对劳动的认知;在情感上,引导学生尊重劳动,培养尊重劳动人民的情感。学校内部要有意识地整合各部门的资源,如劳动课教师要与德育部门、心理健康教育部门的工作人员相互交流,推动劳动心育资源的系统整合。

2. 学校主导家庭日常生活型劳动心育资源的整合

家庭日常生活中的劳动是劳动教育的基础,也是"以劳健心"中最容

易被忽视的一环。因此,学校要主动向家长宣传劳动的价值,让家长明白孩子为什么需要劳动。同时,学校要积极开发家庭日常生活劳动中的心理素养课程,在提升家长认知的同时,以课程来指导家长引导孩子劳动有意识地提升孩子的心理素养,并通过评价引领家庭劳动课程持续推进。

3. 学校主导社区生产型和服务型劳动心育资源的整合

社区是学生进行生产型劳动和服务型劳动的主要场所。学校要主动联系社区中的企事业单位,发掘各单位的劳动资源。例如,挖掘并利用社区服务型劳动资源,提升学生的社会情感与自我价值感,推动学生建立学习动机;在现代生产型企业,可以结合职业心理指导的内容,培养学生的爱国主义情怀,帮助每位学生建构健康的职业心理期待,并形成正确的职业劳动价值心理。

三、教育协同机制

教育协同机制的核心在于打破传统教育的"孤岛",构建一个多方参与、资源共享、目标一致的心理健康教育生态体系。在这一机制下,学校作为主导力量,负责课程化、系统化的心理健康知识传授和技能培养;家庭则积极发挥生活化教育方式的优势,参与孩子的教育过程,承担起情感支持和行为引导的责任;社会则以其丰富的资源和多样化的实践机会,为学生提供广阔的心理成长空间。

(一) 协同发挥校家社各自的教育特点,促进心育水平提升

1. 协同心育观念的融通

教育协同要搭建多元化平台,鼓励教育工作者、家长、学生及社会各界广泛参与,通过论坛、研讨会、家长学校等方式,协同各方关于心理健康教育的观念,引导各方深入理解心理健康教育目标的多元性和长期性,避免将其简单化、功利化。

2. 协同心育内容的拓展

学校应主动拓展心理健康教育的内容,将学校心育内容与家庭生活和社会实践相结合,并积极开发校本心育课程,形成校家社协同心育方案,满足学生个性化发展需求。家庭则应注重孩子品德和健康心理养成、良好学习习惯培养和健康人格塑造,关注孩子的兴趣爱好,为孩子提供生活化心育资源和实践机会。社区要充分发挥其实践性心理健康教育资源优势,组织各类文化活动、志愿服务和社会实践,让学生在实践中获得心理成长。

3. 协同心育方式的互补

学校心理健康教育应注重系统心育知识的传授和心理素质的培养,采用课堂教学、生活体验、社会实践等多种方式,激发学生学习心理健康知识的兴趣和提升心理素养的主动性。家庭心理健康教育则应侧重于生活教育、情感教育和行为习惯的养成,通过日常生活的点滴渗透,培养孩子良好的心理素质和健全的人格,家长应以身作则,为孩子的心理健康营造和谐的家庭氛围。社区心育则应发挥其开放性和实践性的特点,通过组织丰富多彩的实践活动,如科普讲座、文化展览、志愿服务等,为学生提供接触社会、服务社会的平台,促进学生综合心理素养的提升。

(二)"一课三案",系统建设校家社协同心育课程体系

1. "一课",学校心育主题课程建设

学校是校家社协同心理健康教育的主导者。学校可以根据各学段心理健康教育的主题,面向学生和家长开设系统的心理健康课程,如情绪认知与管理、考试后的归因心理分析、六一儿童节的意义与价值心理主题课程等。

2. "三案",社区生态化亲子心育活动课程

社区生态化亲子心育活动课程,旨在将自然教育融入社区生活,构建和谐共生的亲子关系与社区生态。

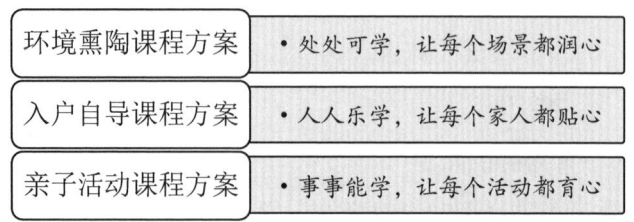

图 4-10 社区生态化亲子心育活动课程基本内容

环境熏陶课程方案：根据相关主题，设计通俗易懂且耳熟能详的心理健康提示短语或句子，贴在小区合适的地方，使学生和家长在日常生活中受到潜移默化的影响。

入户自导课程方案：旨在提升家庭的心理健康教育参与度和自主性，鼓励家长根据孩子的特点和需求，在学校设计的亲子心育活动方案的指引下选择性实施适合的家庭教育活动。

亲子活动课程方案：通过设计和组织各类亲子互动活动，进行家长与子女之间的沟通和交流实训，增进亲子关系，同时实现心理健康教育目标。

四、评价协同机制

评价协同机制打破了传统的单维度、单主体评价的局限，将儿童成长的所有因素纳入心理健康教育评价体系，几方共同参与评价标准的制订、实施与监督。评价结果将作为心育资源配置、政策调整、教育教学改进的重要依据，形成"以评促建、以评促改、以评促发展"的良性循环，最终推动心理健康教育质量的整体提升和教育的公平公正。

图 4-11　评价协同机制的多个维度

（一）校家社协同评价让儿童的心理发展被"看见"

评价协同机制通过系统性的评价过程，记录和分析少年儿童在不同环境和活动中的心理表现和发展情况，使少年儿童的心理发展过程可视化、可量化。通过系统性的评价，可以及时发现心理健康教育过程中的问题和不足，为心理健康教育改革提供有针对性的建议。

（二）校家社协同活动计划表让心育反馈更真实

活动计划表在校家社协同心育过程中发挥着重要的桥梁和纽带作用。制订并落实活动计划表，可以有效促进学校、家庭和社会之间的沟通与合作，整合各方资源，形成心理健康教育合力，最终促进少年儿童心理健康成长和全面发展。

1. 校家社协同心理健康教育活动的设计与实施

心育活动设计应紧密结合少年儿童的年龄特点和认知水平、基于校家社协同心育的共同目标而进行，应注重心理活动的趣味性和参与性，激发儿童的参与兴趣和积极性。活动实施过程中，应注重观察和记录少年儿童的表现和反应，为心育评价提供第一手资料，也为后续协同心育提供依据。

2. 评价结果在校家社协同心育中的反馈与应用

对评价结果的应用须贯穿心理健康教育的全过程，指导心理健康教育活动的调整和优化。

【分析与思考】

1. 作为心理教师，对学生进行专业的心理指导是常态化的工作。若在教学过程中，你发现学生的家庭教育与学校教育出现了明显分歧，会如何进行处理？

2. 作为教师，你在校家社协同育人过程中体验过哪些收获与成长？

3. 作为学科教师或者班主任老师，你是否曾借助家庭和社区的力量开展心理健康教育活动？如果没有，未来你将做哪些校家社协同心育的准备和计划？

第五章

目标联结：
校家社协同心育"教联体"的方向指引

本章精讲

前一章我们讨论了校家社协同心育"教联体"的运行逻辑与工作机制，理解了要做好心理健康教育工作需要构建信息协同机制、资源协同机制、教育协同机制和评价协同机制，但这四大协同心育机制需要学校、家庭和社会拥有共同的心育目标，因为只有统一思想认识才会有协同一致的行动，心理健康教育工作也不例外。本章我们将讨论学校、家庭和社会三方对学生心理健康教育目标的认识，分析学校、家庭和社会心育目标可能存在的游离现象的深层原因，并根据《中小学心理健康教育指导纲要》，详细阐述各学段的心理健康教育目标。由于学校应在"教联体"构建中起主导作用，所以本章将以学校视角来探讨学校、家庭和社会心育目标的整合机制。

《家校社协同育人"教联体"工作方案》中提出，"教联体"是以中小学生健康快乐成长为目标的。然而，心理健康是内在基础，校、家、社三方心理健康教育目标的联结对"教联体"的构建具有重要的意义，只有当三方的心育目标契合国家政策并求同存异时，心育"教联体"才能真正建立起来并发挥实效。

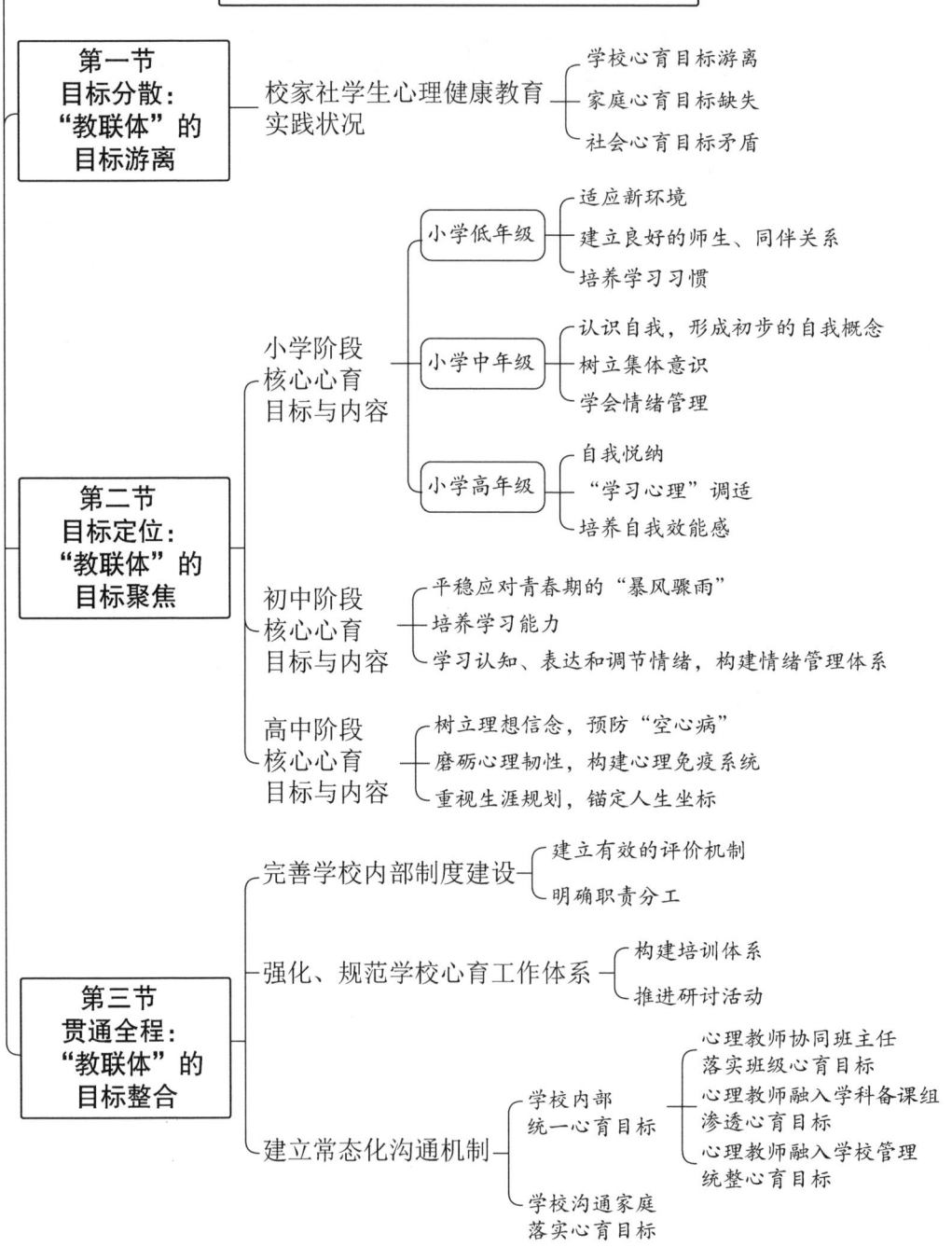

第一节
目标分散：校家社协同心育"教联体"的目标游离

【案例导入】

作为初三班主任，张老师为了学生更科学健康地学习，提议"减少周末补习班，给孩子留出运动和休息时间"时，小航妈妈第一个站起来反对："张老师，中考一分压倒千人，现在放松就是耽误孩子的前程！我刚给他报了数学冲刺班，每天刷题到凌晨。"

学校上周刚下发的"心理健康月活动方案"里，强调"关注学生的情绪状态"，但年级组会议上，教导主任却反复强调："一模成绩关系到学校排名，各班必须把自习课利用率提高到100％。"心理课也因此被占用。

看到学生小林越来越沉默，成绩从班级前十跌至二十多名，张老师尝试联系心理教师介入，对班上学生进行开导和帮助。但校长委婉提醒："提高成绩才是当务之急，别让个别学生的情绪问题影响班级整体表现。"

张老师很迷茫，也隐隐担心家长和学校对学生心理健康教育目标的忽视和游离会给学生的长期可持续发展造成伤害。

重视学生心理健康教育工作，首先需要明确心理健康教育工作努力的方向。教育部于2012年颁布的《中小学心理健康教育指导纲要》（以下简称《心育指导纲要》）是中小学心理健康教育领域的重要纲领性文件，对学生心理健康发展目标作出了系统性、层次性的规划。其总体目标着眼于学生心理发展的宏观层面，旨在全方位提高学生的心理素质，帮助学生以积极乐观的心态面对生活中的机遇与挑战。文件不仅强调了塑造健康心理状态的重要性，更强调应激发学生的心理潜能，让每位学生都能在心理层面实现自我突破与成长，最终达成身心全面和谐发展，为其一生的幸福与成长奠定坚实基础。其具体目标则从学生日常学习与生活的实际需求出发，多维度进行了细致规划——**在学习与生活层面**，《心育指导纲要》

指出要帮助学生掌握科学的学习方法，适应校园生活节奏，培养良好的生活习惯，让学习与生活相辅相成、相互促进；**在自我认知方面**，指出要引导学生客观、全面地认识自身的优点与不足，形成正确的自我概念，增强自我认同感；**在自我管理与情绪调节能力的培养**上，提出要助力学生学会合理规划时间、管理行为，同时掌握有效的情绪管理策略，在面对负面情绪时能够及时调整，保持情绪稳定；**针对压力与环境适应**，着重强调增强学生的抗压能力和适应力，使其在面对学业压力、人际交往困惑或生活环境变化时，都能以积极的心态应对，顺利适应不同情境；而**培养健全人格和良好个性心理品质**，更是贯穿于学生成长的全过程，文件期望学生在成长过程中塑造正直、善良、坚韧等优秀品质，形成独特且健康的人格魅力，成为身心健全、全面发展的新时代人才。

然而，在应试教育和功利化思维的驱使下，学校、家庭和社会在落实心理健康教育目标时，往往偏离了《心育指导纲要》的核心导向，有时甚至完全丧失了对心理健康教育目标的追求。

当前的学生心理健康状况及心理健康教育状况，在本书第二章和第三章已分别进行详细论述，总结下来，主要有几个问题：

一是应试教育高压，导致学校心理健康教育工作边缘化。尽管学校开设了心理健康工作室和心理健康教育课程，但对学生的心理健康依旧重视不足①。在实际落实过程中，心理健康教育课程往往因多种主客观原因流于形式。

二是科学知识不足，导致家长对心理健康重视程度不足，若孩子出现心理问题，应对策略匮乏。许多家长将"心理健康"简单等同于"不用父母操心"，将"心理不健康"等同于"抗压能力差"，过度关注孩子的分数与排名，忽视其情感需求与心理变化。如果孩子出现焦虑、抑郁等症状，很多家长讳疾忌医，错失最佳干预时机。

三是价值观念纷乱，进一步加深了学生的无意义感。面对社会上纷繁

---

① 靳洁蓉. 家校合作理念下中学生心理健康教育初探[J]. 甘肃教育研究，2023(09)：17-20.

复杂的价值观念,学生难以建立稳定的价值判断标准。部分学生逐渐患上价值缺失的"空心病",内心充满无意义感,失去奋斗动力与精神寄托。

而我们在开展心理健康教育相关课题研究工作中也发现,学校、家庭和社会三个主体,对学生心理健康教育的目标,与国家政策目标之间,存在明显的游离现象。

一、学校心理健康教育目标的游离

1. 课程实施中心育目标游移

首先,心理健康教育课程形式化倾向严重,并没有做到将心理健康教育贯穿于学生的学习和生活[①]。虽然多数学校按照要求将心理健康教育纳入课程体系,但在实际执行过程中,心育课程常沦为"边缘学科"。课程缺乏系统、专业的设计;内容陈旧,多以理论灌输为主,未能与学生的实际生活与心理需求紧密结合,无法有效解决学生面临的人际交往困惑、学业压力、青春期情绪波动等现实问题。其次,课程中的"心育"成分未能真正得到重视与加强。因为缺少足够的培训和指导,各学科的老师在课程教学中只能凭经验或自己的理解在课程中渗透心育内容,有些学科教师甚至不仅没能提升学生的心理健康素养,反而会在教学过程中打击学生的自尊,不利于学生的心理调节能力培养。

2. 专业师资力量不足,影响心育目标实现

许多学校缺乏专业的心理健康教育教师,心理健康课程教学任务多由班主任或其他学科教师兼职承担。这些教师虽具备一定的教学经验,但普遍缺乏系统的心理学专业知识,未经历过心理健康教育技能培训,难以准确把握学生的心理状态,对心育课程目标与方向也无法精准把握,更无法提供科学有效的心理辅导。即便部分学校配备了专职心理教师,也面临着师资力量不足、工作任务繁重的困境。师资队伍的专业性缺失和

---

① 张玺,高振华,李经纬.中学生心理健康教育现状与提升策略研究[J].教育实践与研究,2025(01):31-35.

精力分散，使得心理健康教育难以达到预期目标。

3. 评价导向带偏了心育目标

在以升学率、考试成绩为核心的评价导向下，学校将大量的时间、精力和资源投入学科教学和应试训练中，对心理健康教育的重视程度明显不足。心理健康教育工作缺乏科学、完善的评价标准，难以进行量化考核，导致其在学校整体工作中被边缘化。学校既不重视对心理课程教学质量的评估，也不注重对学生心理健康状况的跟踪与反馈。这种不合理的评价体系，使得心理健康教育难以获得足够的资源与支持，教师开展心理健康教育工作的积极性受挫，心理健康教育目标逐渐被淡化、被带偏。

二、家庭心理健康教育目标的缺失

部分家长缺乏协同育人的意识，并将育人工作责任完全推给学校，没有承担起家庭相应的教育责任[①]。

1. 家长缺乏对心理健康的正确认知

家长对心理健康教育的认知偏差，是导致心理健康教育目标缺失的根本因素。许多家长将"心理健康"简单等同于"不出心理问题"或"学习成绩好"。更严重的是，一些家长对学校心理健康教育也存在严重的认知偏差——他们要么避讳讨论心理健康问题，抵触学校的各项心理健康教育工作，如拒不配合学校建学生心理档案，还会凭自己不专业的理解对学校主导开展的心理问题筛查工作与心理健康教育活动进行指责，甚至投诉；要么将"心理健康教育"等同于"心理治疗"，认为自己的孩子没有心理问题就不必接受心理健康教育，认为那不仅耽误了孩子的学习，还会对孩子造成困扰；而一旦孩子出现了心理方面的问题，这些家长常常采取回避态度，不能根据专业建议来帮助孩子。家长对心理教育目标的种种片面认知，使得他们在家庭教育中往往以物质奖励来代替情感沟通，以严格要

---

① 郭钰鑫，王佳佳.学校家庭社会协同育人：角色重构与实现路径[J].教育参考，2024(06)：33-37.

求代替心理疏导,无法为孩子提供科学、有效的心理健康教育引导,家庭教育目标也在认知错位中逐渐偏离正轨。

2. 不当的家庭教育方式制造了心理问题

不当的家庭教育方式进一步加剧了心理健康教育目标的缺失。如大多数家长忙于生计,与孩子共处的时间有限,对孩子缺乏足够的陪伴和关爱;亲子交流方式单一,父母常用命令的口吻说教,不能与孩子平等交流,忽视了孩子的心理健康。在现实生活中,还有部分家长采用高压式教育手段,对孩子的学业成绩设定过高标准,过度强调竞争与排名,给孩子带来巨大的心理压力。长期处于高压环境下的孩子,出现焦虑、抑郁等心理问题的概率显著增加。还有些家长则溺爱孩子,对孩子的不合理要求一味满足,缺乏规则教育与挫折教育,导致孩子形成以自我为中心的性格,在面对生活中的困难与挫折时,极易产生心理失衡。此外,部分家长自身情绪管理能力不足,经常将工作与生活中的负面情绪传递给孩子,家庭氛围紧张压抑,严重影响孩子的心理健康发展。这些不当的教育方式,不仅无法实现心理健康教育目标,反而成为孩子心理问题滋生的温床。

3. 资源匮乏延误了心理问题解决

相较于学校,家庭在心理健康教育资源获取方面存在天然劣势。多数家长缺乏专业的心理健康知识和教育方法,在面对孩子的心理问题时往往束手无策,又不知到何处寻求心理健康教育与心理危机干预资源,导致孩子的心理问题得不到及时解决,越拖越严重。同时,很多家长缺乏对家庭心理资源的认识,没有为孩子提供良好的心理成长环境。此外,社会层面对家庭心理健康教育的支持体系尚不完善,专业的家庭教育指导机构和服务平台缺乏,无法为家长提供有效的帮助与指导,使得家庭心理健康教育陷入孤立无援的困境。

三、社会心理健康教育目标的矛盾

学生心理健康状况不仅与学校和家庭因素密切相关,而且与社会氛围及思潮具有非常紧密的联系。

有研究表明,社会对少年儿童精神世界的影响在不同的时代是不同的,在过去人员流动性小、信息相对闭塞的时代,人的精神世界更多地受最亲近的人的影响,而在信息化时代,特别是在人工智能时代,大数据分析与智能化推送所形成的"信息茧房"正成为影响少年儿童精神世界的最主要的因素。家庭和学校作为社会的子系统,它们的观念来自社会,家长和教师常常作为社会的"代言人",将社会思潮传播给少年儿童,在某种程度上,不良社会思潮会削弱家庭和学校对少年儿童的正向价值观引导,对他们的心理产生消极影响。

1. 社会对心理健康的宣传自身存在矛盾

社会上对心理健康的人应具备的品质常存在矛盾倾向。如,一方面推崇"做最好的自己""活出真我的风采",将"我最重要"视为维护个体精神独立、不内耗的健康个性的标志,另一方面又鼓励人们学会与他人共同生活,在与他人的互动中发现自我,实现自我的价值。这样的宣传各有侧重,应该加以严肃辨析。但是,各种自媒体对不同的方面进行宣传时常常放大矛盾,制造对立,这让不少孩子产生了认知冲突。这种认知冲突实则反映了社会对心理健康认知的单一化,将复杂的心理状态简化为"非黑即白",最终可能让人在追求"健康"的过程中反而迷失了真实的自我。

2. 社会心理思潮与学校心理健康教育目标之间存在矛盾

当前,社会心理思潮与学校心理健康教育目标的矛盾集中体现为价值取向与实践路径方面。当代社会思潮强调个体自由、多元认同与去权威化,如后现代主义对标准化心理评估的质疑、社交媒体文化对青少年注意力与自我认知的冲击等,这些都与学校心理健康教育中常见的结构化课程、标准化筛查和主流价值观引导产生冲突。这种矛盾在实操层面表现为:一方面,学校遵循教育体系的要求,培养学生的积极心理品质,鼓励学生学会自控、自律,学会延迟满足,学会服务他人与奉献社会,培养学生在将"小我"融入"大我"的过程中实现自我的心理素养;而另一方面,社会思潮更倾向于解构权威的心理话语体系,理解年轻人将"躺平""社恐""断亲""不婚不育"等亚文化现象作为心理防御机制,甚至鼓励他们以"拒绝入局"和回避挑战来保持自己在精神世界的独立性。

3. 社会心理思潮与传统的家庭价值观形成矛盾

在社会转型的当代背景下,个体主义思潮的兴起与传统家庭伦理之间正形成深刻的张力,甚至是矛盾。随着城市化进程加速,年轻一代在消费主义、个人主义等现代价值观的影响下,逐渐将自我实现置于家庭责任之上,这种价值取向正在冲击着传统家庭中个人所承担的"生育""显亲""互助"等家庭责任。越来越多的年轻人认为,承担家庭或者家族责任就是对自己独立性的侵害,他们甚至只想享受在家庭中的权利,而不愿意承担在家庭中应尽的责任与义务。随着社会保障系统越来越完善,以及小家庭财富积累的丰盈与经济基础的坚实,新时代的年轻人从实利主义角度考量,对家庭的依存度在下降,他们对家庭的责任感与价值观都在发生着深刻的转型。当他们试图在传统家庭与"原子化社会"之间寻找平衡点时,往往陷入情感需求与自我追求的双重困境。

第二节
目标定位:校家社协同心育"教联体"的目标聚焦

【案例导入】

六年级的小航最近总跟父母顶嘴,作业也开始敷衍。妈妈心急如焚,拉着他到学校问班主任:"这孩子是不是进入叛逆期了?怎么突然变得这么难管?"班主任张老师却发现,小航在课堂上依然积极举手发言,课间还主动给同学讲解数学题。

初二学生小婷这段时间沉迷手机,拒绝参加任何社交活动。她爸爸在家长群里抱怨:"现在的孩子太不懂事,说两句就闹脾气!"而心理教师通过"沙盘游戏"发现,小婷的作品里反复出现"孤岛"和"锁链"。与小婷深入沟通后,才知道,她正受到外貌焦虑和同伴排挤的困扰。

两位学生虽然表现出相似的"问题行为",背后却藏着不同阶段的心理需求:小学生小航需要的是自我意识发展期的尊重与引导;初中生小婷急需青春期情绪管理和社交能力的支持。不同学段的心理健康教育不能"一刀切",而应根据学生身心发展规律设定目标,将"成长的烦恼"转化为蜕变的契机。

为了使家庭、学校、社会的教育合作达到我们期待的效果,就需要在校、家、社这三个教育主体中确定一个"圆心",把三个教育主体连成一体,形成教育合力。那么,由哪个教育主体作为"教联体"的"圆心"呢?从基础教育阶段学生的时间分配情况来看,他们在学校的时间是最长的;从主动贯彻党和国家的教育方针角度而言,学校是主要执行者;从教育威信角度而言,学校的威信是最高的。因而,成立以学校为圆心的"教联体",由学校出面协调家庭及社会这两个教育主体,有其必要性。

为实现《心育指导纲要》中指出的中小学心理健康教育的总目标,心理健康教育应从不同年龄阶段学生身心发展的特点出发,循序渐进地设置分阶段的具体教育内容。

一、小学阶段核心心育目标与内容

小学阶段时间跨度长,低年级、中年级和高年级学生的身心发展差异较大。为了更好地实现心理健康教育总目标,《心育指导纲要》将小学的心理健康教育内容按低、中、高年级进行了分层设置。

(一)小学低年级核心心育目标与内容

《心育指导纲要》明确了对低年级小学生的心理健康教育内容:帮助学生认识班级、学校、日常学习生活环境和基本规则;使学生初步感受学习知识的乐趣,重点是学习习惯的培养与训练;培养学生礼貌友好的交往品质,使其乐于与老师、同学交往,在谦让、友善的交往中感受友情;使学生有安全感和归属感,初步学会自我控制;帮助学生适应新环境、新集体和新的学习生活,树立纪律意识、时间意识和规则意识。

根据以上内容可以提炼出三条主要心育目标——适应新环境,建立良好的师生、同伴关系,培养学习习惯。

1. 适应新环境

与幼儿园充满趣味、温馨和开放自由的环境不同,小学的学习环境中,多了一份"秩序"和"约束"。大大的教室里井然有序摆放着几十张桌椅,上课时要端正坐好、认真听讲,通常只能在课间上洗手间……这些纪律,对于一年级新生来说无一不是陌生的。教师需要帮助这个阶段的学生熟悉小学的物理环境和规则纪律,帮助他们平稳度过这个特殊阶段,适应小学生活。

教师需要帮助新生熟悉校园的物理环境,这有助于缓解新生的入学焦虑,也是他们融入小学生活的第一步。不同于幼儿园的"小而美",小学一般面积更大,功能区域更丰富,教学楼有几栋,每层教学楼里都有一两个大洗手间,操场很大,有专门的图书室……教师可以通过一些生动有趣的活动或游戏帮助新生逐步熟悉校园里的各个区域。例如,可以利用班会课开展"校园寻宝大冒险"活动:教师提前绘制简易版校园地图,在地图上标注教学楼、操场、厕所、图书馆等重要地点,并设置"宝藏线索"(如"找到有很多图书的地方——图书馆""寻找有乒乓球桌的区域——操场");将学生分成小组,请他们根据线索在校园中寻找相应地点;学生找到相应地点后,教师帮助学生在该地点拍照"打卡";完成所有任务的小组可获得小贴纸或书签等奖品。这种游戏化的方式能让学生在充满乐趣的探索中熟悉校园布局。当学生对校园环境有了初步的认识后,可以让学生毛遂自荐来当"小导游","小导游"带着全班同学参观校园,并向同学们介绍校园各个区域的功能,以及在该区域活动的注意事项。当然,教师也可以利用班会课带学生去亲身体验一下这些区域的功能。亲身感受不仅能帮助学生熟悉环境,还能增强他们对学校的归属感。

2. 建立良好的师生、同伴关系

一年级孩子的入学适应,在人际关系上主要就是适应新的师生关系、同伴关系,这些关系也同样体现出学生在学校这个大集体中的角色位置。进入小学后,学生与老师和同学相处的时间骤增,所以,与老师、同学建立良好的关系,将直接影响学生在校的幸福感和对学校的归属感,是实现心理健康教育目标的关键影响因素。

良好的师生关系是学生温柔而有力的"靠山",也是学生学业路上前进的助燃剂。低年级学生渴望得到老师的关注,比较依赖直观的互动,所以,在校园生活的细微之处,教师可以通过组织高频、"小切口"的情感联结活动,与学生建立起良好的师生关系。例如,南京市陶行知小学方老师发起的"放学抱抱"行动曾被多家媒体报道过。方老师每天放学时会在教室门口拥抱每一位孩子,用温暖的拥抱送别每一位学生,让他们每天都带着老师满满的爱和接纳走出教室。只有当学生在心理上感受到被接纳,后续的教育才会真正发生。当学生在日常学习生活中不断从老师那里获得积极的情感体验,在心理上真切地感受到被接纳、被尊重、被关爱时,他们就会对老师产生深厚的信任与依赖。

同伴关系是学生在校最重要的关系之一,良好的同伴关系可以有效促进学生的社会性发展。低年级学生往往缺乏同伴交往经验,教师可以采取"教授社交技巧—创设互动环境—设计同伴互助机制"的递进式策略对学生的交往能力加以引导。首先,进行系统化的社交技能教学,如开展"认识情绪"班会活动,教会学生使用"我感觉……"表达情绪感受。其次,创设支持性的互动环境,如在教室角落设置合作游戏区(兼具引导学生适应新环境的功能),组织"角色扮演"等游戏活动,为学生提供合作、交往的机会。

3. 培养学习习惯

小学低年级是学习习惯养成的关键期,良好的学习习惯不仅关乎学业表现,更是学生心理健康发展的重要基石。

低年级学生注意力易分散,自我管理能力较弱,教师在培养学生学习习惯时,需以正向激励和趣味引导为主,帮助学生在轻松愉悦的氛围中建立对学习的积极认知,避免因压力产生畏难情绪。例如,教师可以在教室的墙上贴上"习惯成长树",每片"大树叶"上,分别写着"按时完成作业""整理学习用品""作业书写工整"等学习习惯目标,学生每达到一个目标,就可以在这片"大树叶"的轮廓里贴上一枚星星贴纸。这样做,就是将学习习惯目标可视化,更能激发低年级学生养成好习惯的动力。

教师也可以让学生轮流来当大家的"学习小助手","小助手"负责提醒同学们整理文具、准备下节课用品等事项,每位"小助手"任期结束可以得到教师准备的小奖品。这种方式就是让学生在帮助他人的过程中强化自身的学习习惯。

(二)小学中年级核心心育目标与内容

《心育指导纲要》明确了对中年级小学生的心理健康教育内容:帮助学生了解自我、认识自我;初步培养学生的学习能力,激发其学习兴趣和探究精神,使学生树立自信,乐于学习;帮助学生树立集体意识,善于与同学、老师交往,培养自主参与各种活动的能力,以及开朗、合群、自立的健康人格;引导学生在学习生活中感受解决困难的快乐,学会体验情绪并表达自己的情绪;帮助学生建立正确的角色意识,培养学生对不同社会角色的适应;引导学生增强时间管理意识,帮助学生正确处理学习与兴趣、娱乐之间的矛盾。

根据以上内容可以提炼出三条主要心育目标——认识自我,形成初步的自我概念;树立集体意识;学会情绪管理。

1. 认识自我,形成初步的自我概念

小学中年级学生正处于自我概念形成期,他们开始从他人评价和自我观察中构建自我概念。此阶段,引导他们了解自身的优缺点、兴趣特长等,可以帮助他们形成稳定的自我认知。教师可以利用班会课或心理健康课开展以"认识自我"为主题的活动。

例如,在心理健康课上,教师可以让学生在白纸上画下自己的手印,并在手印轮廓中写下自己的三个优点;然后将这张纸在同学中传递,学生之间互相在手印旁写下对手印主人的积极评价;最后,这张写满美好评价的纸回到学生自己手中。这样的活动能帮助学生客观认识自己,同时学会欣赏他人。

为了引导学生从多维度了解自我,教师还可以在班上进行"角色卡牌"游戏。教师在卡牌上写上不同角色的名称(学生、儿子/女儿、班长、足球队员……),然后引导学生围绕"我想承担什么角色?""这个角色需要做什么?""我做得好的地方是什么?""我想改进的是什么?"等问题进行思考并讨论。这样做,能够引导学生多维度进行自我评价,避免单一评价方式(如仅用成绩来评价)。

在小学中年级阶段形成客观、积极的自我概念,能为今后应对各种挑战筑起坚固的心理防线。

2. 树立集体意识

在学生的成长过程中,集体意识是连接自我和社会的关键桥梁,学生可以在集体中"照见"自我,来自集体的反馈比单纯的自我反思更加客观、多元,集体也能帮助个体"去自我中心化",跳出个人的视角去理解集体的目标和价值,自然而然习得集体社会的规则(如轮流发言、尊重他人等)。

教师可以通过集体竞赛活动,如拔河、合唱等,让学生感受集体的力

量,使他们意识到在集体竞赛或活动中团队表现大于个人成绩。教师还可以在日常教学中培养学生的集体意识,比如,让学生分组协作完成某个学习任务,感受集体的力量。

3. 学会情绪管理

小学中年级阶段,学业压力逐渐增大,学生的社交模式从"老师主导"慢慢转为"同伴互动",情绪管理能力显得尤为重要,它能帮助学生在同伴交往中用恰当的情绪处理可能出现的冲突。

教师可以向学生讲解"情绪温度计",让学生学会觉察并识别自己当下的情绪状态,从而尝试应用相关调节方式疏解消极情绪。

教师也可以在办公室设置一个"冷静角",在这里,学生可以玩一些解压玩具或搭积木。学生在自己需要时可以自行进入"冷静角",或由教师带领进入"冷静角"平复情绪。待学生平复情绪后,教师再与学生交流,分析学生刚才的情绪变化,引导学生学会管理情绪。

表 5-1 "情绪温度计"(情绪识别与调节方式)

等级	情绪状态	身体信号	可尝试的情绪调节方式
1	平静、开心	呼吸平稳,面带微笑	保持好状态
2	轻微不安	皱眉,玩衣角	深呼吸 3 次,喝口水
3	生气、难过	心跳加快,握拳	离开现场,去"冷静角"
4	非常愤怒、伤心	眼红,流泪,大声说话	到"冷静角"休息
5	极度激动	发抖,摔东西	找老师,到"冷静角"平复情绪

(三) 小学高年级核心心育目标与内容

《心育指导纲要》明确了对高年级小学生的心理健康教育内容:帮助学生正确认识自己的优缺点和兴趣爱好,在各种活动中悦纳自己;着力培养学生的学习兴趣和学习能力,端正学习动机,调整学习心态,正确对待成绩,体验学习成功的乐趣;开展初步的青春期教育,引导学生进行恰当的异性交往,建立和维持良好的异性同伴关系,扩大人际交往的范围;帮助学生克服学习困难,正确面对厌学等负面情绪,学会恰当地、正确地体验情绪和表达情绪;积极促进学生的亲社会行为,帮助学生逐步认识自己与社会、国家和世界的关系;培养学生分析问题和解决问题的能力,为初中阶段学习生活做好准备。

根据以上内容可以提炼出三条主要心育目标——自我悦纳、"学习心理"调适、培养自我效能感。

1. 自我悦纳

小学高年级是童年期向青春期过渡的关键期,这一时期,学生生理快速变化,学业压力增大,社交需求急速增加,容易因外貌、成绩、同伴评价等因素否定自我。

自我悦纳能够帮助他们减少外貌焦虑和学业压力带来的自卑感,以平等姿态建立健康的社交关系,避免因过度迎合他人而迷失自我。同时,这个阶段形成的自我认知模式会影响一个人一生的心理健康,具备自我悦纳能力的人,在未来面对竞争和挑战时,更能保持心理弹性,从容应对成长中遇到的困难。

教师可以利用班会课开展"差异化审美"讨论,通过展示不同体型、肤色、文化背景的人物图片,引导学生认识到美是多元的,每个人因独特而珍贵。教师还可以设计"差异合作任务",如组织需不同特质的同学参与的校园义卖活动,由擅长组织的学生进行策划,由擅长绘画的学生绘制义卖作品……让学生体会到,不同特质的人团结协作,将使团队各项工作更高效地开展。教师还应以自身的自我悦纳为学生示范,帮助学生建立积极的自我认知。

2. "学习心理"调适

小学高年级学生虽已具备一定的认知能力,但认知程度较浅、较单一,心理韧性也不够,在课业难度提升和升学压力的挑战下,其学习心理容易失衡。教师应从引导学生正确进行成败归因、培养学生成长型思维两方面,帮助学生构建健康、积极的"学习心理"。

小学高年级学生容易将自己的失败泛化为"能力不足"。比如,偶尔一次语文考得不好,就认定"我就不是学语文的料子"。这种消极的归因会渐渐瓦解学习信心。教师应引导学生进行积极归因——将成功或失败的原因归为可控的"努力"因素,而不是不可控的"天赋""能力"等因素。只有积极地归因,学生才能成不骄、败不馁,在"自己可控的掌控感"中健康、可持续地发展。此外,随着课业难度的提升和青春期导致的身心变化,小学高年级学生也容易体验到更多的挫败感。关注"努力过程"而非"成败结果"的成长型思维,也可以帮助他们快速从挫败体验中走出来,在经历失败后依然看到自己努力的价值,并愿意继续努力,从而不断成长。

3. 培养自我效能感

根据埃里克森的人格发展阶段理论,小学高年级学生正处于"勤奋—自卑"的人格发展阶段,开始从"依赖成人评价"转向"自主评估"。这一阶段心理成长的主要目标为培养勤奋感、自我效能感,克服自卑感。

教师应帮助学生在学业与社交中积累"我能行"的体验,避免其因持续遭遇挫败而自卑。教师可以通过聚焦具体能力的"过程性评价"帮助学生增强自我认同感。比如,用"你这道题用了画图法,思路很巧妙"替代"你真聪明";用"你主动帮同学讲解错题,表达能力进步很大"替代"你真棒",等等。教师还可以为各有所长的学生提供不同的展示平台,让他们在自己擅长的项目上展示实力,获得成就感,尤其是学科成绩不那么优异的学生,他们更需要一个"优势锚点"来发展自信和自我效能感。比如,鼓励擅长体育的学生参加运动会,为班级赢得荣誉;让擅长绘画的学生负责黑板报设计,为美化教室贡献力量;让擅长组织管理的学生负责策划义卖活动、志愿者服务活动……在多元评价的支持下,各有所长的学生都能通过自己的"长板"优势获得自我效能感,而这种自我效能感将直接影响学生未来面对挑战的勇气和对自我的认同感。

二、初中阶段核心心育目标与内容

《心育指导纲要》明确了对初中生的心理健康教育内容:帮助学生加强自我认识,客观地评价自己,认识青春期的生理特征和心理特征;帮助学生适应中学阶段的学习环境和学习要求,培养正确的学习观念,发展学习能力,改善学习方法,提高学习效率;积极与老师及父母进行沟通,把握与异性交往的尺度,建立良好的人际关系;鼓励学生进行积极的情绪体验与表达,并对自己的情绪进行有效管理,正确处理厌学心理,抑制冲动行为;把握升学选择的方向,培养职业规划意识,树立早期职业发展目标;逐步适应生活和社会的各种变化,着重培养应对失败和挫折的能力。

根据以上内容可以提炼出三条主要心育目标——平稳应对青春期的"暴风骤雨";培养学习能力;学习认知、表达和调节情绪,构建情绪管理体系。

1. 平稳应对青春期的"暴风骤雨"

随着青春期的正式来临,初中生的生理和心理都在发生着巨大的变化。身体上,开始出现第二性征,身高猛长,声音和外貌发生改变。这些剧烈的变化如潮水般涌来,让初中生感到困惑和不安。心理上,他们的自我意识变得更强烈,渴望独立与被尊重,情绪容易波动,时而自信,时而敏感自卑。

初中生处于"生理成人化"和"心理半成熟化"的冲突中,教师应帮助他们平稳度过这个身心快速发展的"暴风骤雨期"。学校可以开设分性别的生理卫生课,向学生讲解青春期的身体变化,通过图文、视频和科学数据,让学生科学认识青春期身体的变化,从而积极应对。此外,教师和家长还应积极了解青春期学生的心理特征。青春期学生的前额叶发育尚未成熟,边缘系统活跃,导致他们易冲动,倾向于用"叛逆"证明自己的独立。家长和教师应在了解这些特征的基础上做到善于倾听,理解学生并给予他们一定的自主权。学校应定期向家长科普与青春期孩子相处、沟通的技巧,帮助家长了解自己的孩子,科学陪伴孩子度过这个成长中的转折期。

同伴交往也是青春期的一个重要课题。青春期的学生,在情感上逐渐脱离家庭,转而向同伴团体寻求归属感。教师应通过班会课或日常教学活动,多肯定"正向小团体",从而让学生树立正确的交友观。在异性交往方面,教师应引导学生把握好边界,帮助他们理解边界是尊重与自爱的体现,也是异性健康关系的基石。青春期的学生,如同航行在波涛汹涌海面的小船,教师和家长的理解、帮助,能让他们在激流涌动中拥有恒定的爱和支持,助力他们在迷茫与探索中逐渐明晰自我,完成从孩童到青少年的蜕变。

2. 培养学习能力

随着学习科目的增多和学习难度的提升,初中生的学习生活面临着前所未有的挑战。同时,考试频次的增加和评分标准的变化,让学业压力如影随形,不少学生陷入"学不完、跟不上"的焦虑。

教师应从时间管理、学习策略和激发学习动机三方面来培养学生的学习能力。在时间管理方面,教师可以指导学生利用"四象限法则"区分任务的重要紧急程度,最重要和紧急的任务优先完成;引导学生学习将大目标拆解为每日可执行的小任务,学会利用碎片时间,比如排队拿饭时记忆两个单词。在学习策略方面,教师可以根据不同学科的特点为学生传授实用高效的学习方法。比如,引导学生利用思维导图梳理文科的知识框架,用联想记忆法和关键词记忆法等来提升背诵效果;引导学生通过典型例题总结解题思路和方法,并利用好错题本,定期进行总结和归纳。在激发学习动机方面,教师应帮助学生明确学习目标,将长远目标与短期目标相结合,让学生看到自己的进步和成长,增强学习成就感;通过挖掘学科知识与生活实际的联系,让抽象的知识变得生动有趣,提升学生的学习兴趣。在日常教学中,教师应善于发现学生的闪光点,及时给予学生肯定和鼓励,还应采用多元化的评价方式,避免"唯分数论",保护学生的学习积极性。

3. 学习认知、表达和调节情绪,构建情绪管理体系

初中生生理上的快速发育也带来激素水平的剧烈波动,使得他们的情绪极易受到影响,时而因一次课堂发言被表扬而兴奋不已、自信满满,时而又会因同学一句无心的调侃而陷入自我怀疑,情绪瞬间跌入低谷。自我意识的觉醒让他们格外在意他人的评价,对自尊的感知更为敏感,教师的批评、家长的指责,甚至同伴的一个眼神,都可能触动他们敏感的神

经,引发他们强烈的情绪反应。

教师应化身学生情绪的"摆渡人",从认知、表达和调节三方面帮助他们构建情绪管理体系。在认知层面,可通过主题班会、心理课等讲解青春期情绪波动的生理与心理机制,借助案例分析让学生明白情绪波动的普遍性,消除"我不正常"的恐惧。例如,用"大脑发育不均衡导致情绪易失控"的科学知识,解释冲动行为的根源。在情绪表达上,为学生打造安全的倾诉环境。可设立"心灵信箱",鼓励匿名书写情绪困扰;开展"情绪故事会",引导学生用绘画、日记等形式外化感受。在情绪调节策略方面,应传授实用技巧。如可传授"情绪暂停法",让学生在激动时通过"离开现场—深呼吸20秒—数数到10"来平复情绪;可组织"正念冥想"课间活动,借助"5分钟专注呼吸"训练引导学生快速脱离负面情绪;引导学生建立"情绪急救清单",列举适合自己的情绪调节方式,如跑步、听音乐、向信任的人倾诉等,逐步培养自主管理情绪的能力。

三、高中阶段核心心育目标与内容

《心育指导纲要》明确了对高中生的心理健康教育内容:帮助学生确立正确的自我意识,树立人生理想和信念,形成正确的世界观、人生观和价值观;培养创新精神和创新能力,掌握学习策略,开发学习潜能,提高学习效率,积极应对考试压力,克服考试焦虑;引导学生正确认识自己的人际关系状况,培养人际沟通能力,促进人际的积极情感反应和体验,正确对待和异性同伴的交往,知道友谊和爱情的界限;帮助学生进一步提高承受失败和应对挫折的能力,形成良好的意志品质;引导学生在充分了解自己的兴趣、能力、性格、特长和社会需要的基础上,确立自己的职业志向,培养职业道德意识,进行升学就业的选择和准备,培养担当意识和社会责任感。

根据以上内容可以提炼出三条主要心育目标——树立理想信念,预防"空心病";磨砺心理韧性,构建心理免疫系统;重视生涯规划,锚定人生坐标。

1. 树立理想信念，预防"空心病"

在"内卷"与"躺平"交织的当代社会，缺乏意义感的"空心病"有所蔓延。高中生作为即将成年的一群人，他们的世界观、人生观和价值观尚未完全形成，此时的他们很容易受到社会大环境和舆论的影响。如果高中生陷入了"无意义感"，他们可能会将"考大学"作为唯一目标，一旦遭遇挫折，便可能陷入自我否定，内心世界极为脆弱。

在教授学业知识以外，高中教师尤其要重视引导学生建立理想信念，为未来可能出现的"空心病"打下一剂预防针。教师可以在多个维度成为学生理想信念的引路人。在日常教学中，教师应深挖学科中的德育元素，借助经典作品与榜样案例"点亮"学生的"精神灯塔"；主动走近学生，通过谈心、测评等方式了解个体需求，引导学生将个人兴趣与社会价值结合；积极创设社会实践、学科竞赛等平台，让学生在躬身实践与克服困难中磨砺信念。只有树立了高远的理想、坚定的信念，高中生才能避开"消极虚无主义"和"精致利己主义"，将理想信念作为实现自己人生目标的燃料。

2. 磨砺心理韧性，构建心理免疫系统

高中是"十二年寒窗"的最后三年，大多数高中学生都承担着巨大的考学压力。教师作为专业的教育工作者，应充分认识心理韧性对高中生可持续发展的重要性。具备心理韧性的高中生，会将困难与挑战视为成长契机，像顽强的弹簧般在逆境中迅速反弹。

教师可以借助主题班会和心理课程，以"以名人抗挫案例"重塑学生对挫折的认知，运用"情绪 ABC 理论"引导学生理性看待压力。教师还可以利用实际的失败场景（如考试失利、体育比赛输了），让学生在困境中掌握将大目标拆为小任务的"压力拆解法"。

此外，生理状态与心理韧性紧密相连，科学的情绪调节方法可有效提升心理抗压能力。教师可以向学生教授"4—7—8 呼吸法"（吸气 4 秒、屏息 7 秒、呼气 8 秒，重复 3 次），让学生运用此法调节副交感神经，帮助快速平复情绪。挫折不可避免，而强劲的心理韧性能构建起强大的心理免疫系统，使心理健康发展。

3. 重视生涯规划,锚定人生坐标

缺乏规划的学习,如同在迷雾中航行,即便成绩优异,也可能在高考选科、填报志愿时陷入迷茫,甚至在步入大学或职场后,因专业与兴趣脱节、能力与职业需求错位而陷入困境。清晰的生涯规划可以帮助学生结合自身的兴趣、能力和社会需求,科学选择学科与专业方向,避免盲目跟风。

教师可以借助霍兰德职业兴趣测试等评估工具,帮助学生深度剖析自身兴趣、能力与价值观;可以结合学科教学渗透职业启蒙,如在物理课中引入航天工程师的案例,在语文课上探讨编辑、记者等职业发展路径,拓宽学生对职业类型的认知边界;还可以定期举办"学长经验分享会",邀请不同专业、职业领域的校友讲述成长故事,为学生提供个人生涯规划的现实参照。

做好生涯规划如同锚定人生坐标,拥有了相对明确的坐标,学习也会更有动力。

第三节
贯通全程:校家社协同心育"教联体"的目标整合

【案例导入】

张老师是学校唯一的心理教师。上周,高一(3)班班主任向张教师求助,说班上有个学生连续三天没交作业,上课总是趴在桌上。张老师想立刻介入,但教导主任却在年级会上说:"临近期中考试,心理辅导先往后放,别耽误学生的复习时间。"张老师试图解释这个学生可能存在抑郁倾向,得到的却是一句:"别自己吓自己,现在的孩子就是抗压能力弱,多考几次试就皮实了。"

家长群里的消息更让张老师感到无力。当张老师建议家长降低对孩子成绩的关注度时,有家长直接反驳:"我们花那么多钱报补习班,不就是为了分数?心理问题等考上大学再说!"甚至有家长怀疑张老师"想推卸学校的教学责任"。

现在,张老师看着办公桌上堆积的学生心理测评报告,看着显示为"心理高风险"的学生名单,却找不到任何可以联动的部门,无法推进干预流程。班主任认为应对学生心理问题是张老师的专属责任,学科教师觉得"不能耽误学习时间",而学校领导似乎只把心理健康教育当成对外宣传的口号。在各自为战的教育体系中,心育目标似一盘散沙。

只有构建目标整合、协同心育的工作机制,张老师才能摆脱现在孤军奋战的困境。

校家社协同心育,既是一种理念,又是一种有序的制度安排,需要顶层设计,明晰校家社三者的职责和关系,建立具体明确的工作制度,构建引领认知、动力协调的发展机制,有效促进协同心育从松散无序转向紧密融合[①]。

[①] 张地容,李祥.校家社协同心育的制度化困境与突破路径[J].教学与管理,2024(30):36-42.

学校是协同心育的核心主体,在学校构建一套科学有效的工作机制,对整合校家社三方心育目标意义重大,不仅有助于打破当前校园内协同心育工作中存在的壁垒,更能充分发挥各方优势,形成强大的教育合力,为学生成长创造优质的心理健康教育生态。

一、完善学校内部制度建设,夯实协同心育目标基础

(一)建立有效的评价机制

在校家社协同心育工作中,教师作为三方的链接者,其积极性和专业度直接影响工作质量和效率。优化对教师的激励与考核制度,是必要且重要的。

学校可以从多维度考核教师,考核指标可从三方面设定。

一是与家长沟通的情况。考核教师与家长沟通的频率(要求每周与一定数量的家长有效沟通)及效果(通过家长满意度调查来衡量)。

二是社区活动参与度。依据参与心理健康宣传活动、讲座活动等的次数,在活动中所承担的角色任务,以及所参与活动的影响力等,给教师打分。

三是对学生家庭及社会心育环境发展的关注与引导。主要以教师发现并协助解决学生心理问题的工作表现为评价依据。

考核由学校领导、心理教师、家长代表组成的小组实施,每学期或每学年进行一次,考核结果与绩效奖金、评优评先等挂钩。对在协同心育方面表现优异的教师给予一定的奖励。

对教师的奖励也可以是多维度的,例如,设立"协同心育贡献奖",对在协同心育工作中表现突出的教师,授予荣誉、给予奖金,将获奖情况记入其个人档案,并在校内展示其事迹;同时,为这些教师提供更好的职业发展机会,比如优先晋升职称、安排其参加高级教育研讨会等。

(二)明确学校各部门协同心育职责分工

在推进校家社协同心育目标落实的进程中,学校构建完善的协同心

育专项制度,是整合三方心育目标、凝聚教育合力的关键所在。通过明确学校各部门在心育工作中的职责分工,能够有效规范协同心育工作,提升教育成效,为校家社三方心育目标的整合提供坚实保障。

表 5-2 学校各部门协同心育职责分工表

人员角色	协同心育工作职责
校长	1. 制订工作规划:组织相关人员深入调研学生心理状况、家长需求及社区心育资源,结合教育趋势制订符合学校特色的协同心育整体规划,如依据社区心育资源规划合作项目、针对学生心理问题策划心理健康活动等。 2. 协调各方资源:积极争取政府部门、社会机构的支持,为协同心育创造良好的外部环境,整合各方资源,推动心育工作开展。
心理教师	1. 设计与实施课程:根据不同年级学生的心理特点,制订并执行心理健康教育课程计划,涵盖自我认知、自尊、情绪、压力管理、社会交往、学习心理、生涯规划等心育内容。 2. 心理筛查与辅导:配合上级部门进行心理危机筛查,建立心理档案,为学生提供个体和团体心理辅导,及时发现并引导学生解决心理问题。 3. 家长与教师心育培训:定期组织家长和教师参与心育培训活动,提升家长对心理健康教育的认知和应对孩子心理问题的能力。
班主任	1. 关注学生日常心理:密切观察班级学生日常心理状态,通过课堂观察、交流沟通、作业反馈等方式,及时察觉学生的心理变化。 2. 家校沟通:定期组织家长会,强调心理健康教育的重要性,传达学校工作安排,分享学生在校心理表现;保持与家长的日常沟通,了解学生在家的生活与心理状态,与家长共同商讨教育对策。
学科教师	1. 学科心育渗透:挖掘学科知识体系中的心理健康教育元素,在教学过程中融入心理健康教育,如语文教学中引导学生分析文章中人物的心理,体育活动中培养学生的团队合作能力与抗挫折能力等。 2. 协助心育活动:协助心理教师和班主任开展心理健康教育活动。

二、强化、规范学校心育工作体系

(一) 构建全面系统的心育培训工作体系

1. 明确培训内容

家庭教育知识。学校可以每月开展一次家庭教育心理专题培训。培训内容包括常见家庭教养方式(专制型、民主型、放任型等)解析等,通过让教师观看教育纪录片、分析真实案例，帮助教师熟知不同教养方式对学生心理的影响。还可以每季度邀请家庭教育专家进行一次深度分享讲座，分享最新的研究成果和实践经验，如怎样帮助家长建立良好的亲子沟通模式、如何科学解决亲子冲突等。

社区教育资源利用。学校每学期初组织一次社区心育资源开发、整合与应用培训。可以请社区工作人员向教师详细介绍社区内的各类资源，如社区图书馆的心理健康藏书、社区活动中心可开展心理活动的场地、社区内专业的心理咨询师和医生的信息等。还可以邀请有经验的教师分享成功整合社区资源开展心育活动的案例。

沟通技巧。学校每两个月进行一次沟通技巧培训。培训采用理论讲解与模拟演练相结合的方式，教师学习积极倾听的技巧、清晰表达的方法，以及非言语沟通技巧。还可以设置与学生、家长、社区人员沟通的模拟情境，让教师进行实践练习，并请专业培训师现场指导和点评。

2. 丰富培训形式

专家讲座。学校每学期邀请2—3位心理健康教育领域的专家来校举办讲座，讲座面向全体教师。讲座最后可设置互动答疑环节，让教师有机会与专家进行面对面交流，解决在实际工作中遇到的问题。

工作坊活动。学校每学期组织2—3次工作坊活动，每次工作坊活动时长为1—2天。例如，举办"亲子沟通技巧提升工作坊"，教师分组进行角色扮演，模拟亲子沟通场景，练习所学的沟通技巧。工作坊活动中，教师互相观察、点评，共同探讨最佳的沟通策略。培训师在现场进行指导，及时纠正不当沟通行为，强化有效沟通技巧。

网络学习。学校购买或建立学校专属的教师网络学习平台，平台上设置"协同育人课程库""案例分享区""在线交流论坛"等板块。"协同育人课程库"中包含各类协同育人相关视频课程、电子文档等，教师可根据自己的时间和需求自主学习。教师还可以往"案例分享区"上传自己在协同育人工作中的成功案例和经验教训，供其他教师学习借鉴。"在线交流论坛"为教师提供交流互动的空间，教师可以随时提出问题、分享心得。

学校还应定期对教师在网络学习平台上的学习情况进行统计和反馈,督促教师积极学习。

(二)深入推进教学研讨活动

1. 定期组织研讨活动

确定研讨主题。学校每月围绕一个主题组织一次协同育人教学研讨活动,结合学校当前协同育人工作的重点、难点及教师在实际工作中遇到的普遍问题来确定主题内容。例如,第一个月的主题为"如何有效开展家校心理健康教育合作",第二个月的主题为"社区资源与学校心育课程融合的实践探索"等。

组织研讨过程。每次研讨活动的时长通常为2—3小时,分为三个环节。第一个环节是教师分享。邀请几位对相关主题有经验的教师进行分享,分享时间为每人20—30分钟,分享内容包括具体做法、取得的成效、遇到的问题等。第二个环节是小组讨论。教师按学科组或年级组进行分组讨论,讨论时间为30—60分钟,共同探讨解决问题的方法和改进措施等。第三个环节是总结发言,每个小组推选一名代表进行总结发言,分享小组讨论的成果和建议,时间为10—15分钟。学校领导和教研组长对研讨活动进行总结和点评,明确下一步的工作方向。

2. 强化教学反思

撰写反思报告。每学期末,学校可以要求每位教师撰写协同育人教学反思报告,报告内容包括本学期在协同育人工作中的主要做法、取得的成绩、存在的问题以及改进措施等;也可以要求教师结合具体案例进行深入分析,反思自己在工作中的优点和不足。

开展反思交流。每学期开学初,可以组织一次教学反思交流活动,请部分优秀反思报告的撰写人进行现场分享,分享时间为每人15—20分钟。分享人讲完后,其他教师提问,大家交流,共同学习借鉴优秀经验。还可以对优秀反思报告撰写人进行表彰和奖励,并将优秀反思报告整理成册,印发给全体教师学习参考。

三、建立常态化的心育目标校准沟通机制

(一) 学校内部统一心育目标

1. 心理教师协同班主任落实班级心育目标

在学校生活中,班主任有着重要的地位,他们不仅是联结学生、学科教师、家长等人的枢纽,还是班级的管理者及活动的组织者[①]。在传统班级管理模式中,班主任常陷入"被动应对问题"的困境,如处理学生间的突发矛盾、纠正课堂违纪行为等,疲于奔命却难以触及问题根源。而心理健康教育的融入,为班级管理开辟了从"被动应对问题"向"主动培育发展"转型的新路径:可以帮助学生正确面对成长中的压力,并塑造良好的心理素质;能够增强班级的凝聚力,为学生的全面发展提供更加稳定的支持,促进班级整体的健康成长[②]。

心理教师与班主任协作,班主任就能将管理视角从"解决表面问题"转向"培育心理品质",班级管理就能实现"未雨绸缪"。在落实班级心育目标的过程中,心理教师可以对班主任进行专业培训,提供工具支持,成为班主任开展心育工作的"智囊团"。心理教师可以基于班主任的实际需求,设计并定期组织"班级心理管理实务"专题培训,在心理健康教育专业技能方面赋能班级管理。培训内容可涵盖多个维度,例如,模拟教学情景,还原学生课堂违纪、同伴冲突等常见场景,指导班主任运用"非暴力沟通"技巧化解矛盾——先观察事实,再表达感受,进而明确要求——帮助班主任掌握与学生对话的科学方式,跟学生建立起信任关系,避免陷入师生对立的困境;让班主任学习应用"积极暂停"策略,先引导情绪激动的学生进入"冷静角",通过深呼吸、绘画等方式平复情绪,再与之进行理性沟通,有效避免冲突升级。

[①] 蔺晨. 以班主任工作为抓手,增强心理健康教育实效[J]. 中小学心理健康教育,2024(28):73-75.

[②] 张明芳. 小学班主任在班级管理中开展心理健康教育的策略探究[J]. 中华活页文选(教师版),2025(01):160-162.

同时,心理教师可以发挥专业优势,针对班级管理需求开发并提供一系列实用的心理评估工具。在预防层面,设计"班级学生心理动态筛查表"(包括情绪波动频率、课堂参与度、同伴互动质量等可量化的指标),帮助班主任快速识别学生在情绪状态、人际交往、学习动力等维度潜在的问题。在发展层面,编制"学生心理发展档案"(涵盖学生家庭基本情况、情绪管理、亲社会性等模块),支持班主任全面、持续地了解学生的成长动态。这些档案不仅为个性化心育方案的制订提供依据,还能帮助班主任从长期视角把握学生的成长规律,针对性地进行激励与引导。

上述这些专业赋能与工具支持,让班主任能够更精准地把握学生的心理需求,将心育目标有效融入日常班级管理场景。

从处理突发矛盾到主动培育学生的积极心理品质,从依赖经验判断到借助科学工具进行分析,心理教师与班主任的协同工作将推动班级心理育人工作从"经验驱动"迈向"科学施策",真正落实班级管理中的心理健康目标。

2. 心理教师参与学科组备课工作,渗透心育目标

要实现心理健康教育的目标,靠心理健康课、定期的心理测评等常规手段是不够的——心理健康课虽能系统传授心理知识,但课堂时间有限,难以深入关注每个学生的个体差异;定期开展的心理测评可筛查出部分问题倾向,却无法实时追踪学生心理的动态变化。所以,心理教师参与学科组的备课工作,进行心育目标与内容的渗透,是非常有必要的。这样做,能够有效拓展心理健康教育的广度与深度,能使心理健康教育目标落实到每一堂课。

在学科备课工作中,心理教师可以从理念融入、教学准备、课堂实施和课后反馈四个维度渗透心育目标与内容。

理念融入方面,心理教师应定期为学科教师开展心理健康教育理念培训。通过分享心理教育前沿理论,如积极心理学中关于培养乐观心态和心理韧性的理念,让学科教师认识到心育在学生成长过程中的重要性。同时,在备课组会议上,心理教师要引导学科教师将心理健康教育目标融入自己所教学科的教学目标、教学内容和方法设计中。比如,语文教学目标中,除了"使学生获得相关语文知识和语言表达技能"这一条之外,还应添加"培养学生的情感理解与表达能力"这个心理教育目标,使学科教学真正成为促进学生心理健康发展的有力支撑。

教学准备阶段,心理教师应与学科教师协同挖掘学科知识与心理健康教育的契合点。比如,在语文备课工作中,心理教师与语文教师共同分析课文里人物的情感冲突与心理转变,将其转化为培养学生情绪认知能力和共情能力的教学素材;在数学备课工作中,针对学生在解题环节可能遭遇的挫败感,心理教师和数学教师一起设计引导学生建立成长型思维、培养抗挫能力的教学活动。同时,心理教师还可凭借专业知识协助学科教师设计课堂互动形式,例如,在英语课堂融入角色扮演,在物理实验中开展小组合作,潜移默化地促进学生提升人际交往、团队协作等心理素养,为课堂教学注入心育活力。

课堂实施阶段,心理教师可以定期深入各学科课堂观察师生互动情况,课后结合教学实际,从心理学专业角度为学科教师提供心育渗透方式和渗透时机等建议。比如,当学生回答错误时,教师如何运用鼓励性语言保护学生的自尊心,培养其学习自信心。必要时,心理教师可以走进课堂,与学科教师共同授课。例如,在开展与心理相关的主题教学活动时,心理教师走进课堂,结合学科内容,为学生补充专业心理知识,实现心育与学科知识教学的有机融合。

课后反馈阶段,心理教师和学科教师一起收集学生反馈的信息,了解学生在知识掌握、心理感受等方面的情况。比如,通过课堂小问卷、课后访谈等形式,收集学生对课堂心育活动的体验和收获。心理教师还可以参与学科备课组的课后教学反思活动,与学科教师一起分析课堂里心育渗透的优点与不足,探讨改进策略。如发现某节课心育活动时间把控不当,后续与学科教师共同调整、优化教学方案。

3. 心理教师参与学校管理,统整心育目标

心理教师参与学校心育工作管理,有利于将心育贯穿于教育各环节,

营造全方位促进学生心理健康成长的环境。心理教师可从参与顶层设计、联动各方资源两方面入手,推动学校心理健康教育工作系统化、规范化发展。

心理教师可凭借专业优势深度参与学校发展规划、年度工作计划等文件的制订,从心理健康教育的专业视角出发,结合学生心理发展特点和当前心理问题趋势,为学校心育目标的制订提供科学依据。例如,在制订学校三年发展规划时,提出将"培养学生积极心理品质,提升心理韧性"纳入总体目标,并细化为各年级分阶段目标。

将心理教师纳入学校心育工作的管理者与协调者队伍,有利于打破学科组、德育处、教务处之间的壁垒,有助于联动校内各部门,统筹各方力量,推进心育工作。例如,与教务处合作,将心理健康教育融入学科教学,挖掘学科课程中的心育元素;与德育处协作,将心育目标与德育活动相结合,开展主题班会、社会实践等活动;与后勤处沟通,优化校园心理环境建设,打造温馨舒适的心理咨询室和心理活动场地。此外,还可主动对接校外资源,联系社区、医疗机构、专业心理机构等,引入外部支持。如邀请社区心理咨询师为家长开展培训,与医院接洽建立心理危机学生转介"绿色通道",拓宽学校心育工作途径,实现校内校外资源共享、协同育人。

(二) 学校主导,沟通家庭,落实心育目标

学校可依托日常家校沟通、家长学校、家访等多元途径,构建系统化、常态化的协同心育机制,将心育理念与方法传递至家庭,助力家校目标同频。

日常的家校沟通是引导家庭开展心理健康教育的基础环节。学校应鼓励教师通过班级家长群、家校联系册、线上线下会议等方式,定期与家长分享学生在校的心理动态,内容涵盖课堂参与积极性、同伴交往表现、情绪波动细节等,帮助家长及时掌握孩子的心理发展情况。同时,推送有针对性的心理健康教育知识"小贴士",如不同年龄段孩子的心理特点解析、亲子沟通技巧等,引导家长树立科学心育观念,将心育融入日常生活场景。

家长学校为家庭心育提供专业支撑。学校可以定期组织主题化培训活动,邀请心理专家、优秀教师围绕亲子关系构建、青春期心理疏导、学习压力缓解等家长普遍关注的问题开设讲座、开展研讨活动,结合真实案例剖析家庭心育误区,传授科学教育方法。还可以举办家长经验分享沙龙,鼓励家长交流成功心育经验,促进相互学习。

家访是深入了解家庭环境、开展个性化家庭心育指导的重要方式。教师通过实地走访,能直观感受学生的家庭氛围、成长环境,能与家长面对面交流,深入了解孩子在家的生活习惯、兴趣爱好及家庭教养方式,并针对不同家庭的情况提供个性化的心育建议。如,针对溺爱型家庭,指导家长建立规则意识;针对高压型家庭,帮助家长调整教育期望,引导家长营造温暖、民主的家庭心理环境,为孩子心理健康成长筑牢根基。

【分析与思考】

1. 如果您所在的学校建立了目标整合的协同心育工作机制,那么当您面对"心理高风险"学生名单时,应该和谁协同、如何协同开展相关心育工作,来帮助这些学生?

2. 请尝试挖掘您所教授的学科知识与心理健康教育之间的契合点。

第六章

信息联动：
校家社协同心育"教联体"的
驱动中枢

本章精讲

前一章我们讨论了心理健康教育的目标整合。学校、家庭和社会在育人目标上本应一致，以立德树人为根本任务，重视"五育并举"，共同促进祖国下一代健康、可持续发展，但在教育实践中，校家社三方常常做不到目标一致、协同育人，之所以会出现这种情况，是因为三方对学生的心理发展信息掌握不足，无法形成统一认知，即便三方联合开展心育活动，也因为缺少有效的跟踪信息而很难持久。

本章首先从"一生一策"政策展开分析，指明"一生一策"的精准心育工作需要做到"一生一档"；其次，指明学校"一生一档"建设工作的基本内容以及学校如何主导"一生一档"建设；最后，通过分析"一生一档"在各部门的共享情况，阐述如何通过信息联动助推心育"教联体"工作机制建设。

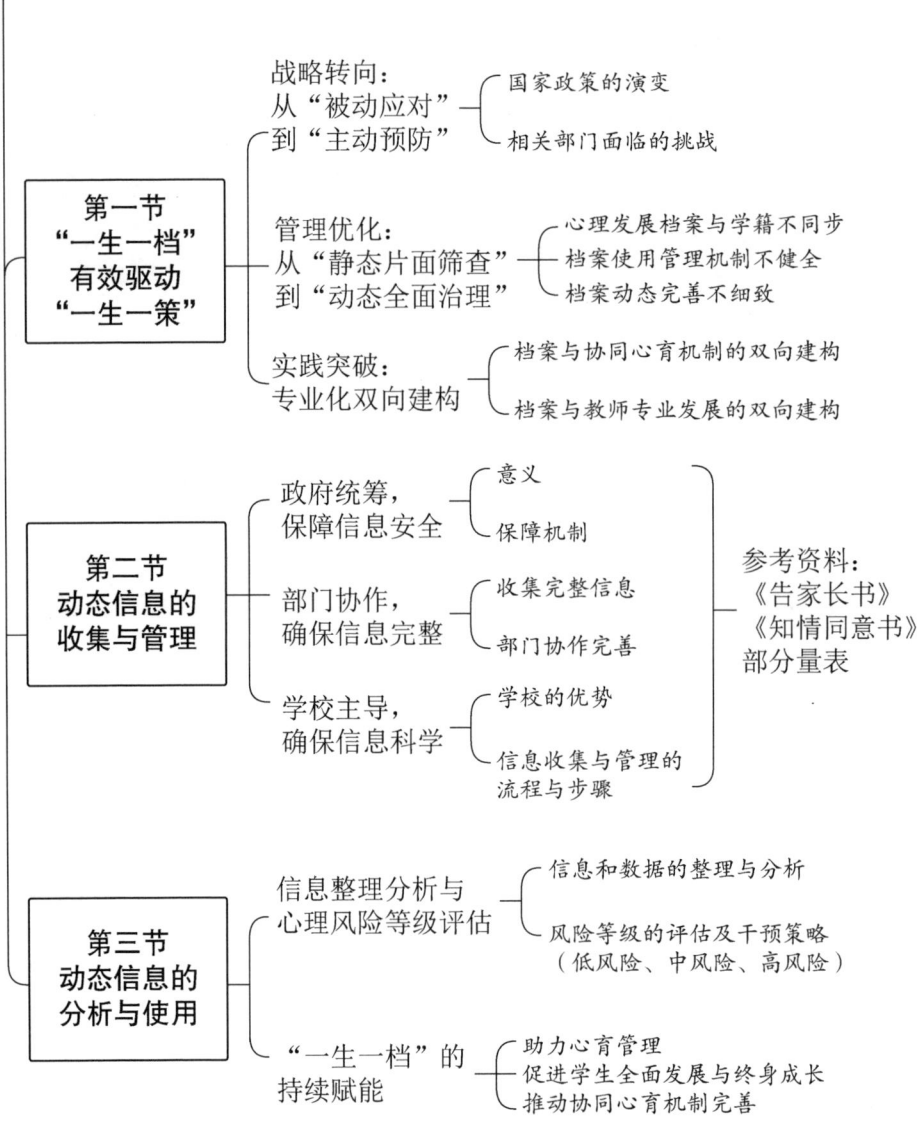

第一节
"一生一档"有效驱动心理健康教育的"一生一策"

【案例导入】

14岁的小雅成绩优异,但最近,升学压力、家庭高期望、与同伴交往不顺畅等负面情况相交织,给她造成很大困扰,使她陷入严重的自我否定状态,成绩下滑、失眠、社交退缩等问题接踵而至。任课老师察觉小雅状态异常,但家长却向老师隐瞒孩子在家的表现,只是说孩子"在家还好"。小雅父母只关注小雅的成绩,若小雅向父母诉说遭遇的心理困扰,她父母只觉得她是小题大做、无病呻吟。实际上,小雅对妈妈有明显的回避心理,但家长坚决否认他们的教育方式有问题,导致学校难以精准介入。而学校对小雅在校的点滴表现缺少系统的观察与记录,无法说服其家长配合学校对小雅开展心育工作。

小雅的案例揭示了当前很多学校对学生心理发展信息掌握得不完整,且动态更新不及时,导致心理健康教育工作存在经验依赖性和不可持续性等问题,学校的心理健康教育活动针对性不强,学生收获不大,且家庭和社会也难以给予学校有力的支持。

校家社协同心育,要以学生心理发展信息为基础,通过信息驱动,让"教联体"协同工作机制运行起来。因此,构建以学生心理发展信息为基础的动态的"一生一策",是破解心理健康教育难题的必经之路。

一、战略转向:"一生一策"推动心育工作从"被动应对"到"主动预防"

(一)国家政策在构建学生心理发展档案方面的演变

学生心理健康问题已成为影响儿童福祉、家庭和谐和社会稳定发展的战略性议题。当前,学生心理健康服务工作正经历一场深刻的变革——从"被动干预"逐渐升级为"主动预防"。而信息联动是预防的基础。以下是国家层面关于构建学生心理健康"一生一档"、实施心理健康教育"一生一策"的演变过程。

2020年,国家卫生健康委办公厅发布的《探索抑郁症防治特色服务工作方案》中,首次在国家层面明确提出将抑郁症筛查纳入学生健康体检,并要求建立学生心理健康档案,用以评估和追踪学生心理健康状况。这一突破性政策,标志着我国心理健康迈出从"疾病治疗"向"风险防控"的关键一步:在高中和高等院校,将抑郁症筛查列入学生健康体检内容,提前识别心理高危个体并建档,借助对学生档案数据的持续跟踪,实现干预关口前移。这标志着学生心理危机干预正式进入"早筛早诊"阶段。

2021年,《教育部办公厅关于加强学生心理健康管理工作的通知》进一步强化制度刚性,要求中小学每年实施全员心理测评,实现"一生一策"精准建档,并将档案数据应用于分层干预和家校协同心育。这一政策将心理健康档案从医疗筛查工具升级为教育系统的基础管理模块。

2023年,政策体系加速完善。教育部等十七部门联合印发《全面加强和改进新时代学生心理健康工作专项行动计划(2023—2025年)》,标志着教育部明确将学生心理健康工作提升到国家战略高度,进一步将"一生一策"心理健康档案管理制度化,要求整合学业压力、家庭环境等多维数据,形成精准干预的决策基础,从而通过"一生一策"实现"早预防、早干预",构建覆盖全学段的心理健康服务体系。

政策演变的背后,是心理健康治理逻辑的转变:从卫健委系统单点筛查转向教育、医疗、信息系统的协同跟踪。"一生一策"正成为连接学校、家庭、社会的信息中枢,为校家社协同心育提供底层数据支撑,助力学校、家庭、社会专业机构多方联动,多措并举,构建青少年心理健康"防护墙",

共同守护青少年心理健康①,为民族复兴储备高质量人力资源。

(二) 相关部门在协同构建学生心理发展档案上面临的挑战

学生心理发展档案建设的主阵地在学校,但科学、完善且能动态更新的心理档案建设,需要家庭、社区,以及民政、卫健、公检法、工青妇等部门的协同。2024年2月21日,全国学生心理健康工作咨询委员会第一次全体会议提出,要完善工作体系,凝聚多部门、多系统合力共同治理,校家社医携手守护心理健康。目前,学生心理发展档案建设在多部门平台建设、信息会商等方面还存在不足。

1. 信息平台建设不健全

目前,学生心理发展档案平台的建设在各地还处于酝酿阶段,即使有些地区已经开始了尝试,但是因为对学生及其家庭信息的安全保障方面有较大顾虑,平台的建设与运行还有待进一步完善。

2. 信息会商机制不完善

目前各部门的信息如何汇总、由谁统整、如何会商等工作机制还不完善,这在很大程度上制约了对学生心理健康问题的干预效果。

3. 信息运行安全性不强

涉及学生心理健康和家庭背景信息的安全性,是制约各部门协作的最主要原因,因此,需要在各部门之间建立学生心理信息部门间统筹协同的安全运行工作机制,以提升"一生一策"心理健康服务工作的效能。

建立"一生一策"心理发展档案是落实立德树人根本任务、坚持"健康第一"教育理念、有针对性地提升学生心理健康维护工作有效性的重要举措,也反映了学生心理健康维护与促进工作的复杂性,体现了心理健康预防、教育与干预的个性化取向。维护学生心理健康的"一生一策"需要建立科学全面、部门协同、动态更新的学生心理发展"一生一档",以达到预防前置、教育前移、早识别、早发现、早治疗的目的。

---

① 马金祥. 多措并举筑牢青少年心理健康"防护墙"[EB/OL]. (2023-04-19)[2025-04-10]. https://baijiahao.baidu.com/s?id=1763571235710095390&wfr=spider&for=pc.

二、管理优化:"一生一档"推动心育工作从"静态片面筛查"到"动态全面治理"

在学生心理健康问题正在"低龄化"[①]的趋势下,学校管理者正面临传统心理教育模式带来的诸多挑战:静态筛查导致危机识别滞后;家校协同失效引发管理效能折损……这说明,以信息中枢构建预防性干预体系,是时代的召唤。通过动态追踪学生的信息,学校管理者能够突破"信息孤岛"的桎梏,构建精准预警、科学干预、持续护航的现代化心理教育范式。

当前,学校在建立学生心理发展档案时还存在着以下问题,需要在认真分析的基础上逐一突破。

(一)学生的心理发展档案和学籍不同步

心理发展档案作为记录学生心理状况的重要载体,对于及时发现和解决学生心理问题、促进学生全面发展具有重要意义。然而,当前许多学校存在学生心理发展档案和学籍不同步的现象,这在一定程度上影响了学校心理健康教育的效果。《中小学生学籍管理办法》明确规定了"一人一籍、籍随人走"的原则[②],以确保学生学籍档案的连续性和完整性。但在实际操作中,学生心理发展档案的转接和更新工作却未能得到有效落实[③],这导致新学校无法及时获取转学生的心理发展档案信息。

另外,纸质档案的管理方式,使得学段间的学生心理发展档案无法自动转接[④],导致学生在小学、初中、高中等不同学段的心理追踪辅导未能

[①] 董超.教育部等十七部门:心理健康问题正在"低龄化"[N/OL].保健时报,2023-05-18(2).
[②] 教育部关于印发《中小学生学籍管理办法》的通知[EB/OL].[2025-04-18]. https://www.gov.cn/gzdt/2013-08/23/content_2472290.htm.
[③] 程德敏.如何化解转学之痛[J].中小学心理健康教育,2020(33):62-64.
[④] 杨林青.关于我市规范开展中小学生心理测评 加强师资队伍培训的建议[EB/OL].(2025-01-09)[2025-04-18]. http://www.rizhao.gov.cn/maincnt/search-tashow.php?id=3410.

及时跟进,不同学段之间的心理健康教育工作相脱节。

2024年,全国人大代表阎美蓉提出"将'一生一策'心理成长档案纳入中小学生学籍档案",认为这样做可以推动心理健康信息与学籍信息深度融合,可以通过跨学段数据共享破解因升学导致的跟踪服务断层问题[1]。

要解决学生的心理发展档案和学籍不同步这一问题,需要从制度建设、资源整合、人员培训、信息共享等多个方面入手,推动心理发展档案与学籍档案的同步管理,以更好地为学生的心理健康和全面发展服务。

(二)学生心理发展档案使用管理机制不健全

学校心理健康教育工作目前还处于危机应急的初级阶段,预防、教育、筛查、干预等一系列工作的规范性正在进一步完善。部分学校的心理发展档案建设因各种主客观原因,不仅档案质量不高,还缺乏对档案的深入研究和利用,导致其成为使用率低的"死档案",不能真正为学校心理健康教育工作提供有效参考和依据,甚至在有些学校还出现应付检查的现象,检察人员一走,档案就被束之高阁[2],难以满足动态跟踪学生心理发展的需求。学校管理者虽然在学生心理发展档案的建立过程中表现得比较热情,但对档案的作用还缺乏相应的认识[3]。

当前,大部分学校仅在每学期开学时对学生进行一次心理健康测评并建立档案(多为纸质档案),之后,仅将存在心理异常或主动进行心理咨询的学生列入重点关注名单,对其余测评无异常的学生并未进行定期追踪和信息补充[4],无法准确获知学生的心理变化状态。而现实中,往往发生危机事件的反而是那些不在重点关注名单上的学生,因为学生的心理

---

[1] 邵春雷,张若楠.阎美蓉代表:将"一生一策"心理成长档案纳入中小学生学籍档案[N/OL]民主与法制报,2024-03-12(04)[2025-04-09]. http://e.mzyfx.com/paper/2191/index_12074_2191.html.

[2] 赵玉霞.初中学校学生心理档案的动态管理初探[J].中小学心理健康教育,2024(11):63-65.

[3] 贾兵.学生心理档案的构建[J].学校党建与思想教育,2010(27):91-92.

[4] 周丽.中学心理健康服务体系的现状研究——以y中学为例[D].扬州大学,2019.

健康状态是动态变化的,用开学时心理测评数据来衡量学生在整个学期中的心理健康状况,是以偏概全。在对学生心理发展档案的使用和管理上,一些学校常出现保密管理、调用分析、面向家长反馈沟通指导等工作机制不规范、不健全等现象,导致学生心理健康及家庭相关信息遭泄露的舆情时有发生。

建立"一生一档"的初衷,是面向全体学生开展心理健康跟踪服务工作,通过"一生一策"培养学生积极乐观的心理品质,开发其心理潜能,促进他们身心可持续发展,而不只是为了对极少部分学生进行心理干预。因此,对"一生一档"的管理需要有动态意识,学校管理者要用发展的眼光看学生,用动态持续的思维推动此项工作落实。

(三) 学生心理发展档案的动态完善不细致

当前,我国学生的心理发展档案仍然普遍依赖纸质载体,在实践中会导致一系列问题。从建档流程来看,多数学校遵循"打印纸质档案—学生填写—班主任补充帮扶计划—按班级归档"的传统路径,尽管这样的操作比较直观,但实际执行时,不仅填写过程状况百出,而且难以适应动态化心理健康管理的需求。纸质档案平均更新周期较长,容易导致心理高危学生因数据滞后而不能及时得到干预。

在隐私保护层面,纸质档案的物理属性增加了安全风险。特别是未配备专用加密柜的学校,对学生的敏感信息,存在未经授权即可接触的安全隐患。更为严峻的是,纸质档案缺乏备份机制,一旦管理不善,容易导致原始档案损毁,那就会造成无法挽回的损失。

纸质档案管理效能低下的问题同样突出:调取单个学生完整档案耗时长,效率低,在处理危机事件时容易错过最佳干预期。

因此,只有打破纸质载体的物理限制,才能更好地为学生心理健康筑起真正的"数字防线"。

学生心理发展及心理问题干预是一个持续的过程,学校需要构建起学生心理发展档案的动态更新机制。动态的心理发展档案,相较于某一阶段的心理档案而言，不仅能更好地体现学生的心理发展过程，而且能为学校心理健康教育工作提供更全面的资料。早在2007年就有学者提出，纵向研究对于学生的发展有着无可替代的作用①，因此，学校应重视心理发展档案的科学化和动态化管理，将其与心理健康教育和心理咨询工作紧密结合，以更好地发挥其作用。

三、实践突破："一生一档"与学校心理健康教育专业化的双向建构

在基础教育深化改革的背景下，心理健康教育的重要性已经被大众广泛认同，但是一线心理教师的职业困境仍然如"暗礁"一般潜藏在教育生态中。有研究表明，心理健康教师既是学生心理防线的"守护者"②，又是家校博弈的"缓冲带"③，更是学生信息收集的"孤岛个体"④。心理教师的困境并非孤立存在，而是嵌套在多重矛盾之中。

理想的学校心理健康教育模式，是教育预防与干预治疗"双轮驱动"。目前现实中的突出问题是学校与教育管理部门、卫健委系统、社区服务机构之间尚未构建起一个统一的心理健康教育信息共享平台⑤，在医疗系统、社区服务机构中的学生异常心理相关信息，与学校"一生一策"档案互不联通，一线的心理教师只能掌握碎片化的预警信号，只能"治末病"或"治已病"，而无法实现"治未病"的干预效果。涉及学生心理危机预警的数据，如自伤倾向、家庭暴力等信息，往往分散在教育部门的学生管理系统、卫健委的精神健康记录系统以及社区服务机构的相关档案中。学校

---

① 牛乐,姜峰.论在心理纵向研究中档案数据的使用[J].教育理论与实践,2007,27(S2)：96-97.
② 邢玉才.做好心理"护航人" 当好心灵"守护者"——敦化市创新开展青少年心理健康成长服务工作纪实[N].延边日报(汉),2024-05-25(1).
③ 钱彩群.全员导师制背景下心理教师角色定位与作用发挥路径探析[J].现代教学,2022(22)：64-66.
④ 吕晓峰."多学科融合＋数字赋能"引领心理健康教育[EB/OL].(2025-01-08)[2025-04-21].https://cssn.cn/skgz/bwyc/202501/t20250108_5831681.shtml.
⑤ 马彦明.家校社协同推进新时代学生心理健康工作[J].民主,2023(8)：53.

心理教师在获取这些信息时，不得不耗费大量时间和精力，与不同系统的相关人员进行沟通协调，手动核对每一项数据。烦琐的工作流程，不可避免地造成干预措施的滞后，往往错过最佳干预时机。

因此，各级政府要积极担负起统筹责任，协同辖区内的各相关部门，以学校为主导，统筹建设学生心理发展档案。

（一）学生心理发展档案与校家社协同心育机制的双向建构

学生心理发展档案的建设，与校家社协同心育机制之间，存在着双向建构的过程。学生心理发展档案建设有赖于校家社协同心育机制的通畅。学校教师在采集家庭教育动态信息时，经常会遇到家长的不配合言行，而家长的不配合则主要受其认知、信任和耐心等几方面因素影响。

1. 认知不清

部分家长对孩子的心理健康问题认识不科学、不全面，认为孩子只是态度不端正，过一段时间就会好起来，没必要兴师动众地为孩子建心理档案。还有部分家长会把"心理档案"等同于"心理疾病病案"，家长因病耻感而对孩子的心理成长信息持保留或隐瞒态度[1]，认为只有有了心理障碍和疾病的孩子才需要建档，自己的孩子没有心理疾病，就不需要建档。

2. 信任不足

有部分家长质疑学校建立学生心理发展档案的动机，担心档案中的信息会被用于非教育目的。还有部分家长担心心理发展档案中有关孩子和家庭的敏感信息，如单亲家庭、重组家庭、家庭矛盾、心理测评结果等信息会被泄露，家庭和孩子会被贴上"问题家庭""问题学生"等标签，甚至被歧视，会影响孩子未来的发展。

3. 耐心不够

在档案建设的信息收集阶段，不少心理量表和调查问卷中列出的问题较多，需要家长花费一定的时间进行填写或回答，部分家长因主客观原

---

[1] 林婉青. 中学心理危机干预中家校协同育人的困境与对策[J]. 中小学心理健康教育，2025(5):61-64.

因导致耐心不够,不能根据要求高质量地配合完成相应调查,导致档案建设不完整或者信息失真。

家长不愿意完全透露甚至隐瞒关键的家庭教育动态信息的行为,不仅阻碍了心理教师全面了解学生家庭背景和心理环境,而且在伦理层面对心理教师提出了极大的挑战。心理教师需要在尊重学生隐私权和家庭意愿的基础上,尽可能地收集准确且全面的数据,以便为学生提供更精准的心理支持。

从理论角度来看,校家社"教联体"的信息共享能够帮助构建起全方位、多角度的学生心理支持网络,但是,家长对心理问题的回避与隐瞒,使得校家社信息联动的数据"底座"存在结构性漏洞。这些漏洞不仅影响了数据的完整性和准确性,而且影响了心理健康教育和心理疾病治疗的效果。

(二) 学生心理发展档案与心理教师专业发展的双向建构

没有科学动态的学生心理发展档案,心理教师的工作就显得被动,没有规划,他们无法有效规划学校心理健康教育工作,更无法和家庭以及社区一起开展有效的校家社协同心育工作。学生心理健康教育不应该是心理教师的单打独斗,而是校家社多方协同合作,形成一个有机整体,共同为学生心理健康而努力的过程[1]。心理教师在校家社协同体系中的角色常常被边缘化[2]。他们很多时候被定位为"行政协调员"或"活动组织者",而不是真正发挥其专业优势的教育者、支持者。

学校心理教师"角色的模糊"[3],首先反映的是学校管理者对心理健康教育工作缺乏足够的认知,导致学校心理健康教育工作缺少科学性和

---

[1] 康丽颖.健全校家社协同育人机制:政策内涵、现实困扰与工作路径[J].人民教育,2023(24):29-32.

[2] 宋玉莲.中小学心理教师工作现状及改善建议[J].中小学心理健康教育,2019(32):60-62.

[3] 刘翔平,顾群.我国中小学心理教师的角色模糊及其深层次原因剖析[J].教师教育研究,2004(4):61-65.

系统性。没有科学、系统的学生心理发展档案，必然导致心理教师的教育工作缺少科学性与系统性，也将加深学校管理者对心理教师工作的成见。繁忙的行政事务性工作，让心理教师把大量时间花在了非专业工作上，以至于在专业领域的权威性和可信度大打折扣，从而逐渐丧失了专业话语权。同样，因为缺乏科学、系统的学生心理发展档案，学校心理健康教育工作的科学性、针对性和可持续性也会大打折扣，这进一步使心理教师的专业角色日渐"隐退"，最终形成恶性循环。因此，重视学生心理发展"一生一档"建设，既有利于体现心理教师的专业性，也能逐步提升其专业性，还能促进专业的心理健康教育工作者更好地分析、使用档案，这就是"双向建构"的良性助推过程。

综上，在教育实践中，跨部门数据的割裂导致学生心理画像碎片化，心理教师角色的边缘化使得教育信息资源得不到科学统筹和利用；家校之间因知情同意悖论而陷入隐私权与干预权相互博弈的两难境地，心理隐私话题催生回避倾向；心理教师职业发展道路阻滞与超负荷的隐性工作又加剧其自我耗竭的风险。面对多重矛盾，校家社协同心育"教联体"信息联动机制应尽快构建起来，通过搭建标准化信息共享平台，在保障伦理合规的前提下打通主体之间的信息壁垒；以数字化工具赋能心育工作，精准干预，将教师从低效劳动中解放出来；同时，通过明确角色权责、优化协同流程，重塑心理健康教育的系统支持网络。

动态的心理健康"一生一档"建设能促进科学的"一生一策"的落实，本质上是对传统心理健康服务逻辑的颠覆性重构。当国家通过建立心理健康大数据平台，提升心理高危群体筛查准确率，当学校利用现代化信息技术实现心理档案与学籍数据同步，避免纸质载体导致的信息损耗，当教师借助 AI 技术提高家校沟通的效率并获得及时的指导与支持……这便意味着心理健康服务会产生质的飞跃。我们期望，"一生一策"能够超越危机干预范畴，成为促进每个学生终身健康和谐发展的"动态成长说明书"。

第二节
学生心理发展和家庭教育动态信息的收集与管理

【案例导入】

王老师以心理学研究生学历毕业后,在中学担任专职心理教师,从教5年来,他始终满怀热忱地致力于学生心理健康教育工作。在学校要求面向全体学生开展"一生一档"心理发展档案建设时,王老师信心满满地投入工作,却很快碰壁。部分学生对"心理档案"有误解,态度敷衍;一些家长也不配合,认为孩子无须建档,甚至怀疑王老师的专业性与动机。王老师多方协调沟通,才勉强收集到部分信息,但这些信息既不全面,也不深入。

因前期信息收集不充分、学生心理状态多变,王老师难以准确把握学生真实的心理发展状况,在定性和问题筛选分类时常常纠结、困惑。

帮扶方案制订环节,困难更是接踵而至。每个学生的情况差异巨大,制订个性化教育与干预方案要耗费大量时间和精力。王老师在上课之余,常为设计学生心理问题干预方案加班加点,虽然他查阅资料,多方沟通,可最终的方案难以完全满足学生的需求。渐渐地,王老师对自身的专业能力也产生了怀疑。

王老师的案例让我们意识到,在学生心理发展"一生一档"建设工作中,若没有形成系统性的信息收集流程,学生心理发展档案建设依旧只能停留在概念层面,难以发挥支撑心育实践的作用。本节将具体阐述学生心理发展信息收集的关键步骤、一些主要的专业心理量表的内容以及多部门协作收集信息的机制,为"一生一档"心理发展信息的收集提供操作指南。

一、政府统筹,建设保障信息安全的工作机制

随着教育信息化进程的加速,学生成长数据和家庭教育信息已成为精准制订教育策略的重要依据。然而,这些信息涉及学生心理健康状况、

家庭经济情况等敏感内容,若缺乏系统性保护机制,可能面临信息遭泄露、滥用等风险。这个时候,政府必须站出来"挑起大梁",统筹建立信息安全保障工作机制,给这些信息加上"安全锁",否则,教育信息化发展得越快,存在的安全隐患就越大。

(一) 政府统筹管理在信息安全方面的意义

1. 是确保教育决策科学性的重要基石

政府通过建立严格的学生心理发展信息管理制度和技术标准,规范信息收集主体和流程,使教育行政部门在制定心理健康教育政策时,能够依据真实可靠的学生心理发展信息合理分配心理教育资源,优化心理健康教育、心理危机预防与干预力量的布局,推动心理健康教育事业朝着科学、健康的方向发展。

2. 是维护学生和家庭合法权益的坚固防线

政府通过立法、监管等手段,明确学生心理成长信息处理者的责任和义务,规范信息处理行为,要求网络服务提供者、学校等相关主体采取必要的安全保护措施,防止未成年人个人信息及家庭信息被非法获取、使用和传播,为未成年人的健康成长营造安全的网络环境。

3. 是促进心理健康服务可持续发展的有力支撑

教育信息化是推动教育现代化的重要手段,而信息安全是教育信息化发展的前提和保障。在学生心理发展和家庭教育动态信息的收集与管理过程中,涉及大量的网络和信息系统应用。这些系统的安全、稳定运行,关系到教育工作的正常开展和教育质量的有效提升。由政府来统筹部署心理信息安全保障工作,能够加强对关键信息基础设施的保护,推动信息安全保障技术的落实及有效应用。

4. 是构建协同心育良好生态的必要条件

心理信息安全得不到保障,学校和家庭一定会对心理信息共享产生顾虑,由此导致信息流通不畅,影响协同育人的效果。由政府来统筹推进心理信息安全保障机制,建立安全可靠的心理信息共享机制,有助于打破校家社之间的信息壁垒,确保学生心理信息在共享过程中的安全性和保密性。

总之,政府应充分发挥其管理职能,加强对信息安全保障机制的统筹管理,为教育事业的发展和学生的健康成长保驾护航。

(二) 政府统筹学生信息安全保障工作机制

政府统筹保障学生信息安全,这项工作通常涉及多部门协作、法律法规保障、技术防护和监督管理等多个维度,目标是构建系统化的学生信息保护体系。

1. 法律法规与政策护航机制

首先,政府应依据法律法规明确学生信息的收集、存储、使用规则,禁止非法泄露、买卖或滥用学生信息。其次,政府还应结合教育系统的实际,根据教育部等十七部门印发的《全面加强和改进新时代学生心理健康工作专项行动计划(2023—2025年)》中的规定"建立健全测评数据安全保护机制,防止信息泄露",制定具体的心理信息安全管理制度和规范,出台相关文件,来细化学校、教育机构在学生心理信息管理中的责任,确保学生心理发展信息在收集、存储、使用、传输和处置各环节的安全。

2. 责任分工与协同保护机制

纵向上,政府指导各部门对学生心理发展信息进行分级管理。如:中央机构(教育部、中央网信办等)负责制定全国性的学生心理发展信息与家庭教育信息保护的标准和政策;地方卫生健康委员会、教育部门落实属地监管职责,监督学校和技术服务商在学生心理发展信息方面的安全措施。横向上,政府指导多部门联动,即教育、公安、工信、市场监管等部门联合行动,打击非法收集、传播学生信息的行为。

3. 技术防护与能力提升工作机制

政府推动教育系统采用加密存储、访问控制、匿名化处理等技术手段,建立多层次、纵深化的网络与信息安全技术防护体系,确保学生心理发展信息在传输、存储中的安全性。政府要推动建设国家级或区域级的教育数据管理平台,集中管理学生的学籍、成绩、身心健康状况等信息,降低信息分散存储的风险,有效保护学生心理发展信息的安全,并在对心理高危学生进行监测预警、干预治疗和辅助康复返校等阶段做好安全保障。

4. 应急响应与风险防控工作机制

政府应建立健全网络与信息安全应急处置和通报机制,制定学生心理发展信息泄露、网络攻击等突发事件的应急处置流程,确保快速响应,使损失最小化。另外,政府还应该明确心理危机事件应急处置流程和权限,落实应急处置技术队伍,在教育系统内部通报或公共平台发布学生信息安全风险提示等。

5. 宣传教育与意识增强工作机制

一方面,政府要建设宣传教育工作机制,加强关于保护学生信息安全的宣传教育工作,增强与学生心理发展信息相关的各单位的信息安全意识和风险防范能力。另一方面,还应组织开展形式多样、针对性强的全员宣传教育,将保障学生心理发展信息安全的意识和政治意识、责任意识、保密意识等结合起来。

总之,政府统筹机制的核心是通过多维联动构建学生心理发展信息安全的闭环管理,目标是平衡教育数字化发展的便利性与隐私保护需求,确保学生信息安全,学生的合法权益不受侵害。政府需持续动态调整相应工作机制,有效应对新技术带来的信息安全风险与挑战。

二、部门协作,建设确保信息完整的工作机制

(一)学校主导收集学生心理发展与家庭教育的完整信息

1. 收集学生成长背景信息

学生成长背景信息是指学生在发展过程中,影响其心理、认知和行为的各种环境因素。通过全面了解学生的个人信息和家庭背景信息,我们能够洞察学生所处的成长环境。这些信息不仅有助于指导家长采用适宜

的教育方式,也为学校制订个性化的教学策略提供依据。

学生个人信息涵盖学生的姓名、性别、年龄、学习习惯、兴趣爱好、特长、疾病史等。这些因素会直接影响学生的学习方式、社交能力以及情绪情感的发展。

家庭是孩子成长的第一课堂,家庭的结构、氛围和资源,如同土壤的质地,影响孩子的心理发展方向。父母是孩子的第一任教师,他们的受教育程度、职业性质、经济状况等客观条件会影响其教养方式,影响其陪伴子女时的情绪稳定性。学校应帮助家长理解这些因素,从而促进家长积极优化家庭环境,积极配合建设校家社协同心育生态。

2. 收集校家社教育环境信息

校家社环境是未成年人成长生态系统的重要组成部分,反映了学校、家庭和社区三者的关系。其中,家庭教养投入、学校联结及社区氛围,都对学生的学习态度和成绩具有深远的影响。

家庭教养投入是指家庭在子女教育上所投入的时间、精力和资源。这种投入不仅包括经济因素,还涉及情感的支持和价值观的传递,能直接影响孩子的学习动力和自信心。有研究表明,积极的父母教养投入能显著促进学生的发展[1]和亲社会行为[2]。

学校联结是指学生获得的同学支持、教师支持以及自身对学校的归属感的程度。建立良好的学校联结有助于提升学生的心理健康、学业成就水平[3]以及社会适应能力[4],有助于为其全面发展打下坚实基础。

---

[1] 王雅雯.父母教养投入对青少年积极发展的影响:意向性自我调节的中介作用及干预研究[D].云南师范大学,2025.
[2] 吴素芬.父母教养投入对儿童亲社会行为的影响:共情的中介及教育干预研究[D].成都大学,2024.
[3] 马文燕,高朋,黄大炜,等.师生关系、同伴关系和学校联结对学生学业成就的影响[J].教育观察,2021,10(39):42-45.
[4] 殷颢文,贾林祥,孙配贞.学校联结在青少年感恩与社会适应间的作用[J].中国学校卫生,2019,40(01):69-71,75.

城市社区氛围是指社区居民在与社区整体环境交互作用下所产生的一种主观感受和情绪体验①。这种氛围对居民的生活质量、社会交往及心理健康都有重要的影响。

3. 收集学生自我认知与自我控制方面的信息

自我认知是个体对自身特征、能力和价值的理解与评价,学生的自尊和自我控制是自我认知的两个关键维度,显著影响他们的心理健康水平和社会适应能力。

研究表明,自尊水平与心理健康水平密切相关②,低自尊常常与焦虑、抑郁等心理问题相伴随。因此,促进学生的自尊发展,不仅有助于增强学生的自信心,还能增强其心理韧性,使其更好地应对各种困难。

自我控制是指个体在面对冲动、诱惑和压力时,有效调节自身情绪和行为的能力。良好的自我控制能力能够帮助学生设定目标,抵制短期诱惑,实现长期的个人发展和学业成功。

4. 收集学生学业成就目标与手机使用情况等信息

学业成就目标和手机使用情况是当代学生成长过程中的重要信息。成就目标导向(能力提升/外部评价)影响学生的学业投入方向③,过度使用手机则影响学生的认知能力,进而影响其学业发展④,对二者进行联合分析,可为学习困境归因提供一定的依据。青少年时期是一个人认知能力和学习习惯发展的关键阶段,而手机的使用习惯、频率以及浏览的内容等,会对学生的学习效率及学业成绩产生较大影响。

---

① 龙晖,岳童,秦启文.试论社区氛围的概念、结构与功能[J].社区心理学研究,2023,15(01):122-140.
② 李启明,李琪.家庭氛围、自尊与心理健康的关系:三年追踪研究[J].心理发展与教育,2025,41(1):77-85.
③ 武柳依.初中生家长参与、成就动机与学习投入的关系及教育对策研究[D].陕西理工大学,2024.
④ 李蓓蕾,林彤,邓林园.青少年手机使用与学业发展的关系[J].心理技术与应用,2024,12(8):492-503.

促进学生建立健康的成就目标体系,鼓励他们注重个人能力的提升而非一味倚赖外部评价,能够帮助他们形成积极的学习态度,并在面对挫折时展现出更强的心理韧性。

5. 收集学生心理韧性、情绪情感及社会性发展方面的信息

心理韧性、情绪情感与社会性发展是人格成长与适应能力形成的关键,这个过程涉及认知、情感与行为系统的动态整合。

具备良好心理韧性的学生,心理健康水平更高,在面对困难时能够保持积极心态,能有效调节情绪,并从失败中吸取教训,不断成长。

情绪调节是指个体通过认知策略管理情绪的能力,是个体社会化的基础,涵盖了情绪识别和应对策略。情绪调节能力缺失,易导致焦虑、愤怒等负面情绪积累,进而引发学习效率下降、人际关系疏离及心理健康风险升高。

社会性发展主要指亲社会行为,是指个体主动实施的利他行为。亲社会行为模式能促进个体共情能力的发展,并为情绪调节提供正向反馈,形成良性循环,降低心理适应障碍的发生率。

(二) 部门协作,共同完善学生心理发展与家庭教育动态信息

在"一生一档"动态心理档案的构建中,日常行为观察与专业量表测评为学生心理画像提供了基础轮廓,但这些数据受到场景和主观自述的局限,无法整合学生的多维生活环境。生态系统理论指出,学生的发展会受到多维而复杂的外界环境的影响[①],因此,需要协同社区、公检法、民政、卫健等多部门的数据[②],通过跨系统信息共享,将孤立的心理数据置于社会生态系统中重新整合,才能奠定为学生提供个性化心理服务的牢固基础。

---

① 范慧玲,徐志远.生态系统论视域下的青少年心理健康治理[J].学校党建与思想教育,2020(6):8-10.
② 微言教育微信公众号.图解!家校社协同育人"教联体"如何分工?谁来干?[EB/OL].(2024-11-10)[2025-04-15]. http://www.moe.gov.cn/jyb_xwfb/s7600/202411/t20241101_1160276.html.

1. 社区协同补充家庭的相关信息

社区作为纽带联结学校和家庭[①]，在补充家庭结构、婚姻状况及家庭困境等信息方面起到关键作用。社区可以通过居民委员会收集社区内各家庭的基本信息，包括家庭成员的婚姻状况、经济条件以及是否存在家庭暴力或监护缺失等问题，并将这些信息录入到"一生一档"系统中，还可以通过家访定期更新家庭动态信息，确保档案内容的实时性和准确性。

2. 公检法部门协同提供涉罪学生和家庭的相关信息

公安机关、检察机关和法院在处理涉及未成年人案件的过程中积累了大量信息，包括未成年人的违法记录、犯罪行为、家庭关系等。可以通过共享平台将这些信息与"一生一档"信息进行整合，保存在学生个人档案中，以便其他部门共享和使用信息。对于涉罪学生，需要长期追踪，必要时进行干预。

3. 民政部门协同提供涉残少年儿童和家庭的相关信息

民政部门主要负责涉残少年儿童及其家庭的信息收集和管理，包括残疾等级、康复救助、监护状况等，再通过部门信息整合，完善涉残少年儿童"一生一档"心理发展档案。例如，民政部门可以利用信息共享平台，将残疾少年儿童的基本信息、医疗保障情况等推送给教育部门和社区，以便相关部门或人员为其提供针对性的支持与服务。

4. 卫健部门协同提供身心障碍学生的相关信息

卫健部门在学生身心健康检查方面具有专业优势，可以提供相关学生的心理健康评估、疾病诊断以及治疗记录等信息，并通过与教育部门和社区的合作，将身心障碍学生的信息整合到"一生一档"中。例如，卫健部门可以基于流动少年儿童名单，定向推送基本公共卫生服务信息和医疗保障信息，以便及时发现并干预流动少年儿童潜在的心理健康问题。

[①] 邵建华,孙国华.以社区为纽带"三位一体"推进中小学生校外传统美德教育——北京市朝阳区的实践与思考[J].中国校外教育,2020(11):1+3.

三、学校主导，建设确保信息科学的工作机制

学校主导收集学生"一生一档"相关信息，是为了更好地了解学生在认知、行为、情感与生活方式等方面的发展情况，构建"以学生为中心"的教育生态系统。最终形成的"一生一档"资料，将有助于为学生提供更加科学、个性化的指导、支持与服务。

(一) 学校在确保学生心理发展信息与家庭教育信息完整中的优势

1. 学校是系统教育的主阵地

学校是学生接受系统化教育的主阵地，在整合学生校内表现、心理发展、社交能力等多维度信息方面具有天然优势。由学校主导信息收集，能够将课堂内外、家庭与社会环境的影响等纳入统一的分析框架，能避免信息碎片化。

2. 学校有整合信息的独特优势

学校教育工作者拥有教育学、心理学等专业背景，能科学设计评估工具，确保心理信息采集的规范性和有效性。学校能整合学生的课堂表现、作业质量、社交行为等过程性数据，与家庭信息形成互补。

3. 学校能起到早期预警作用

学校能持续跟踪家庭教养方式与学生行为变化，发现其关联性，并建立预测模型。当数据显示学生家庭支持度骤降且伴随学生学业质量滑坡时，学校可联合心理教师对相关学生进行危机干预，避免问题恶化。

4. 学校是协同育人的枢纽

学校通过分析家庭教育信息，能有针对性地开设家长学堂，通过精准匹配学生发展需求与家庭教育信息，形成教育合力。

总之，学校通过专业化、系统化的学生心理成长信息管理，既能实现对学生个体发展的精准支持，又能推动教育策略的宏观改进。这种主导作用不是权力扩张，而是对教育责任的专业化履行，是新时代教育管理现代化的必然要求。

(二) 学校主导信息收集与管理工作的流程与具体步骤

学校如何主导学生心理发展与家庭教育信息的收集与管理工作？以下为基本流程建议，包含具体实施步骤、《告家长书》《知情同意书》等，以及常见问题解决方案。

1. 组建专业团队

在组织收集"一生一档"心理发展档案相关信息时，需要组建一个结构合理、职责明确的管理团队，并科学规划团队的组织方式，以保证数据收集的效率和准确性，确保隐私安全。

第一，校级领导组。成员包括校长、心理健康教育分管校长、德育主任等。职责包括制订"一生一档"工作方案，明确目标与责任分工，统筹人员分配，协调各部门工作，以及制订隐私保护制度。

第二，心理健康专业组。成员包括专职和兼职心理教师、医务室医生、校外心理专家等。职责包括选择心理测评量表，制订数据采集标准，采集并分析数据，根据数据分析结果设计危机预警阈值及分级干预流程。

第三，班级辅助执行组。成员包括班主任、学科教师、心理委员等。职责包括组织班级学生填写量表，观察并记录学生日常行为，初步审核信息的完整性。

第四，技术支持小组。成员包括信息技术老师、第三方平台工程师等。职责包括搭建加密数据库，设置分级权限（例如，班主任仅可查看本班学生的相关数据，年级主任仅可查看本年级学生的相关数据，心理教师可查看全校学生心理数据汇总分析的结果等），开发自动化预警模块（当识别到心理状态数据有异常时，自动发出干预警示）。

第五，监督与伦理小组。成员包括心理专家、法律顾问、家委会代表等。职责包括监督数据收集流程的合规性，监督隐私保护情况，处理伦理争议等。

2. 充分告知与获得授权

告知家长并获得授权是构建家校协同心育档案的关键环节，需通过系统化流程确保家长知情权、选择权和监督权得到充分落实。

学校应通过家长会、学校官网公告等渠道发布《学生心理发展与家庭教育信息采集告家长书》，明确信息采集目的、核心采集内容以及信息采集方式。针对特殊家庭（如单亲家庭、留守儿童家庭等）开展"一对一"政策解读，为家长提供可选择的授权等级（如全部授权、部分授权、仅核心信息授权等），家长可通过家校平台随时调整授权级别。

《学生心理发展与家庭教育信息采集告家长书》《学生心理发展与家庭教育信息采集知情同意书》与常用量表见本节后的"参考资料"。

3. 收集信息

为保证信息的全面性，采集信息时应覆盖多方面场景，既要整合量化指标，又要采集质性信息，立体呈现学生成长轨迹。信息获取具有动态性，应贯穿学生成长全周期，既要建立学生心理发展档案，实现信息留痕，又要设置阶段性成长评价节点（如学期初/期中/期末/寒暑假等）与突发事件信息沟通渠道，形成动态监测网络。

4. 分析与应用信息

学校应对收集到的信息进行整合，并加以综合分析，发现潜在问题，为每个学生形成个性化报告。至于如何对学生心理发展与家庭教育信息进行综合分析与应用，将在本章第三节具体探讨。

5. 常见问题与解决方案

常见问题一：家长隐私担忧

解决方案：学校需要构建"合法合规、技术防护、伦理监督"保障体系，明确信息采集范围、使用边界与删除时限，对于信息操作动作应确保全程可追溯，并部署分级管理权限。同时，成立家校信息伦理监督委员会，定期审查信息使用是否合规。

常见问题二：信息采集失真

解决方案：综合教师、家长、同伴三方视角，结合心理测评、亲子日志、同伴交往等情况进行信息交叉对比，识别矛盾信息；借助AI技术对填答者主观填答的信息进行初级逻辑校验。

常见问题三：特殊家庭抵触

解决方案：对于有抵触情绪的家庭，学校应采取"理解需求＋灵活处理"的策略。可先通过家委会或社区了解其具体顾虑，然后有针对性地处理。对十分注重隐私保护的家庭，提供分卷采集、匿名填写等可选方式；对经济困难家庭，提供配套设备支持（如将平板电脑借给该家庭填报信息）。明确告知家长这些信息的使用边界，不强制参与，承诺不公开敏感信息，重点说明信息采集工作能帮助孩子获得针对性的辅导资源。

常见问题四：教师工作负荷

解决方案：学校可采用智能技术简化工作流程，还可邀请一些人员协助，让教师专注于核心教育工作。① 部署家校信息互通平台，家长可通过小程序等自主填报基础信息，系统自动生成分析报告；② 利用课堂 AI 观测系统自动采集学生行为信息（如专注度、作业完成率等），减少教师手工记录的工作量；③ 设立家委会信息联络员，协助指导家长完成技术操作并进行信息核验；④ 引入区块链存证技术，确保信息的真实性与完整性。

参考资料：

1.《学生心理发展与家庭教育信息采集告家长书》与《学生心理发展与家庭教育信息采集知情同意书》参考模板

××学校学生心理发展与家庭教育信息采集告家长书

尊敬的家长：

为贯彻落实国家《深化新时代教育评价改革总体方案》，我校将建立学生心理发展档案，现将相关事项告知如下。

一、采集内容

1. 学业发展维度：通过学校系统实时记录学生的课堂专注度、与教师互动的频次及作业完成质量，运用 AI 算法分析其知识薄弱点，生成个性化的学习诊断报告。

2. 心理健康维度：每学期由专职心理教师开展标准化的心理测评，结合日常行为观察记录等，构建心理问题预警模型。特别关注持续两周以上出现睡眠异常、社交回避等行为信号的学生。

3. 家庭教育维度：家长需配合完成季度性的家庭教育问卷，内容包含家长教养方式、亲子互动模式等。鼓励家长上传家庭教育场景的照片，照片等资料将被用于分析家庭文化资源对学生发展的影响。

4. 特殊事件维度：重点记录学生所获得的各类荣誉，以及需教育干预的重大事件，包括突发心理危机、严重违纪行为等。此类信息采用"事件触发式采集"方式，由班主任老师在事件发生后 24 小时内将相关信息录入系统，对学生的心理危机事件将启动跨部门协同处置流程。

二、隐私保护

信息采集遵循"非必要不采集"的原则，仅班主任、心理教师可接触相关信息。家校平台系统自动记录数据查阅、导出等操作日志，家长可随时申请查阅。

我们承诺，所有原始信息在传输和存储过程中均进行加密，任何涉及学生身份的信息在用于研究分析前将进行脱敏处理。

三、家长权利

1. 知情权：家长有权了解信息采集、使用及存储的详细规则。
2. 选择权：家长可自主选择信息授权等级。
3. 更正权：家长如发现信息有误，可在线提交"数据修正申请表"。

四、联系方式

咨询热线：××××××　　监督邮箱：××××××

××学校（盖章）

××××年×月×日

××学校学生心理发展与家庭教育信息采集知情同意书

本人作为____年级____班_____同学（身份证号：_____）的法定监护人，知晓并充分了解学生心理发展与家庭教育信息采集的目的，同意以下授权内容及其他相关事项。

一、授权内容

同意学校采集、存储、分析以下信息（勾选授权范围）：

☐基础授权：学业发展数据

☐扩展授权：学业发展数据＋家庭教育环境数据

☐深度授权：参与追踪式教育研究（数据可能用于学术论文发表）

二、权利保障

家长拥有随时查阅、复制其子女相关数据，以及要求学校更正错误或不完整信息的权利。

校方保证，未经家长书面同意，不向第三方披露信息，不将信息用于商业营销、广告投放等非教育目的。

三、争议解决

本协议履行过程中如发生争议，双方可协商解决；协商不成，可向××区教育局申请调解或依法提起诉讼。

监护人签字：_____　　联系方式：_____

日期：____年____月____日

学校盖章：

日期：____年____月____日

（注：本文件一式三份，家庭、学校档案室、学校心理咨询室各存一份）

2. 学生心理发展与家庭教育信息采集常用量表

表格1　青少年评价父母教养投入行为问卷

该问卷为伍新春等(2018)基于《父亲教养投入问卷》修订编制而成①,可分别对父亲或母亲的教养投入行为进行测量,用于评估家长在孩子教育中的投入程度及方式。该问卷的使用对象为:小学、初中和高中的学生。

该问卷一共22题,分为情感休闲、规则教导、学业支持与生活照顾四个维度。其中,关于情感休闲的题项有2、4、5、6、7、8、9、10、12、15、16;关于规则教导的题项有3、17、22;关于学业支持的题项有1、11、14、21;关于生活照顾的题项有13、18、19、20。

该问卷采用李克特五级评分法,0表示"从不",1表示"偶尔",2表示"有时",3表示"经常",4表示"总是";总分范围在0—88分,总分越高,说明父母教养投入的程度越高。

青少年评价父母教养投入行为问卷					
题目	从不	偶尔	有时	经常	总是
1. 爸爸/妈妈督促我做作业	0	1	2	3	4
2. 爸爸/妈妈抽出时间跟我聊天	0	1	2	3	4
3. 爸爸/妈妈纠正我的错误行为	0	1	2	3	4
4. 爸爸/妈妈和我外出旅行	0	1	2	3	4
5. 爸爸/妈妈跟我一起锻炼身体	0	1	2	3	4
6. 爸爸/妈妈跟我一起做我想做的事情	0	1	2	3	4
7. 爸爸/妈妈和我在家附近游玩	0	1	2	3	4
8. 爸爸/妈妈和我一起去参观校外教育场所(如科技馆、图书馆、动物园等)	0	1	2	3	4
9. 爸爸/妈妈和我谈论我生活中发生的事情	0	1	2	3	4
10. 爸爸/妈妈用语言向我表达感情	0	1	2	3	4
11. 当我学习遇到问题时,爸爸/妈妈为我解答	0	1	2	3	4
12. 爸爸/妈妈和我谈论我感兴趣的事物	0	1	2	3	4
13. 当我需要看医生时,爸爸/妈妈带我去	0	1	2	3	4
14. 爸爸/妈妈教给我学习方法	0	1	2	3	4
15. 爸爸/妈妈用肢体语言向我表达情感	0	1	2	3	4

---

① 伍新春,刘畅,邹盛奇,等.青少年评价父母教养投入行为问卷的修订及其信效度检验[J].中国临床心理学杂志,2018,26(04):647-651.

续表

青少年评价父母教养投入行为问卷					
题目	从不	偶尔	有时	经常	总是
16. 爸爸/妈妈在家和我一起玩耍	0	1	2	3	4
17. 爸爸/妈妈向我强调为人处世的道理(如对人有礼貌等)	0	1	2	3	4
18. 爸爸/妈妈照顾我的生活起居	0	1	2	3	4
19. 爸爸/妈妈接送我上学	0	1	2	3	4
20. 当我身体不舒服时,爸爸/妈妈照顾我	0	1	2	3	4
21. 爸爸/妈妈跟我讨论我在学习中遇到的困难	0	1	2	3	4
22. 爸爸/妈妈教育我要对自己的事情负责	0	1	2	3	4

表格2 学校联结量表

该量表为喻承甫等(2011)编制①,用于测试学生对学校的情感联结及归属感。

该量表一共10题,分为同学支持、教师支持、学校归属感三个维度。其中,关于同学支持的题项有1、4、7、10;关于教师支持的题项有2、5、8;关于学校归属感的题项有3、6、9。

该量表采用五级评分法,从"完全不符合"到"完全符合"分别计1—5分,其中第2题和第10题为反向计分题;总分范围10—50分,总分越高,表示学生与学校的联结水平越高。

学校联结量表					
题目	完全不符合	比较不符合	不确定	比较符合	完全符合
1. 在发生困难时我可以依靠我的同学们	1	2	3	4	5
2. 我不喜欢学校的老师	1	2	3	4	5
3. 在学校里,我感到开心、安全	1	2	3	4	5
4. 我的同学们能真正地帮助我	1	2	3	4	5
5. 我觉得老师关心我	1	2	3	4	5
6. 我觉得自己是学校的一份子	1	2	3	4	5
7. 我的同学们能与我分享快乐与忧伤	1	2	3	4	5
8. 我觉得老师对我很公平	1	2	3	4	5
9. 我以属于这所学校而感到自豪	1	2	3	4	5
10. 我与其他同学很难相处	1	2	3	4	5

---

① 喻承甫,张卫,曾毅茵,等.青少年感恩与问题行为的关系:学校联结的中介作用[J].心理发展与教育,2011,27(04):425-433.

表格3　城市社区氛围问卷

该问卷为彭乔(2021)编制①,用于衡量学生对所处社区环境、人际关系及文明氛围的感知。此处略有改动。

该问卷一共29题,分为社区人际氛围、社区管理氛围、社区文明氛围、社区环境氛围四个维度。其中,关于社区人际氛围的题项有1、2、5、17、21、26、28;关于社区管理氛围的题项有9、10、12、15、16、18;关于社区文明氛围的题项有4、6、22、24、29;关于社区环境氛围的题项有3、7、11、14、19、25。第8、13、20、23题为印象管理题,第27题为效度题,这五道题不作为计分题项。

该问卷采用五级评分法,1表示"完全不符合",2表示"比较不符合",3表示"不确定",4表示"比较符合",5表示"完全符合"。第7题为反向计分题。总分越高,说明个体感知到的社区氛围越好。

城市社区氛围问卷					
题目	完全不符合	比较不符合	不能确定	比较符合	完全符合
1. 社区居民人际关系和谐	1	2	3	4	5
2. 社区居民之间彼此关心	1	2	3	4	5
3. 社区有保障安全的人员	1	2	3	4	5
4. 社区文化特色突出	1	2	3	4	5
5. 社区居民之间互相帮助	1	2	3	4	5
6. 社区有志愿服务	1	2	3	4	5
7. 社区安全性不高	1	2	3	4	5
8. 我从来不撒谎	1	2	3	4	5
9. 社区工作人员工作态度好	1	2	3	4	5
10. 社区及时解决居民生活中的问题	1	2	3	4	5
11. 社区安全设施齐全	1	2	3	4	5
12. 社区领导一心为社区服务	1	2	3	4	5
13. 我从来没有后悔过	1	2	3	4	5
14. 社区基础设施完善	1	2	3	4	5
15. 社区管理遵循规章制度	1	2	3	4	5
16. 社区管理工作人性化	1	2	3	4	5
17. 社区邻里交往融洽	1	2	3	4	5

---

① 彭乔.城市社区氛围的探索性研究[D].西南大学,2021.

续表

城市社区氛围问卷					
题目	完全不符合	比较不符合	不能确定	比较符合	完全符合
18. 我对社区管理工作满意	1	2	3	4	5
19. 社区绿化环境好	1	2	3	4	5
20. 我从来不说别人的坏话	1	2	3	4	5
21. 社区居民之间经常沟通交流	1	2	3	4	5
22. 社区文化活动多	1	2	3	4	5
23. 我是一个完全理智的人	1	2	3	4	5
24. 社区有文明榜样值得学习	1	2	3	4	5
25. 社区有足够大的休闲场地	1	2	3	4	5
26. 社区邻里之间熟悉	1	2	3	4	5
27. 我认真填写了本问卷	1	2	3	4	5
28. 社区邻里关系亲近	1	2	3	4	5
29. 社区有公益活动	1	2	3	4	5

表格 4　青少年亲社会行为量表

这是杨莹等(2016)编制的,此处略有调整,适用于测量国内青少年亲社会行为水平[①],以了解青少年的社会适应能力、亲社会行为表现以及人际关系状况。

该量表一共15题,分为遵规—公益性、关系性、利他性、特质性四个维度。其中,关于遵规—公益性的题项有1、2、5、9、13;关于关系性的题项有4、7、12;关于利他性的题项有3、6、11、15;关于特质性的题项有8、10、14。

该量表采用李克特七级评分法(1=完全不符合,7=完全符合)。总分越高,表明青少年亲社会行为水平越高。

青少年亲社会行为量表							
题目	完全不符合	比较不符合	有点不符合	一般	有点符合	比较符合	完全符合
1. 我喜欢参加校内外组织的社会公益活动	1	2	3	4	5	6	7
2. 我愿意为班集体做事情	1	2	3	4	5	6	7

---

① 杨莹,张梦圆,寇彧.青少年亲社会行为量表的编制与维度的再验证[J].中国社会心理学评论,2016(01):135-150.

续表

青少年亲社会行为量表							
题目	完全不符合	比较不符合	有点不符合	一般	有点符合	比较符合	完全符合
3. 我主动把座位让给有需要的人,如"老弱病残孕"	1	2	3	4	5	6	7
4. 我会主动邀请旁观者加入我们的游戏	1	2	3	4	5	6	7
5. 我体谅父母的辛劳并主动承担一些力所能及的家务	1	2	3	4	5	6	7
6. 同学生病时,我主动送他到校医室	1	2	3	4	5	6	7
7. 我会主动和新同学打招呼并与之结交成为朋友	1	2	3	4	5	6	7
8. 我愿意改正自己的缺点	1	2	3	4	5	6	7
9. 值日时,我不惜花更多时间打扫教室卫生	1	2	3	4	5	6	7
10. 我会对别人的秘密守口如瓶	1	2	3	4	5	6	7
11. 我会帮同学补课/给同学讲解疑难问题,或教同学打球	1	2	3	4	5	6	7
12. 与朋友发生小矛盾后,我会主动道歉	1	2	3	4	5	6	7
13. 遇到老师和长辈,我会主动问好	1	2	3	4	5	6	7
14. 我常常赞美他人的优点	1	2	3	4	5	6	7
15. 我很乐意给灾区捐款捐物	1	2	3	4	5	6	7

表格5　自尊量表(SES)

本表由罗森博格(Rosenberg,1965)编制,是用以测量外显自尊水平的单维度量表,能从正面和反面两方面来评价个体对自我的感受,可用于评估学生的自我价值感、自我认同程度以及自信心,适用范围包括中学生(13—17岁)和成年人[①]。

该量表一共10题,采用四级评分法,1—4分依次表示"很不符合""不符合""符合""非常符合"。其中,3、5、8、9、10题为反向计分题。总分越高,表明个体自尊水平越高。

---

① 周红萍. 中学生自尊对社交焦虑的影响及其干预研究[D]. 西北师范大学,2021.

自尊量表(SES)				
题目	很不符合	不符合	符合	非常符合
1. 我感到我是一个有价值的人,至少与其他人在同一水平上	1	2	3	4
2. 我感到我有许多好的品质	1	2	3	4
3. 归根结底我倾向于觉得自己是一个失败者	1	2	3	4
4. 我能像大多数人一样把事情做好	1	2	3	4
5. 我感到自己值得自豪的地方不多	1	2	3	4
6. 我对自己持肯定态度	1	2	3	4
7. 总的来说,我对自己是满意的	1	2	3	4
8. 我希望我能为自己赢得更多尊重	1	2	3	4
9. 我确实时常感到毫无用处	1	2	3	4
10. 我时常认为自己一无是处	1	2	3	4

表格6 简式自我控制量表(BSCS)

本表为穆罗(Morean,2014)编制的简式自我控制量表[①],用于反映学生在自律性和冲动控制方面的能力。

该量表一共7题,分为自律性和冲动控制两个维度。其中,关于自律性的题项有1、3、5;关于冲动控制的题项有2、4、6、7。

该量表采用李克特五级评分法,1—5分依次表示"完全不符合""比较不符合""不能确定""比较符合""完全符合"。其中,2、4、6、7题为反向计分题。总分越高,表示个体的自我控制水平越高。

简式自我控制量表(BSCS)					
题目	完全不符合	比较不符合	不能确定	比较符合	完全符合
1. 我能很好地抵制诱惑	1	2	3	4	5
2. 我会做一些能给自己带来快乐,但对自己有害的事	1	2	3	4	5
3. 大家说我有钢铁般的自制力	1	2	3	4	5
4. 有时我会被有乐趣的事情干扰而不能按时完成任务	1	2	3	4	5

[①] 罗涛,程李梅,秦立霞,等.简式自我控制量表中文版的信效度检验[J].中国临床心理学杂志,2021,29(01):83-86.

续表

简式自我控制量表 BSCS					
题目	完全不符合	比较不符合	不能确定	比较符合	完全符合
5. 我能为了一个长远目标高效地工作	1	2	3	4	5
6. 有时我会忍不住去做一些明明知道不对的事情	1	2	3	4	5
7. 我常常考虑不周就付诸行动	1	2	3	4	5

表格7 成就目标量表

该量表由埃利奥特(Elliot)等(2001)编制[①],用于评估学生对学业成就的认知及目标导向。

该量表一共12题,分为掌握趋向、表现趋向、掌握回避、表现回避四类目标维度,每类目标维度下有3题。

本表采用李克特七级评分法,1—7分依次表示"完全不符合""不符合""有点不符合""说不清""有点符合""比较符合""完全符合";无反向计分题。四类目标的得分取平均值,选择得分最高的一类目标作为个体的成就目标类型。

成就目标量表								
维度	题目	完全不符合	不符合	有点不符合	说不清	有点符合	比较符合	完全符合
掌握趋向	1. 我力争尽可能全面地理解这学期课程的内容	1	2	3	4	5	6	7
	2. 我的目标是尽可能多地学习这学期课程的内容	1	2	3	4	5	6	7
	3. 我的目标是完全掌握这学期课程所呈现的学习内容	1	2	3	4	5	6	7
表现趋向	1. 我的目标是在这学期的课程学习中比其他同学表现出色	1	2	3	4	5	6	7
	2. 我的目标是在这学期的课程学习中比其他同学表现好	1	2	3	4	5	6	7
	3. 在这学期的学习上,我力争比其他同学学得好	1	2	3	4	5	6	7

---

① ELLIOT A. J., MURAYAMA K. On the measurement of achievement goals: Critique, illustration, and application[J]. Journal of Educational Psychology, 2008, 100(3), 613 - 628.

续表

维度	题目	成就目标量表						
		完全不符合	不符合	有点不符合	说不清	有点符合	比较符合	完全符合
掌握回避	1. 我的目标是避免在这学期的课程上少学东西	1	2	3	4	5	6	7
	2. 我这学期的目标是避免学得比课程所要求的更少	1	2	3	4	5	6	7
	3. 我努力避免对课程材料理解得不全面	1	2	3	4	5	6	7
表现回避	1. 我的目标是避免在这学期的课程学习上比其他同学表现差	1	2	3	4	5	6	7
	2. 我的目标是避免与其他同学相比表现欠佳	1	2	3	4	5	6	7
	3. 我努力避免在这学期的课程学习中表现不如其他同学	1	2	3	4	5	6	7

表格 8　ERQ-9 情绪调节量表

本表是斯帕潘(Spaapen,2014)等人根据"10 项情绪调节问卷(ERQ)"改编而成[1],用于评估个体对情绪波动的调节能力。

该量表一共 9 题,分为认知重评和表达抑制两个维度。关于认知重评的题项有 1、4、6、7、9;关于表达抑制的题项有 2、3、5、8。

本表采用李克特七级评分法,1—7 分依次表示"完全不符合""比较不符合""有点不符合""一般""有点符合""比较符合""完全符合"。其中,表达抑制题为反向计分题。总分越高,表示个体的情绪调节能力越强。

ERQ-9 情绪调节量表							
题目	完全不符合	比较不符合	有点不符合	一般	有点符合	比较符合	完全符合
1. 当我想要感到更积极(如更高兴或更愉悦)时,我就会改变我在想的事	1	2	3	4	5	6	7

---

[1] SPAAPEN D. L. ,WATERS F. BRUMMER L. , STOPA L,BUCKS R. S. . The emotion regulation questionnaire:Validation of the ERQ-9 in two community samples [J]. Psychological Assessment,2013,26(1):46-54.

续表

ERQ-9 情绪调节量表							
题目	完全不符合	比较不符合	有点不符合	一般	有点符合	比较符合	完全符合
2. 我把情绪藏在心里	1	2	3	4	5	6	7
3. 当我感受到积极情绪时,我会小心翼翼地不去表达它们	1	2	3	4	5	6	7
4. 当我面对有压力的情境时,我会帮助自己冷静下来思考	1	2	3	4	5	6	7
5. 我通过不表达来控制自己的情绪	1	2	3	4	5	6	7
6. 当我想感受到更积极的情绪时,我会改变我思考问题的方式	1	2	3	4	5	6	7
7. 我通过改变自己对目前情境的看法来控制情绪	1	2	3	4	5	6	7
8. 当我感受到负面情绪时,我确保自己不将它们表达出来	1	2	3	4	5	6	7
9. 当我想减少负面情绪时,我会改变我思考问题的方式	1	2	3	4	5	6	7

表格9　心理韧性量表(BRS)

该量表是由史密斯(Smith)等(2008)编制的[1],用于测试个体在面对压力、挫折和逆境时的快速应对和恢复能力。

该量表一共6题,采用李克特五级评分法,1—5分依次表示"完全不符合""比较不符合""不确定""比较符合""完全符合"。其中,2、4、6题为反向计分题。算出6题的平均值,进行评估。

心理韧性量表(BRS)					
题目	完全不符合	比较不符合	不确定	比较符合	完全符合
1. 我在经历艰难时期后能够很快恢复过来	1	2	3	4	5

---

[1] SMITH B. W., DALEN J., WIGGINS K., TOOLEY E., CHRISTOPHER P., BERNARD J. The brief resilience scale: Assessing the ability to bounce back[J]. International Journal of Behavioral Medicine, 2008(15): 194-200.

续表

心理韧性量表(BRS)					
题目	完全不符合	比较不符合	不确定	比较符合	完全符合
2. 我很难熬过令我压力大的事件	1	2	3	4	5
3. 我很快就能从令我感到压力的事件中恢复过来	1	2	3	4	5
4. 当坏事发生时,我很难迅速恢复过来	1	2	3	4	5
5. 我通常能比较轻松地度过艰难时期	1	2	3	4	5
6. 我往往需要很长时间才能克服生活中的挫折	1	2	3	4	5

表格10　智能手机依赖量表(SAS-SV)

该量表由项明强等(2019)以青少年为研究对象进行中文版修订而成[1],用于衡量学生对电子产品的依赖情况。

该量表一共10题,分为日常干扰、戒断症状、网络亲密、过度使用、耐受性五个维度。其中,关于日常干扰的题项有1、2、3;关于戒断症状的题项有4、5、6、7;关于网络亲密的题项有8;关于过度使用的题项有9;关于耐受性的题项有10。

该量表采用李克特六级评分法,1—6分依次表示"非常不同意""不同意""有点不同意""有点同意""同意""非常同意"。总分越高,说明被测评对象手机依赖程度越高。

智能手机依赖量表(SAS-SV)						
题目	非常不同意	不同意	有点不同意	有点同意	同意	非常同意
1. 因使用智能手机而无法完成计划的工作	1	2	3	4	5	6
2. 因使用智能手机,在上课、做作业或工作时很难集中精力	1	2	3	4	5	6
3. 使用智能手机时,手腕或脖子后部感到疼痛	1	2	3	4	5	6
4. 不能忍受没有智能手机	1	2	3	4	5	6

---

[1] 项明强,王梓蓉,马奔. 智能手机依赖量表中文版在青少年中的信效度检验[J]. 中国临床心理学杂志,2019,27(5):959-964.

续表

智能手机依赖量表(SAS-SV)						
题目	非常不同意	不同意	有点不同意	有点同意	同意	非常同意
5. 当智能手机不在手边时,会感到不耐烦和烦躁不安	1	2	3	4	5	6
6. 即使不使用智能手机,我也时刻惦记它	1	2	3	4	5	6
7. 即使智能手机已对我的日常生活造成巨大的影响,我也绝不放弃它	1	2	3	4	5	6
8. 为了不错过社交软件(如微信、微博和QQ等)的新信息,不断翻看智能手机	1	2	3	4	5	6
9. 使用智能手机的时间超出了预期	1	2	3	4	5	6
10. 身边的人都说我使用智能手机的时间太长了	1	2	3	4	5	6

第三节
学生心理发展和家庭教育动态信息的分析与使用

【案例导入】

"一生一档"心理发展档案静静地躺在文件柜中,成为应付上级检查的"门面"。那一个个厚重的文件夹,表面工整,内里却如一潭死水,未能真正流淌进学生的心灵。心理教师陆老师每次看到这些文件柜,眉头便会不自觉地紧锁,忧虑在心底蔓延。

学生小宇,曾因学习压力大前来咨询,但来了一次之后便没了后续。陆老师向班主任了解情况,班主任含糊地说小宇最近有些沉默,但也没太在意。陆老师翻开小宇的档案,上面记录着他的家庭情况,从中可以看出父母对他的期待极高。但档案上的信息就像静止的画面,无法反映小宇此刻内心的翻涌。陆老师特别担心小宇的心理问题会在无人察觉的情况下恶化,却因缺少持续的跟踪信息而不知从何处着手帮助小宇。

在上一节,我们重点分析了"一生一档"信息收集具体应该如何保障和落实。信息收集的完成,并不意味着构建"一生一档"动态心理发展档案工作的结束,而是深入研究学生心理发展规律、挖掘信息潜在价值的开端,是构建校家社协同心育"教联体",分层、分类帮助每位学生可持续发展的关键起点。在本节中,我们将重点阐述对信息的分析与应用,并分析动态的信息再收集与再挖掘使用的循环机制。我们应借助信息标准化处理流程来提炼有价值的信息和规律,进而探索如何将分析结果应用于学校心育管理、学生全面发展以及校家社协同心育的全过程。

一、学生心理发展信息整理分析与心理风险等级评估

"一生一档"动态心理发展档案是为学生心理健康管理持续赋能的重要载体,从心理测评、日常行为观察记录、心理咨询记录等多个渠道收集

到信息和数据后,学校应对其进行科学分析与管理,以便充分发挥信息和数据的价值。

(一) 信息和数据的整理与分析

这里的信息和数据主要分为两大类:一类是用心理量表测量得来的数据,这类数据格式标准,不需要太多的格式统一工作就可以对其进行统计和分析;另一类数据是从不同部门,通过不同途径采集得来的,这些数据的收集标准和规范要求可能各不相同,需要进行整理,然后才能对其进行有效分析。

1. 数据整理

首先,不同来源的数据往往采用不同的收集标准和规范要求,这可能导致数据的不一致和不可对比性。因此,需要对收集到的数据进行标准化处理。例如,在表格"单元格格式"中有常见的数据类型格式,包括"常规""数值""时间""文本"等,格式混乱的数据就需要先进行整理。以下对常用的数据类型给出格式示例。

表 6-1 "一生一档"动态心理发展档案常用数据类型

序号	类别	数据格式	EXCEL 录入形式
学生基本情况			
1	姓名	文本	录入中文
2	学号	数值	录入数字,整数
3	年龄	数值	录入数字,整数
4	出生日期	日期	录入数字,如:20240101
5	性别	数值	录入数字"1"表示男性,"2"表示女性
6	学习情况	数值	录入数字"1"表示优秀,"2"表示良好,"3"表示一般
7	健康状况	数值	录入数字"1"表示优秀,"2"表示良好,"3"表示一般
8	兴趣与特长	文本	录入中文
9	个人病史	文本	录入中文
家庭情况			
1	户籍与现居地	数值	录入代表类型的数字,如:"1"代表本地城市户籍,"2"代表本地农村户籍,"3"代表外地城市户籍流动到本地,"4"代表外地农村户籍

续表

序号	类别	数据格式	EXCEL 录入形式
2	父母职业	数值	录入代表职业的数字,如:"1"代表国家工作人员,"2"代表国有企业职工,"3"代表教师、医生、律师等专业技术人员……
3	父母学历	数值	录入代表学历的数字,如:"1"表示博士及以上,"2"表示硕士,"3"表示本科,"4"表示大专/高职,"5"表示高中/中专/职高……
4	家庭年收入	数值	以"万元"为单位录入数字,整数
5	子女数	数值	录入代表类型的数字,如:"1"代表独生子女,"2"代表 2 个孩子,"3"代表 3 个及以上孩子等
6	婚姻状态	数值	录入代表类型的数字,如:"1"代表婚姻完整状态,"2"代表离异单亲状态,"3"代表重组家庭等
7	抚养人构成	数值	录入代表类型的数字,如:"1"代表祖辈父辈和未成年子女生活在一起的主干家庭,"2"代表父辈和未成年子女生活在一起的核心家庭,"3"代表单亲家庭(或某个成人独力抚养孩子的家庭)
8	直接监护者/教育者	数值	录入代表类型的数字,如:"1"表示妈妈,"2"表示爸爸,"3"表示父母,"4"表示爷爷奶奶……
9	家庭氛围	数值	录入代表类型的数字,如:"1"表示宽松,"2"表示较宽松,"3"表示一般,"4"表示较紧张,"5"表示紧张
10	家庭教育方式	数值	录入代表类型的数字,如:"1"表示尊重、民主,"2"表示说教为主,"3"表示任其发展,"4"表示有时打骂……
		学习经历	
1	起止时间	日期	例如:202409—202506
2	在读学校	文本	录入中文
3	担任职务	文本	录入中文
4	对集体的喜爱程度	数值	录入代表类型的数字,如:"1"表示喜欢,"2"表示较喜欢,"3"表示一般,"4"表示不太喜欢,"5"表示不喜欢

续表

序号	类　　别	数据格式	EXCEL 录入形式
	成功与挫折经历		
1	成功经历	文本	录入中文
2	挫折经历	文本	录入中文

（注：学校在收集信息时可根据实际情况增删条目。）

其次，在数据采集过程中，难免会出现一些无效或错误的数据，如空值、重复值、异常值等。这个时候需要对这些无效或错误的数据进行过滤和清洗。对过滤出的无效或者错误的数据，要进一步通过访谈等途径进行核实，以补充和完善学生的档案数据。一般可以从以下几个维度对采集来的数据进行过滤与清洗。

① 填答时长。问卷发放前，班主任可以请同事或者家委会成员试填，以了解填写一份问卷大致需要的时长，然后，以这个时长为标准，对正式采集来的数据进行过滤与清洗，把那些填答时长明显过短或过长的问卷挑出来，对其中的数据进行核实、调查与完善。

② 异常值。识别超出合理范围的数值（如年龄值填写为"200"）、极端分值（如 10 分制的选项，所填数据全部为"10"）。

③ 注意力检查题。在问卷题项中插入验证题（如"本题请选择'非常同意'"，以验证填答者是否认真阅读题项），验证题未通过者需要重新填写问卷。

④ 逻辑矛盾。如"未婚"但"子女数量＝3"。这说明学生或家长在填写调查问卷时配合度不高。

⑤ 重复数据。在整合各项数据的过程中，可能会出现重复的数据，这会影响分析结果的准确性。应通过"去重操作"保证相关数据的唯一性。

⑥ 缺失值。对于某项缺失的数据，可以通过家访等形式补充完整。

2. 数据分析

对整理好的数据，可以根据实际需要，在不同范围内（班级、年级或者全校)进行分析,为进一步开展教育指导提供基础。对学生心理发展和家庭教育动态信息进行分析是为了更有针对性地指导学生和指导家庭教育,所以,分析应具体指向某位学生、某个家庭或者具有某类特点的学生与家庭,将目标学生和学生家庭筛选出来。

上述数据筛查工作,因为借助了心理测量的相关工具(量表),就具有一定的科学性,避免了人为的主观臆断。但是,这只是学生或家庭自我报告式的测量方法,学校还应结合学生的日常表现、教师的课堂反馈、家长的生活反馈以及学生的作业与考试成绩等信息,综合判断学生的心理状况,从而为学生提供真正契合其实际需求的辅导与帮助。

(二)心理风险等级的评估及干预策略

1. 心理风险等级评估依据

心理风险等级的划分是一个系统而复杂的过程,应基于学生的心理测评结果、心理咨询记录、行为表现等多方面信息源,基于科学的方法和严谨的分析来开展。具体来说,心理风险等级的评估可以考虑以下几个因素。

(1)心理测评结果

标准化的心理量表能够对学生的心理状态进行全面评估,得分情况能够直观反映学生心理问题的严重程度。除了关注量表得分外,教师还应关注学生近期的状况,如是否有情绪低落、兴趣丧失、睡眠障碍、食欲改变等现象,这些状况均是判断学生心理风险等级的重要依据。

(2)心理咨询记录

心理咨询记录是了解学生心理动态和求助行为的重要途径。

主动寻求心理咨询表明学生具有一定的自我认知和自我求助能力,这通常被视为一种积极的应对方式。相反,若学生从未主动寻求过心理咨询,但表现出明显的心理问题症状,则可能意味着其心理风险被低估或存在隐瞒情况。

心理咨询的次数和频率也能够反映学生心理问题的严重程度和持续

时长。一般来说,咨询次数越多、频率越高,表明学生的心理问题可能越严重,需要更多的专业支持和干预。

心理咨询师在接待咨询的过程中会对学生的心理困扰程度进行评估和记录。这些记录能够提供更深入、更具体的心理信息,有助于更准确地评估学生的心理风险等级。

(3) 行为表现

行为表现是心理问题的外在体现,也是评估学生心理风险等级的重要依据。在评估心理风险等级时,应关注学生的日常行为表现。

自伤、自杀行为是心理问题的极端表现,具有极高的危险性。若学生出现自伤、自杀倾向或行为,应立即被视为高风险个体,并启动紧急干预机制。

人际冲突可能反映学生在情绪管理、社交技能等方面的心理问题。频繁的人际冲突不仅会影响学生的心理健康,还可能对其社会交往能力造成损害。

此外,评估心理风险等级的过程也需要不断地完善和优化,以适应学生心理健康状况的动态变化和发展需求。

2. 分级干预策略的制订与实施

建立科学、系统的分级干预机制已成为心理教育领域的迫切需求[1]。传统的"一刀切"干预模式难以精准匹配不同学生的心理需求,而基于风险等级的分层响应,通过明确各层责任主体与协作机制,能够有效整合学校、家庭、社区三方信息,形成动态协同的心理健康守护网络。

(1) 对"低风险"层级的学生,提供预防性支持与成长引导

对"低风险"层级的学生,心理干预的重点在于培养其心理韧性。学校通过心理健康教育课程普及情绪管理技巧,并通过心理健康筛查及时发现潜在问题,同时对学生进行个体或团体的心理辅导。还可通

---

[1] 何花,陈志鸿,林泽峰. 小学生心理风险"四位一体"干预体系探索[J]. 当代教育家,2022(3):40-41.

过全学科心理健康教育渗透、同伴互助等方式,将心理健康保护意识融入日常教育。

学校还应加强家校合作,通过家长会、家访等形式,唤醒家长共同关注学生的心理健康状况,使家庭起到辅助作用,激发家庭通过家长学校、信息共享平台等渠道提升亲子沟通能力,营造支持性家庭环境。

社区则通过资源对接和环境营造,为学生提供拓展性心理成长资源。

这种以学校为主导、家庭与社区协同的模式,既保证了干预的系统性,又避免了过度介入,为"低风险"层级的学生构筑起第一道心理危机防线。这种模式不仅有助于提升学生的心理韧性,还能有效预防心理问题的发生,为学生的全面发展奠定坚实基础。

(2)对"中风险"层级的学生,开展个性化辅导与专业干预

这一层级的学生,其心理问题虽尚未达到高风险程度,但已给日常生活与学习造成了明显影响,需要学校与家庭紧密携手,形成强大的干预合力。

学校作为专业教育资源的重要聚集地,应充分发挥自身优势,为学生提供更为专业、系统的心理支持。短期焦点问题解决治疗便是一种行之有效的干预手段。该疗法聚焦学生当下的问题与困境,以积极、正向的视角引导学生寻找解决问题的办法。

家庭需深度参与干预过程。强制性的家庭系统治疗为家庭成员提供共同学习、成长的平台。在工作坊活动中,专业的心理咨询师引导家庭成员认识到彼此之间的互动模式对个体心理的影响,帮助他们学习有效的沟通技巧与情感表达方式,改善家庭互动模式。定期家访也是推动家庭参与干预的重要方式。教师通过家访深入了解学生在家庭中的生活状态与心理表现,与家长共同商讨干预策略,加强家校之间的沟通与协作。

社区专业机构则发挥重要的补充作用。学校与社区专业机构之间应建立完善的转介机制,当学校发现学生的心理问题超出自身处理能力范围时,应及时将学生转介至社区专业机构,确保学生能够获得持续、专业的心理支持。社区也应构建全面的监测网络,对辖区内学生的心理状况

进行动态监测,及时发现心理危机相关情况并采取相应措施。

这种家校权责对等的协作模式,既能充分发挥学校在专业资源上的优势,科学、有效地对心理问题进行干预,又能强化家庭在情感支持中的不可替代性,给予学生温暖、包容的成长环境。各方优势互补、协同发力,帮助"中风险"层级学生顺利渡过心理难关,恢复心理健康。

(3) 对"高风险"层级的学生,采取多部门协作紧急干预措施

面对"高风险"层级的学生复杂且严峻的心理危机状况,单一主体已难以应对,此时须启动多部门联动的危机干预机制,构建全方位、多层次的防护网络。

学校作为危机干预的一线阵地,需立即组建专业的监护小组。该小组由学校领导、心理教师、班主任以及校医等人员组成,各成员分工明确,协同合作。监护小组的首要任务是为学生创造一个安全、稳定的学习与生活环境。同时,学校与精神卫生中心建立快速评估通道,确保医疗系统能够及时介入。一旦发现学生存在严重的心理障碍或精神疾病,学校应立即通过绿色通道将学生转介至精神卫生中心,由专业医生进行全面、细致的评估与诊断,并制订个性化的治疗方案。

社区通过网格化管理,将辖区划分为若干个网格单元,为每个网格配备专门的工作人员,对网格内学生的心理状况进行实时监测与跟踪。一旦发现潜在风险隐患,社区工作人员及时采取措施进行干预。此外,社区还应加强空间管控,对可能存在安全隐患的场所进行排查与整治,为学生创造一个安全、健康的成长环境。

公安系统依托"心理云平台"实现信息互通,打破部门之间的信息壁垒,确保各方能够及时、准确地掌握学生的心理动态与危机情况。同时,公安系统配置专用警力小组,专门负责应对由学生心理危机而引发的突发情况。一旦发生学生自伤、自杀等紧急事件,专用警力小组迅速响应,采取有效措施进行处置,保障学生的生命安全。

这种多部门"防火墙"式的协作,通过责任主体的动态轮转,实现从紧急处置到长效管理的无缝衔接。在危机事件发生时,各部门迅速响应,协

同作战，确保学生得到及时、有效的救助；在危机事件过后，各部门持续关注学生的心理健康恢复情况，开展后续的跟踪与帮扶工作，防止危机事件再次发生，为学生的心理健康与生命安全保驾护航。

二、"一生一档"动态心理发展档案对协同心育体系的持续赋能

"一生一档"动态心理发展档案作为创新且高效的管理工具，不仅能够为学校心理健康教育提供全面、精准的数据支持，助力学校优化资源配置，提升教育质量，还能深度关注学生心理成长轨迹，促进学生全面发展与终身成长。更关键的是，它能打破校家社之间的信息壁垒，完善协同育人机制，为学生的健康成长和未来发展筑牢根基。

（一）助力学校心理健康教育的管理

"一生一档"心理发展档案作为学校进行教育管理的重要工具，能够多方面助力学校更好地开展心理健康教育工作。

学校可以基于档案数据分析对学生施行分级分类教育，对存在心理问题的学生进行动态管理，及时制订并调整干预方案，确保心理干预的有效性和针对性。

有了"一生一档"，教师能更敏锐地捕捉到学生潜在的心理问题。在日常教学中，教师可能会发现，某个原本活泼开朗的学生，其近期的心理发展档案中频繁出现情绪波动大、注意力不集中的记录。凭借这些线索，教师便能顺藤摸瓜，判断学生是否遭遇了人际交往的困扰，或其家庭环境是否发生了重大变化，从而及时伸出援手。而且，这份档案还是评估心理健康干预措施是否有效的"神奇标尺"。当教师实施干预措施后，通过对比数据，就能清晰知晓干预行动是否奏效。若效果不佳，教师也能精准调整干预策略，为学生量身定制更合适的"一生一策"。

"一生一档"在预防心理问题方面发挥着重要作用。通过对学生心理状态的长期跟踪与监测，学校能及时发现学生心理问题的潜在征兆，从而更早发现问题并进行干预。通过对心理档案中的数据进行分析，学校可

以了解不同学生群体的心理健康状况和需求,从而优化教育资源的配置,为构建更加科学、规范的心理健康教育体系奠定基础。

(二) 促进学生全面发展与终身成长

在学生成长过程中,"一生一档"能为学生全面发展与终身成长提供关键的指引与支持,将发挥无可替代的作用。

动态心理发展档案以长期、连续且细致入微的方式,默默记录着学生的心理状态、情绪起伏、应对压力的独特方式,以及接受心理干预后的点滴变化等关键信息。这些看似琐碎却无比珍贵的信息,如同拼图的碎片,逐渐汇聚成一幅专属于每位学生的心理成长轨迹图。

每个学生都有独特的心灵光芒和成长轨迹。动态更新的信息,就像定期给学生做的"心灵体检",学生自身也能更清晰地了解自己的心理状态。"一生一档"心理发展档案包含丰富的多维度信息,将成为精准识别学生心理问题的"心灵导航仪",有助于从根源上解决学生的心理困扰。

(三) 推动校家社协同心育机制完善

"一生一档"动态心理发展档案在推动校家社协同心育机制完善方面发挥着信息共享的桥梁作用。学校可以通过专业的心理测评和日常观察,将学生的心理数据录入档案,并及时反馈给家长和社会相关机构。家长能通过档案了解孩子在学校和家庭中的心理表现差异,从而更好地配合学校开展家庭教育,社会机构也能依据档案信息为学生提供更精准的社会支持和服务。这种信息的多向流通模式,打破了校家社之间的信息壁垒,让三方能够实时把握学生的心理动态,共同商讨育人策略,形成协同育人的强大合力。

基于"一生一档"心理发展档案的信息共享,校家社三方能共同为学生制订个性化的教育方案。学校教师可以根据档案中的相关信息和学生的日常表现来精准识别学生的心理问题,为学生量身定制心理健康辅导课程和活动。家庭可以根据档案中反映出的学生在家庭环境中的心理需求来调整家庭的教育方式,营造温馨和谐的家庭氛围。社会机构则可以结合档案信息,为学生提供符合其心理发展特点的社会实践机会和职业规划指导。

"一生一档"心理发展档案还能为校家社协同心育提供评估和反馈的依据。学校可以根据评估结果来调整教育教学策略,优化心理健康教育课程;家庭可以根据评估结果反思自己的教育方式,改进亲子沟通方法;社会机构可以根据评估结果优化社会服务项目,提高服务质量。同时,学生本人也能及时获知评估结果,了解自己的心理成长情况,增进自我认知,增强自我管理能力。通过这种动态评估和反馈机制,校家社三方能够不断优化协同心育的方式和方法,提高育人效果,形成良性循环。

总之,"一生一档"动态心理发展档案从多渠道、多维度精准抓取学生心理发展相关数据,确保信息丰富且真实。基于对档案信息的科学分析,校家社能有针对性地开展心育工作。档案的动态更新有助于推动多方灵活调整育人措施,有力驱动"教联体"协同心育工作。"一生一档"为"教联体"协同心育提供了统一且全面的信息基础。

【分析与思考】

1. 学校如何进行有效沟通与协作机制的顶层设计,确保各方对信息的理解一致,从而制订真正符合学生需求的个性化心理健康辅导方案?

2. 学生在校表现积极,但家长反馈其在家时情绪低落。面对这种情况,班主任和心理教师如何进行信息的甄别与整合,以准确把握学生真实的心理状态和家庭教育情况?

3. 学校心理教师基于数据分析发现了学生的心理问题,接下来应制订哪些具体的干预措施?如何确保这些措施能切实落地并取得效果?

第七章
教育联合：
校家社协同心育"教联体"的方式互补

本章精讲

2023年发布的《教育部等十三部门关于健全学校家庭社会协同育人机制的意见》文件，在"工作原则"中明确指出："坚持协同共育。明确学校家庭社会协同育人责任，完善工作机制，促进各方发展优势、密切配合、相互支持，切实增强育人合力，共同担负起学生成长成才的重要责任。"这说明协同育人是建立在学校、家庭和社会各自明确育人责任的基础上，再创性地完善工作机制。

本章首先从预防方式、教育方式、干预方式三方面讨论校家社协同心育"教联体"的联结方式。校家社协同心育"教联体"的预防、教育和干预方式，其内在逻辑体现了从"被动应对"到"主动防御"、从"单一主体"到"系统整合"、从"问题处理"到"全人发展"的递进式育人思维。三者以"预防为先、教育为本、干预为盾"为核心逻辑，形成覆盖学生发展全周期的动态支持网络。其次，本章将阐述以学校为主导，通过指导家庭生活和优化社区实践来促进心理健康教育有效性的提升与心理健康生态的改善。

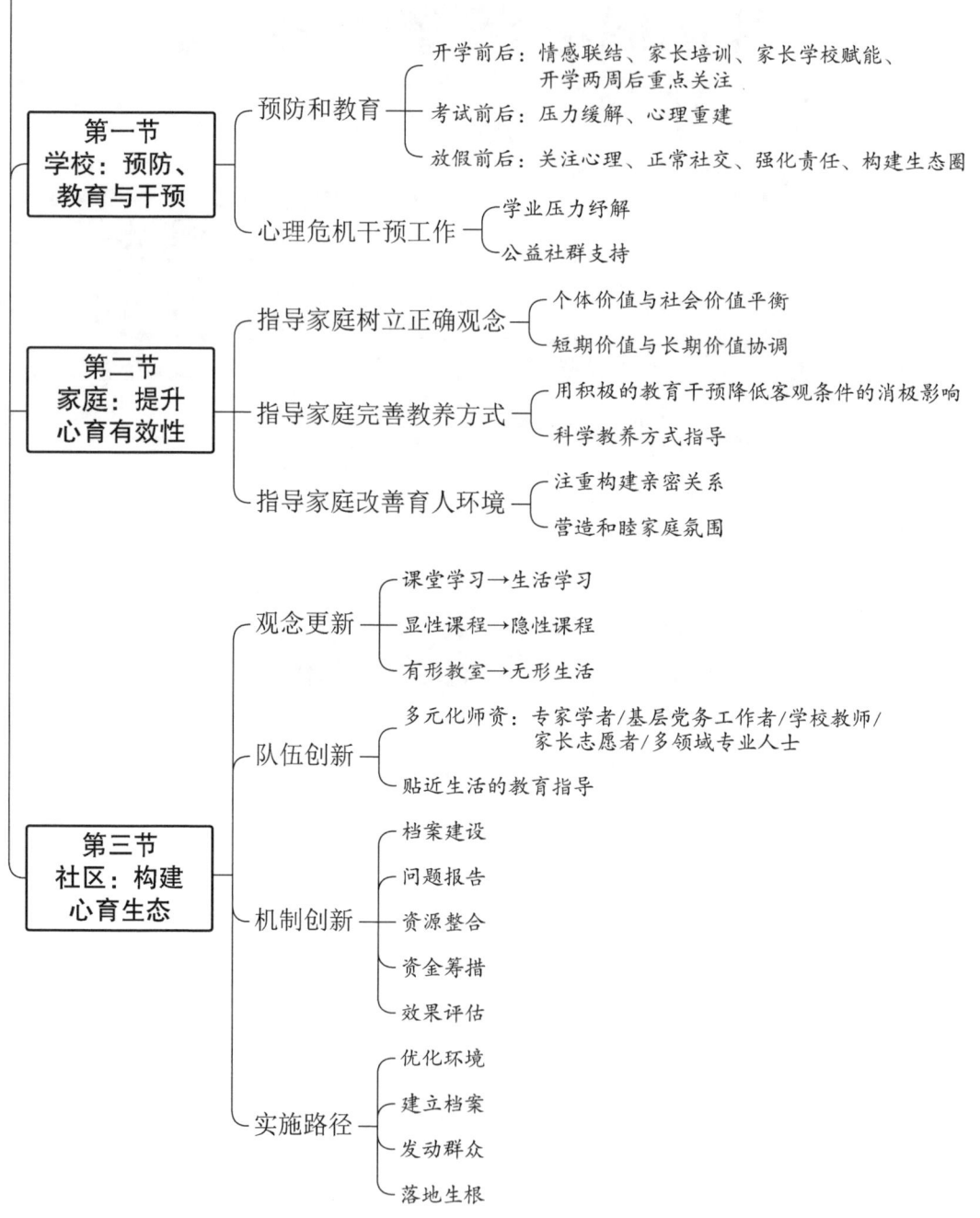

第一节
发挥学校教育的专业性优势，协同做好预防、教育与干预

【案例导入】

阳光中学位于城乡结合部，学生构成复杂（含部分留守儿童及外来务工人员子女）。学校拥有几位有经验的班主任和一位兼职心理教师，但未充分发掘他们的潜力。学校在上级要求下，仓促引入一套"名校心理健康教育方案"，在实施前并未结合自身特点对方案进行调整，因此，在实施过程中出现了一系列问题。

1. 资源错配，"高大上"活动遇冷。学校斥资邀请知名心理专家举办大型讲座，但讲座内容偏重于前沿理论，脱离多数学生实际认知水平和需求。导致问题：投入产出比低，学生普遍反映"听不懂""没意思"。校内兼职心理教师和擅长沟通的班主任未能发挥作用，宝贵经费未能用于更"接地气"的校本活动。

2. 脱离土壤，教育方案"水土不服"。方案内包含大量依赖家庭配合开展的亲子活动，未考虑部分学生家庭结构不完整、监护人文化程度不高或忙于生计的现实。导致问题：活动参与率极低，未完成活动的学生感到挫败与羞耻，反而加剧了部分留守儿童的自卑感。学校未能凭借班主任对学生家庭情况较为了解的优势，设计更可行的家校沟通方式。

3. 形式孤立，"心理健康周"成"空中楼阁"。"心理健康周"期间，活动密集，但缺乏与学科教学、德育活动、日常管理活动的衔接，"心理健康周"一结束，一切如常。导致问题：心理健康教育被孤立为"额外任务"，未能渗透进育人全过程；未利用班主任在班级管理中的核心地位，将心理健康理念融入日常师生互动、班级规则建设，导致活动效果如昙花一现。

4. 忽视支点，教师力量未被激活。兼职心理教师被安排了大量行政事务，无暇接待个体咨询或开展教师培训；班主任未被组织起来参加基础的心理情绪识别技能培训。导致问题：未能使心理教师、班主任、学科教师形成初级的心理支持力量。当一位内向的学生因家庭变故而成绩骤降、情绪低落时，该情况未被及时识别，更没有人介入干预，最终该生在一次考试失利后心理崩溃，离开了学校。

真正的心理健康教育,绝不是对一套课程方案模板的"复制粘贴",而是学校育人优势的创造性转化。唯有立足校本资源,洞察学生实情,将心灵关怀融入教育日常的呼吸之间,才能真正构建起滋养每个生命成长的生态。以上案例反映出形式化心理健康教育的深层危机——当教育失去对自身土壤的忠诚,所有的投入终将是无根之木、无源之水。

校家社协同心育"教联体"预防机制,通过整合教育系统专业资源、家庭情感支持功能和社区实践场域优势,形成覆盖少年儿童成长全场景的心理危机预防网络。少年儿童在身心变化和生活、学习压力的双重作用下,极易遭遇心理健康方面的困扰。我们要对他们的心理健康问题有预见性,做到防患于未然,应通过多层次的干预和系统性的支持,帮助他们形成积极的心理状态,增强适应能力,并尽早识别其潜在的心理危机,形成学校、家庭、社区三位一体的保护机制。

一、学校主导,校家社协同开展心理健康问题预防和教育工作

(一)开学前后,校家社协同开展心理健康问题预防和教育

开学适应问题是大部分学生都会出现的心理反应与变化,尤其是学段变化的新生,普遍表现出开学适应心理问题:在情绪上,表现为焦虑、烦躁、抗拒上学、情绪低落;躯体症状有失眠、头痛、食欲不振、疲倦感加重;行为上有拖延作业、沉迷于电子产品、逃避社交或学习任务等;意志方面,注意力分散,难以进入学习状态,效率低下。

为避免或减少学生的开学适应问题,学校要发挥主导作用,联结多方资源,为学生提供合理有效的预防措施。

1. 建立学生对学校的情感联结

学生对学校的情感联结有助于学生减少开学适应问题,所以,对这一问题的预防最早可从领取录取通知书就开始。学校可以建议家长在报到日陪伴孩子一起到学校报到,还可以安排学校开放日,让家长和学生一起参观学校的教学楼、宿舍、食堂、操场等,学生可借此提前了解今后几年将

要长时间生活的地方。报到活动结束后,学校可以将本校的宣传短片、校史资料、优秀校友小记等发送给学生和家长,提升学生对学校历史的了解和文化认同。提前建立情感联结,会增强学生对学校生活的向往,减少排斥感。

2. 对教师及家长进行培训

在学生分班结束后,班主任应建立本班任课老师的在线通信群,将学生的个人信息告知各位老师,特别提醒老师重点关注特殊学生,并将特殊学生的名单分发给各位老师。

在开学前一周,学校应召开家长会,向家长介绍应对开学适应问题的相关知识,并教给家长帮助学生进行心理调适的方法。

① 调整孩子的作息,规律生活,定时三餐,避免暴饮暴食。按逐步过渡原则,提前一周调整起床和睡觉时间,逐渐接近学校的生活作息时间。重点关注电子产品的使用,避免假期末尾"报复性熬夜"。

② 引导孩子调适心理,缓解开学压力。接纳孩子的各种情绪,并告诉孩子"焦虑是正常的",允许其有一个适应的过程。帮助孩子进行积极暗示,想象校园趣事(如与朋友相聚、喜欢的课程),用积极联想替代消极联想。

③ 进行学业规划,减轻学业负担。可以拆分学习任务,将积压的作业分解成每日小目标,避免开学前突击应付。帮助孩子养成提前预习的习惯,每天花 30 分钟复习或预习,恢复学习"手感"。帮助孩子整理学习环境,如清理书桌,再准备一些文具等,营造学习仪式感。

④ 不要忽视孩子的运动与社交活动。引导孩子适度运动,如每天户外活动 30 分钟,释放压力激素;让孩子保持与同学的联系,提前与朋友聊聊开学计划,减少孤独感。

3. 家长学校赋能预防开学适应问题

为了帮助家长和孩子共同度过一个快乐而有意义的假期,预防学生出现开学适应问题,南京师范大学心理学院校家社协同心育团队为家长和孩子制订了一份"假期好习惯积极心理培育计划表",辅助家长和孩子在假期中共同成长,培养良好的心理品质和生活习惯。

① 假期目标清单。家长和孩子可以共同制订一份"假期目标清单"。目标包括学科作业、兴趣爱好、家庭活动等。制订目标时,建议家长和孩子共同讨论,确保目标既具有挑战性,又能在假期内实现。

② 假期家人协调总表。为确保各项活动顺利进行,可以制订一张"假期家人协调总表"。这张表上,列出每个家庭成员的责任和任务,明确分工,增强家庭成员之间的沟通与合作,让家中的每个人都能在假期中找到自己的角色与价值。

③ 假期生活学习日计划表。制订一份"假期生活学习日计划表",将每天的活动安排得井井有条。可以将一天划分为学习时间、娱乐时间和家庭活动时间。这样的安排,不仅能帮助孩子养成良好的作息习惯,还能增进家庭成员之间的亲密关系。

④ 及时总结改进。每周总结是检验目标达成情况的重要环节,家长应和孩子一起回顾一周的计划执行情况,讨论哪些目标达成了,哪些做法需要改进。这样的总结不仅能帮助孩子认识到自己的进步,还能增强他们的自信心和责任感。同时,家长也可以通过总结了解孩子的心理状态,及时给予支持与鼓励。

4. 开学后两周重点关注

高一新生入学后,一般都要参加军训,不少学校会面向小学一年级和初一新生组织各具特色的入学适应活动。这些是引导学生适应新阶段身份变化、环境变化的有效措施,学生可以在体育训练和丰富的活动中,逐渐回到正常的学习生活轨道。

开学时,班主任要给学生创造仪式感,如在校园设置指引牌、签名墙,在黑板上写上欢迎语,在课桌上准备好新文具、小礼物,增强学生的期待感。同时,树立良好的班风,创建负责任的班委团队,都有助于学生适应新环境,有助于培养其对班集体的归属感。

开学两周内,老师至少要与自己负责指导的学生进行一两次谈话,了解学生的心理动态;班主任要不定期向班委成员和心理健康委员了解学生的学习和生活情况。班主任还要提醒各学科教师避免在开学初就进行学业测试,防止给学生带来过大的压力。

开学两周后,班主任还要配合心理教师对全体学生进行一次心理筛查,了解学生是否平稳度过开学适应期。如果发现适应情况不太好的学生,班主任要重点关注,主动找学生谈心,并将情况告知其家长。如果发现有学生出现以下情况,应建议其寻求心理咨询或医疗支持:情绪持续低落超过2周,伴有哭泣、自我否定的情况;出现严重失眠或躯体化症状(如频繁胃痛、心悸);完全拒绝上学;社交封闭等。

开学适应问题是大多数学生在开学前后身心方面的正常反应,通过主动调适,多数学生的心理问题可得到缓解。解决问题的关键是多方协同,通过"小步快走"的方式帮助学生逐步回归正轨,而非追求瞬间改变。教师和家长都要记住"慢即是快",应允许学生有一个过渡期。

(二)考试前后,校家社协同开展心理健康问题预防和教育

学生考试前后压力预防的必要性体现在多个层面,不仅关乎学生的心理健康与学业发展,更涉及家庭和谐、教育公平及社会长远效益。

1. 考前压力缓解

学校要根据不同学生的学业状况,有针对性地减轻学业与竞争压力,教学安排应科学合理,避免布置超负荷作业,提倡形成性评价而非结果性考核。要对学生进行多元化培养,组织艺术活动、体育活动以及其他社团活动,为学生提供成就感来源,避免"唯成绩论"。

(1)学科教师在考前帮助学生科学规划复习任务

① 拆解目标。将考纲拆解为每日可完成的"微任务"(如每天掌握2个知识点、弄明白10道之前做错的题),用清单打卡等方式增强对学习的掌控感。

② 交替学习法。文理科目交叉复习(如复习数学1小时后就复习历史),减轻大脑疲劳,提升记忆效率。

③ 模拟考试训练。每周在固定时间模拟真实考场(如限时完成答题

任务、禁止使用任何电子设备),使学生缓解对陌生环境的焦虑。

(2) 心理教师在考前帮助学生进行认知重构

① 改变偏差认知。让学生明白,适度压力(心率轻度加快、专注力提升)实为助力,只有当压力指标持续超标(引发失眠、心悸、注意力涣散等)时才需干预;向学生介绍"耶克斯—多德森定律",同时,让学生明白,考试检验的不仅是知识储备,而且是心理韧性。

② 阻断灾难化思维。当学生冒出"考砸了就全完了"的念头时,用数据来纠正(如"去年60%考生认为没考好,但80%最终被理想学校录取")。

③ 培养成长型思维。引导学生将考试目标由"我必须考第一"转变为"这次考试是检测薄弱点的机会"。

④ 学习缓解压力的方法。如"4—7—8呼吸法"(吸气4秒—屏息7秒—呼气8秒,重复3次,快速降低心率)和感官接地技术(紧张时观察周围的5种颜色、触摸4种材质的物品、倾听3种声音,将注意力拉回当下)等。

(3) 家长在考前帮助孩子做好生理和心理准备

① 调整睡眠周期。考前两周开始固定作息,利用"90分钟睡眠周期"理论,把握适合孩子的入睡及起床时间,避免考试当天昏昏沉沉。也可以按部就班,根据现有的作息安排来生活,不要刻意引发作息的重大变化。

② 优化饮食。增加ω-3不饱和脂肪酸(如深海鱼、核桃)和复合碳水化合物(如燕麦、糙米)的摄入,减少升糖指数高的食物(如甜饮料)。如果掌握不好,也可以不要太复杂,按照平时的饮食习惯来搭配即可。

③ 营造心理氛围。家长不要刻意向孩子传递简单的因果关系,如"睡不好就考不好"等;此外,家长如果觉得一定要为孩子做点什么才感到安心,可以直接和孩子沟通,以他们的需求为准,不要自以为是地强求孩子接受父母的"好意"。

2. 考后心理重建

(1) 考后的心理重建

① 情绪释放阶段。允许学生在考试结束后进行仪式化的宣泄,如把

复习资料封箱、撕草稿纸等,象征一个阶段的结束。在 48 小时内进行"情绪隔离",避免立即对答案或讨论考题,给大脑以缓冲时间。

② 理性复盘阶段。可利用"三维度分析法",从知识漏洞(哪些题真不会)、临场发挥情况(时间分配是否合理)、心理状态(是否因过分紧张而影响判断)三个维度总结,避免笼统的简单的归因,如"我不会"等。

③ 未来规划阶段。进行弹性方案设计,无论结果如何,提前制订"ABC 计划"(如 A 计划冲刺名校、B 计划稳妥选择、C 计划间隔年提升),避免过度执着于单一路径。

班主任要提醒学科教师不要刻意强调成绩排名,避免人为地给学生造成压力。家长也不要频繁地将自己的孩子和别人家的孩子进行比较,那样会打击孩子的自信心,不合理的期望会让孩子自我否定;孩子考试失利时避免指责,要优先安抚孩子的情绪。

(2) 校家社协同促进考后正确归因

心理教师和班主任要引导学生以及家长对考试结果进行正确归因,由此促进学生的可持续发展。

【案例分享】

2025 年 4 月 25 日下午,在昆山市委宣传部文明办和南京师范大学心理学院联合建设的昆山市陆家中心小学校"校家社协同心育基地",全体家长线上线下聆听了南京师范大学心理学院殷飞老师带来的主题讲座"考试后,如何正确归因促发展?"。

26 日上午,同主题的亲子活动课程在昆山市陆家镇泗桥社区落地。通过投壶挑战、认知互动游戏、学习问题归因和家庭学习计划制订等环节,引导家长与孩子科学进行学业归因,提升亲子沟通能力,促进家校合作。

现场充满欢声笑语,在寓教于乐的活动中,亲子双方都得到启发,收获成长。活动尾声,参与家庭都领取了"家庭学习计划表""入户自导课程单",承诺在日常学习中践行定期复盘、积极归因、不断学习等策略。许多家长表示:"这样的活动既轻松又有意义,期待社区未来推出更多元化的亲子心理活动课程。"

考试是每个学生在求学过程中一定会经历的"高压力事件",也是培养学生抗挫折、时间管理、情绪调节等核心能力的契机,对考试压力的预防是应对未来挑战的预演,有效的压力预防实则为"社会生存模拟训练"。

(三)放假前后,校家社协同开展心理健康问题预防和教育

假期是安全事故高发期,放假前后开展安全教育和心理健康教育至关重要,其必要性主要体现在以下几个方面:一是环境变化。学生脱离了校园规律的生活与学习环境,可能面临交通出行、陌生场所、独自居家等新场景,风险隐患增多,需要具备较强的环境适应能力。二是行为放松。在假期,学生容易因兴奋或懈怠而忽视安全规则,如野泳、违规用电、熬夜娱乐等,需强化风险意识。三是季节因素。假期往往伴随着季节性风险(如寒假易发生火灾、暑假易遭遇台风等),需针对性地进行预警,增强学生应对突发事件的意识。

1. 班主任在进行安全教育时要重点关注学生的心理健康状况

班主任可通过视频、文章等案例警示让学生获得直观感受。既要引导学生学习应对安全事件的技能,如正确应对陌生人的搭讪,把握异性相处的尺度,若遭遇安全事故怎样科学疏解心理压力等,以增强学生的自我掌控感;又要引导学生加强应对挫折的心理韧性,如果遭遇身体及心理上的伤害,要及时、机智地寻求帮助,合理调节压力,预防发生极端行为。

2. 家长在假期要维护孩子正常的社交环境

城市少年儿童在假期往往减少了和社会上的他人接触的机会,如果不走出家门,他们可能一整天也接触不到外界生活,而是一味沉浸在网络世界里;留守儿童则往往与电视为伴。在假期,家长要积极带孩子突破封闭的环境,多带他们进入社会真实场域,帮助孩子开阔视野,提升其社会交往能力。

3. 学校主导,强化家庭的安全教育与危机预防责任意识

班主任可以通过家长会传达信息,也可以向家长发放纸质的或电子版的"安全告知书",并收取回执。重点指导家长在假期里如何将家庭能

量和资源转移到守护孩子安全和心理健康平稳发展等方面,增强家庭的安全防护意识和健康生活意识。此外,班主任要提醒家长在假期中保持通信设备通畅,要能让学校及时联系到,以防特殊紧急事件发生。

4. 学校与社会各种资源联动,共同构建未成年人心理健康生态圈

社区必须为放假前后的安全防护工作提供支持。社区可组织安全讲座、情景模拟演练等,以增强居民在假期中的安全意识;也可以结合居民家庭的结构特点,组织社区里的少年儿童参加志愿者服务活动、假期实践活动等,增加少年儿童的社交机会。社会媒体要利用短视频、公益广告等形式扩大安全教育覆盖面,可通过线上答题、抽奖等方式提高居民对安全教育活动的参与度,引导少年儿童在学习假期安全知识的同时发现新媒体的更多功能,改变对电子产品的单纯依赖,增强探索新事物和新技术的好奇心,产生为自己和社会服务的驱动力。公共管理部门及文旅部门可以为少年儿童提供更多社会实践机会和旅游观光优待条件,培养少年儿童的自我认同感和社会归属感。

二、学校主导,校家社协同开展心理危机干预工作

当学生情绪低落、厌学,甚至出现问题行为时,学校教师应该怎样为学生的心理健康修复提供帮助?

(一)学业压力需多方共同纾解

【案例导入】

小雨是重点中学初二年级的"学霸",可最近的一次数学考试她考砸了,开始晚上睡不着觉、反复洗手,甚至连家门都不愿意出。爸妈觉得她"心理素质不行",一个劲儿催她"再拼一把";班主任心疼学生,提议"要不休学吧"。最后去医院一查,医生说小雨患了焦虑症,建议"减少学习负荷"。家长、老师和医生的话各不相同,却没人关心小雨自己到底是怎么想的。

上述案例中的问题在哪儿?问题在于几方干预力量没有形成合力。首先,家长和老师的态度截然不同。爸妈坚持"高标准、严要求",念

叨着"现在不逼她,将来怎么和别人竞争";学校却担心孩子身体扛不住,主张"健康比成绩重要"。两边的目标完全冲突,小雨夹在中间,既无法完全满足家庭的期待,也无法完全接受学校的建议,导致焦虑加剧。其次,医生的话似乎是"空头支票"。医生建议"减少学习负荷",但关于具体每天学多久、如何调整,没有明确方案。这种模糊的建议,实际上加剧了系统的混乱。更关键的是,小雨成了"隐形人"。大人们各执一词,没人问她"你自己想怎么安排学习和休息",她的需求完全被忽略。

如何破解僵局?关键是让家庭、学校、医生从"各干各的"变成"协同联合"。

第一步,放下对立。家长和老师不能互相指责,而应一起探讨:"咱们怎么帮小雨既养好身体,又不落下学习?"比如,作业量减半,允许她弹性到校,或者安排同学帮忙补课。把"你VS我"变成"咱们一起",事情就会有转机。

第二步,沟通方案。医生和学校把专业建议"翻译落地"。心理医生不再笼统地说"少学点",而是和孩子协商出一份学习方案,比如:每天学习2小时必须休息20分钟,睡前做10分钟正念冥想。班主任和校医定期关注小雨的恢复情况,给家长发提示信息,如:"小雨今天按计划做了没?效果如何?"这样一来,抽象的建议就变得具体可行。

第三步,主体卷入。倾听小雨的声音。父母主动问她:"你觉得每天学多久合适?哪科需要多花时间?"小雨反馈说:"中午想睡半小时。"父母和老师一商量,立马确定:"午休时间给你空出来。"就这么一个小改动,小雨的抵触情绪就可能少了一大半,因为她终于感觉到自己被尊重了。

(二) 公益社群的"微光"照亮

【案例导入】

老张的儿子小凯17岁,确诊精神分裂症已有3年。为了全天候照顾儿子,老张夫妻辞去了工作,每月高昂的药费和住院费压得全家喘不过气。更让他们感觉煎熬的是心理上的孤立无援——亲戚避之不及,邻居在背后指指点点,精神科医生只会机械地叮嘱"按时吃药"。一天深夜,老张崩溃地对妻子说:"咱俩这辈子是不是完了?"

转机出现在一次社区义诊中。一家社会公益组织主动联系了老张,为他们提供了三方面的支持,彻底改变了这个家庭的命运。

1. 社区里的"喘息服务",让照护者能喘口气。公益组织每周安排2次、每次2小时的"替岗志愿者"上门服务,由受过专业培训的志愿者陪小凯画画、散步,甚至只是安静地听他说话。这2小时里,老张夫妻终于能出门买菜、看病,甚至看一场久违的电影。此外,公益组织还在社区活动室设置了临时托管点,配有专业护工,小凯情绪不稳时,可紧急托管4小时。"以前只能硬扛,现在有了退路。"老张妻子说。

2. 从"治病"到"治家",心理社会干预全覆盖。每月一次的家庭工作坊活动中,心理咨询师手把手教家属如何与病人沟通,比如,把"你疯了"换成"你现在很难受吗",用共情代替指责。社区工作人员帮老张家申请了低保,对接免费药等资源,减轻经济压力。更让老张意外的是"科普行动":公益组织在小区播放视频,用通俗语言解释"精神分裂症不是中邪",还邀请康复患者分享经历。渐渐地,邻里间的议论声少了,有人主动帮老张家取快递,甚至悄悄往他家门口放水果。

3. 搭建"病友家庭联盟","你不是一个人在战斗"。老张被邀请进一个微信群,群里是几十个同样处于挣扎中的家庭。深夜失眠时,大家互相发一句"挺住";有人发现副作用小的新药进了医保目录,立刻截图分享到群里;去年冬天,群友自发组织"围炉茶话会",小凯第一次主动说:"爸,我想去认识那个戴眼镜的哥哥。"

两年过去了,小凯虽未痊愈,但发作频率从每周3次降到每月1—2次。

当医疗走向社区、关怀渗入家庭、善意联结社会,精神健康照护才能真正织成一张温柔而坚韧的网,兜住那些摇摇欲坠的人生。

在对少年儿童的严重心理问题进行干预的过程中,因为逐渐脱离了学校的场景,更多地走进医院、家庭场景,家长起到的作用越来越显著,而学校则更多地承担起辅助教育的功能,包括介绍就医渠道、提供校内咨询、进行复学指导等。总体而言,学校可以从以下几方面给予家长一些帮助和指导。

首先,学校应引导家长明确一个问题:家长在家校医社合作中扮演什么角色？是监督者、管理者，还是支持者？

其实，家校医社协同的第一要诀，是家长要通过共情让孩子感受到自己对他的关心。例如，当孩子哭诉"我就是废物"时，家长先别急着反驳，而是与孩子共情。学校老师记录的"课堂走神"、医生提到的"注意力涣散""社交退缩"，其实都在传递同一个情绪信号。家长此时的共情不是简单安慰，而是整合多方信息，跟孩子交流："听起来你最近被好多事情压得喘不过气，我们一起来解决这个问题好不好？"这种回应既能让孩子感到被"看见"，也能让老师和医生看到家长的行为与他们同频。

其次，学校教师应建议家长学会把孩子和问题分开，这是关键点。

孩子的问题是问题，但孩子本身不是问题。当医生诊断出孩子的焦虑问题，家长切忌把"疾病"标签"贴"在孩子身上，而是要坚定地告诉孩子："你不是问题，问题才是问题；我们是战友，我们一起面对问题。"这种思维不仅能保护孩子的自尊，也能为多方协作提供共同的话语体系。

最后，学校应建议家长邀请孩子参与诊疗决策。

家长往往会觉得"我是大人，我比你懂"，于是代替孩子做决定。但这样做的结果是，孩子觉得自己没有发言权，甚至会抗拒家长的安排。如果家长请孩子参与诊疗决策，孩子会觉得自己被尊重了，才会更愿意配合。这种赋权式对话，不仅提升了孩子的依从性，也让老师和医生看到家长的尊重姿态。

综上，少年儿童的心理健康需要家庭、学校、医疗机构和社会共同守护，只有多方形成合力，才能真正为他们创造一个健康、和谐的成长环境。

第二节
发挥家庭教育的生活化优势，
提升心理健康教育的有效性[①]

【案例导入】

明心中学高度重视学生心理健康。学校配备了专职心理教师，开设了系统的心理健康课程，并建立了心理咨询室。然而，学校发现，许多在校内表现积极、掌握心理健康维护技能的学生，回到家中却会出现情绪波动大、心理问题恶化现象，教育效果难以巩固。经专业分析后，学校管理者发现，问题的根源在于：学校未能有效撬动家庭教育的协同力量，心理健康教育在家庭环节遭遇"断点"。

初二学生晓雯是校园里的"阳光榜样"，她在校积极参与心理课活动，掌握了"情绪日记"、放松等心理调适技巧，在团体辅导中表现活跃，被老师视为心理健康教育的"成功案例"，心理测评也显示她在校内环境中焦虑水平处于正常范围。然而，她却是家庭中的"隐形崩溃者"。因晓雯父母信奉"严苛教育"，对晓雯的要求极高，频繁贬低她（如"考99分，为什么丢1分？"），禁止其表达负面情绪（"哭什么哭？没出息！"）。晓雯在家不敢使用在学校学的情绪调节方法（怕被嘲笑"做作"）。长期的压抑导致晓雯失眠，她还产生了暴食倾向。她向学校心理教师求助的信件被母亲发现，母亲斥责她"给家里丢脸"，并禁止其再去心理咨询室。

学校心理教师察觉晓雯的状态，尝试约谈其父母，可晓雯父母却敷衍了事，拒绝深入沟通。学校的"亲子沟通技巧"线上课程晓雯父母从未看过，"家庭情绪树洞"活动（鼓励家庭成员匿名表达感受）在晓雯家也从未开展。

晓雯陷入"家校分裂"的痛苦，对自我价值产生怀疑（"我到底该听谁的？"），求助意愿降低（"说了也没用"），心理问题慢性化、复杂化风险增加。最终，因持续压力诱发中度抑郁和焦虑障碍，晓雯不得不休学治疗。学校投入的专业力量收效甚微，教师也产生强烈的挫败感与无力感，心理健康教育的公信力受损。而晓雯与父母的关系持续恶化，家庭冲突升级，她的父母错过了改善教育方式、修复亲子关系的机会。

[①] 殷飞.将家庭纳入学校心理健康教育系统[J].江苏教育·心理健康,2017(02):7-10.

一、学校应指导家庭树立正确的教育价值观念

家庭和学校对少年儿童的培养目标看起来是相同的,都是"为了孩子好",但是这样的目标追求是显性层次的,问题在于将"好"作为价值追求是模糊的、不确切的。作为公共教育机构的学校和作为个性化成长环境的家庭,在"什么是对孩子好"的问题上可能存在极大的差异,甚至还会出现对立与冲突。

学校与家庭在教育价值追求上的差异,在不同领域不同程度地存在着。在学校心理健康教育的过程中,应考虑到家庭教育目标对学生心理健康的影响,应对家庭教育进行干预和指导,完善家庭教育观念,争取家庭的教育合力。

1. 引导家长平衡好心理健康教育的个体价值与社会价值

家庭常常只盯着自己孩子的成长而不顾其他,"只要把自己的孩子管好,其他孩子我们管不了"。殊不知,孩子的心理是关系的产物,是现实生活中对人与人关系的认知,以及与人交往中的真实关系的体验。从微观社会来看,每个家庭的孩子都在别人家孩子成长的环境中,而每个别人家的孩子又都在自己孩子的成长环境中。没有别人家孩子的健康成长,自己的孩子不可能独善其身。

在这样的认知下,我们在心理健康教育中,应引导孩子不仅要追求个体价值,如正确认识自我、自觉控制自己、正确对待外界影响等,而且要努力形成良好的人际关系,拥有爱人和被爱的能力。因为少年儿童的心理健康不仅关系到其自身的幸福,还关乎社会的健康发展。父母要提升境界,不仅为孩子而教育孩子、为家庭而教育孩子,更是"为国教子"。

2. 引导家长平衡好心理健康教育的短期价值与长期价值

短期价值通常是功利性价值,而长期价值通常是奠基性价值,我们应追求长期价值,心理健康教育的价值追求也不例外。

家长因为缺少心理健康专业知识,通常只是在孩子出现了状况,如学业水平下降、迷恋电子产品、逃学等,才会去找老师沟通孩子的心理状态,

希望得到老师的帮助。这是成人"以问题为导向"思维方式的典型表现。但是学校心理健康教育不能停留在"问题导向"上。

出现心理问题便解决心理问题,将心理问题作为心理咨询与辅导的焦点,大家对此是没有异议的。但是学校心理健康教育必须基于教育的前瞻性和基础性来考虑,要促进学生发展。发展性心理健康教育的目的是对学生潜能的开发、人格的完善及心理素质的提高[①]。

目前,基础教育阶段学生的心理问题绝大部分是发展方面的问题。尽管我国中小学心理健康教育在理论和实践方面都取得了许多令人欣喜的成绩,但中小学心理健康教育的整体状况不容乐观。如,有些学者指出,我国学校心理健康教育存在着形式化、个别化、医学化、课程化、德育化、学科化、片面化、孤立化等倾向,有意无意地忽视了心理健康教育促进学生发展的功能,在很大程度上背离了中小学心理健康教育的本质,贬低了中小学心理健康教育的价值,影响了中小学心理健康教育的实效[②]。学校需要从"治未病"的角度出发,积极安排心理健康教育课程与活动,积极引导家长参与学生心理健康教育活动,了解学生下一阶段心理发展的规律,了解家庭教育方式对学生心理健康的影响,了解如何营造良好的家庭环境与氛围。即,引导家长参与到学校带有根本奠基性的、对学生发展具有长期价值的心理健康教育活动中来。

二、学校应指导家庭完善教养方式

教育的本质是互动,教育主体在互动中获得经验、提升能力、感受情绪,塑造健全的心理结构。家庭的主客观因素均会对学生的心理健康水平及行为发展产生影响,家庭因素在学生的心理健康教育中不容忽视。客观的因素有家庭结构、家庭经济条件、父母的职业等,主观的因素有父母对孩子的态度、父母的心理健康状况、亲子关系和父母的教养方式等。

[①] 任其平.论中小学发展性心理健康教育模式的建构[J].中国教育学刊,2006(9):13.
[②] 任其平.论中小学发展性心理健康教育模式的建构[J].中国教育学刊,2006(9):13.

研究表明,家长对孩子的态度对其心理健康影响最大,其次是家庭经济条件、父母之间的关系;孩子的心理健康水平与父母的教养方式也密切相关。

对所有家庭来说,父母的教养方式对孩子的心理发展都将产生影响,父母的教育态度、管教方式和父母关系是引发儿童行为问题的主要危险因素。父母教育态度的好坏、管教方式是否一致、父母关系及亲子关系是否融洽、父母对子女学业期望的高低等几项因素对少年儿童行为问题产生的影响范围大且程度深。这些说明,父母与孩子情感交流的多寡、对其关怀及期望的程度,对孩子心理行为发育的影响非常大[①]。

因此,学校心理健康教育需要着重对不同经济条件、结构以及社会阶层的家庭进行教育指导,提升家庭教育的科学性,以避免因为家庭教养方式不当而造成少年儿童心理行为的失衡与偏差。

家庭在经济条件、家庭结构上存在的差异,与儿童发展水平的高低之间有较密切的关系,教育则要在现有客观条件下,通过积极干预,让外在条件的差异对少年儿童的消极影响降到最低,并通过调动人的能动性来改变家庭的教养方式,尽量消除家庭经济与结构方面的不利条件,促进少年儿童健康发展,提升教育的有效性。学校与家庭整合资源、相互促进、协调发展,共同为少年儿童营造良好的成长环境,这是亟待解决的问题。[②]

家庭经济条件相对薄弱的家庭,父母忙于生计,往往缺少对孩子绝对时间的陪伴,学校心理健康教育应引导这类家长通过现代化通信工具保持与孩子的沟通,消除因陪伴时间不足而造成的对孩子的疏忽、形成的亲子隔阂;同时,应该指导这些家长提升陪伴孩子的质量,用正确的方式关心孩子的成长,避免成为孩子"最熟悉的陌生人"。

离异家庭的结构不完整,很多单亲家长因此产生焦虑,对孩子的成长

---

① 张迪,白春玉,刘番,周芳. 儿童行为问题与家庭环境的相关分析[J]. 中国学校卫生,2004(6):672.
② 胡芳,马迎华,胡利明,邓新龙,梅金凤. 初中生主观幸福感与家庭功能的关系[J]. 北京大学学报(医学版),2010(3):329.

指导缺乏信心,也有的家长完全无视家庭结构对孩子的影响。学校对这类家庭也应该开展有针对性的家庭教育指导。首先,引导孩子的直接抚养人走出对单亲家庭教养方式的认知误区,让他们重拾教育信心;其次,科学、客观地向抚养人传播父母离异对孩子的心理可能造成的影响,引导其敏锐、及时地发现孩子遇到的成长困境,给予孩子适当的帮助;同时,还要给抚养人一定的方法指导,例如,如何与孩子讨论父母的婚姻问题,如何与非抚养一方建立恰当的关系,如何给孩子恰当的爱,等等。

三、学校应指导家庭改善育人环境

家庭环境是少年儿童发展的基础环境,也是对少年儿童心理发展影响深刻的环境,是影响其发育的第一微观生态环境。在不同类型家庭环境下成长的少年儿童,其个性会有很大的差异。家庭环境包括物理环境和文化环境。这里我们主要讨论文化环境。家庭文化环境包括情感环境与人际关系环境,如父母之间的关系、父母与孩子之间情感的表达方式与亲密程度等。

1. 引导家长重视成员间积极的亲密关系

很多家长认为父母之间的关系是成人的事情,常用"大人说话小孩子别插嘴"等话语将孩子排斥在一些家庭事件之外。其实,家人之间的亲密关系就是少年儿童发展的心理环境,少年儿童长期沉浸在不同的家庭环境中,其情绪状态和个性特征会有所区别。

研究者对小学生家庭环境与个性发展之间的关系开展研究后,得出结论:成员亲密程度低、冲突频率高的家庭中的儿童,往往比较焦虑,情绪不稳定,对各种刺激的反应过于强烈,且很难平复。在成员亲密度高的家庭中,孩子乐观、合群、自信,这是因为,这样的家庭不仅能在学习、交往等方面为孩子提供一些具体的指导和帮助,而且能给予他们温暖的情感交流,形成了良好的亲子关系[①]。

[①] 陈莉,付春江,李文虎.小学生家庭环境、个性与社交焦虑的相关研究[J].中国学校卫生,2005(9):731.

研究者也对高中生的家庭环境和心理健康情况作了研究,发现:家庭环境的积极特征与学生各种不良心理倾向呈显著负相关。从高中生的家庭环境情况可以直接预测高中生的心理健康水平,家庭环境与心理健康水平之间存在一种必然的因果关系。

综上,学校应建议家长注意营造亲密、温暖的家庭氛围,提高家庭氛围中的知识性和娱乐性,帮助子女以积极的方式释放不良情绪,发挥家庭的心理组织功能,为容易困惑的青少年提供心理疗养的港湾[①]。

2. 鼓励家长经营和睦的家庭氛围

家庭氛围是由家庭所有参与者的交往方式形成的,家庭中的关系有纵向的亲子关系,以及横向的夫妻关系与兄弟姊妹之间的关系。对于一个家庭来说,夫妻关系是首要的关系,其他关系都是建立在夫妻关系之上的,因此,夫妻关系(有了孩子之后是父母关系)决定了家庭氛围的基调。

研究表明,父母关系和睦的家庭,孩子行为问题发生率明显低于那些父母关系不融洽、夫妻经常陷于彼此的感情纠葛而无暇照顾和关心孩子、气氛紧张的家庭[②]。

家庭环境与氛围对孩子的发展而言具有一定的私密性。学校作为公共教育机构,需要采取合理的方式对学生家长开展相关指导,推动家庭完善家庭环境,如引导家长重视家庭和睦关系对儿童身心发展的影响,使家长增强"环境育人"的意识;同时,指导家长学习和睦家庭氛围的营造策略,为学校心理健康教育效益的延续铺垫好家庭氛围基础。

综上,少年儿童的心理发展是整体的、系统的,学校心理健康教育的观念、方式、过程也应该重视系统性设计,特别是要做好家庭教育指导,完善家校合作,为提升心理健康教育的有效性做好环境保障。

[①] 张海芳,陈青萍.高中生家庭环境与心理健康关系[J].中国公共卫生,2007(11):1340.
[②] 王磊,李佳.哈尔滨市408名学习困难儿童智力水平、智力构成及影响因素分析[J].中华儿童保健杂志,1994,2(3):134.

第三节
发挥社区教育的实践性优势，协同构建学生心理健康发展生态[①]

【案例导入】

临河镇中学地处偏远乡镇，留守儿童占比超60%。学校心理教师王老师发现初二学生小海持续两周逃课、手臂上有不明伤痕。经评估，小海存在自伤行为及抑郁倾向。学校迅速启动干预，却因社区支持系统空白而陷入困境。

1. 资源转介无门。王老师根据小海的情况判断他需专业医疗介入，但镇上医院无精神科门诊，到最近的三甲医院需转3趟车，耗时4小时。困境：家长以"农忙、路费贵"等理由拒绝带小海就医，学校无权采取强制措施，社区也没有协助转诊的社工或志愿者。

2. 危机监护真空。小海父母常年在外打工，仅奶奶（患慢性病，无力管教）监护小海。某夜，小海醉酒后爬上废弃水塔，被路人救下。困境：学校在夜间无权介入对小海的行为干预，多次联系家属未果；社区无24小时危机干预热线，派出所仅作简单训诫；小海父母隔日打电话斥责小海"丢人"后便失联。

3. 康复环境恶化。小海被贴上"精神病"标签，村民禁止孩子与他接触。便利店老板当他的面锁上农药柜，并说："这样做是怕你想不开！"困境：学校努力消除小海的病耻感，但社区的歧视使小海拒绝返校，退行至终日闭门不出。

没有社区托底的心理干预，恰似在漏水的船上抢救伤员，纵使全力舀水，终难抵御巨浪。只有当社区成为承接伤痛的柔软大地而非吞噬希望的沉默黑洞，每一颗年轻的心灵才可能真正获救。

[①] 本节内容来自沈梅和殷飞撰写的《把社区家长学校的阵地建在百姓的身边和心中》及《创新生活化可持续的家庭教育工作模式》两篇文章，文章均是对江苏省妇联推动下的2021年江苏省政府民生实事项目"建设600个家庭教育指导服务示范社区"的阶段性总结。

为开展心理教育的社区实践，优化学生心理健康教育生态，江苏省妇联实施了"三全"社区家庭教育支持行动。2021年1月，在江苏省十三届人大四次会议上发布的政府工作报告中，以"三全"为核心内涵的"建设600个家庭教育指导服务示范社区"被正式纳入省政府民生实事项目。在政策支持下，江苏省各设区市及县（市、区）妇联结合"学党史、悟思想、办实事、开新局"的目标任务，统筹部署谋划，强化分类指导，筛选、申报了639个村（社区），作为"三全"社区家庭教育支持行动的实施点。

一、观念更新：从学校课堂学习模式到社区生活支持模式

（一）从传统课堂学习到鲜活生活学习

提到家长学校，人们自然会想到一群家长坐在教室内，听老师讲家庭教育方面的知识。这是典型的课堂学习模式，是幼儿园与中小学开展家庭教育指导的主要方式。但是，在社区开展家庭教育指导的过程中，这样的模式常常遇到"尴尬"：社区妇联辛辛苦苦组织专家前来授课，但在各种动员下前来听课的家长仍寥寥无几。

我们常将这样的现象归结为家长学习动力不足、教育意识不强。其实不然，这和家长对社区、学校的心理定位不同有关。家长普遍认为，学校是学习的场所，家长到学校参加家长学校的学习就和孩子上学一般顺理成章，且因为孩子在校读书，于是家长对学校组织的活动配合度更高。而社区是日常生活的场所，社区活动更多具有服务性，家长参与社区活动带有更强的自主性。再加上长期以来社区家庭教育指导工作或多或少存在形式主义，导致家长对社区家长学校没有形成专业期待，而更多地将参与社区活动看成是自己协助社区完成行政任务的配合行为。

基于上述主客观原因，社区家长学校的工作重心是要将传统的课堂学习转变为日常的生活学习，即利用日常生活的各个时间节点，通过社区活动，将家庭教育指导融入百姓生活。

江苏省妇联组织开展的"节日节气纪念日版家庭生活教育微课堂"活

动,就是基于家长们关注节日的心理,挖掘节日中的家庭教育资源,通过微课堂、社区亲子活动等,对一年的重要节日进行研究,设计系统的家庭生活教育课程,让家庭在庆祝节日的过程中,将夫妻融洽、尊老爱幼、爱国敬业、诚信友善、爱惜粮食等观念、知识和家教方法融入日常生活中,让家长在潜移默化中得到指导与启发。

(二)从显性知识课程到隐性生活课程

为了提升社区家庭教育指导的公信力,提升社区妇联在老百姓心目中的家庭建设与家庭教育指导专业形象,社区家长学校还需要创新课程呈现方式。显性的课程具有一定的强制性,在社区家长学校还未在广大家长心中扎根的情况下,显性课程的影响力、号召力和吸引力均不足。为此,社区家长学校需要大力开发各种隐性课程,通过环境改造,让社区的每一面墙壁、每一块石头都承载教育的功能,都在言说家庭教育。

对家长而言,在一次家庭教育讲座中,自己能记住的"金句"或接受的有启发性的观念可能就是几句话,而随着时间的推移,这些"教育箴言"也会逐渐被淡忘。社区家长学校的隐性课程,能够随时随地且时机恰当地出现在社区的各种场合,提醒家长应采取正确的教育方法。

此外,社区家长学校系统化课程的架构逻辑应该是日常生活逻辑,而不是学校教育的知识组织逻辑。

江苏省妇联"三全"社区家庭教育支持行动,以"从群众中来,到群众中去"为组织实施思路,根据少年儿童成长与发展的规律,梳理每个月的家庭教育重点,借由系统的社区家庭教育环境创新改造,将家庭教育智慧通过各种形式的教育标语渗透到社区大门、菜场、公共广场、楼栋单元门口和每家每户的门口,每个月持续更新。这样做,不仅将系统的家教观念和知识送到家家户户,让家长推门可见,也通过持续的宣传树立了基层妇联对家庭教育提供支持、开展服务的组织形象,增强了社区妇联在家庭建设和家庭教育领域的公信力。

(三)从有形教室阵地到无形生活阵地

《关于进一步加强家长学校工作的指导意见》中指出,要"努力达到有挂牌标识、有师资队伍、有固定场所、有教学计划、有活动开展、有教学效果的规范化建设目标"。对"挂牌标识"和"固定场所"需要实事求是地进行理解和认识。

根据家长对社区功能定位的生活化理解，社区家长学校要设置在百姓生活场域内。但即便将社区家长学校设置在街道和社区的办公楼内，距离每个家庭的物理距离不算远，但是家长对它的心理距离却不近。所以，我们常常可以发现，办公楼内的家长学校课堂门可罗雀，冷冷清清，而在一墙之隔的小区广场上人头攒动，热闹非凡。因此，要将家长学校的场所设在家长和孩子最常活动的区域，要把家长学校的牌子和标识挂在老百姓聚集的社区空间。

江苏省妇联"三全"社区家庭教育支持行动中，妇联工作人员认真观察、分析每个社区的情况，在老百姓最常聚集的场所设立家长学校，通过各种创新形式，让家长学校在社区里生根开花。目前，已有山墙下家长学校、楼洞口家长学校、运动场家长学校、广场家长学校、校门口家长学校、小卖部前家长学校……家长学校从室内搬出来，搬到了火热的社区生活中，搬到了老百姓心中。只要是老百姓聚集的地方，随处都有家长学校课程的二维码、微课小喇叭，有家风宣传员渗透式、生活化地授课。

二、队伍创新：从教育专家到生活专家

家庭教育的本质是生活教育，家庭教育指导就是对鲜活的生活过程的指导。不能将社区家庭教育指导窄化为家庭心理咨询和心理疾病治疗。家庭生活和家庭教育的悲剧往往触目惊心，对人们的心理刺激强度很大，所以社区家长学校的功能定位应该是"治未病"，即通过生态化的生活环境创设与美满和谐家庭的建设，来提升家庭的活力和抗压韧性。

社区家长学校的办学目的主要包括：传播党和国家的教育方针政策，更新家长的教育观念，丰富家长的教育知识，提升家长的教育能力。

根据这些目的，社区家长学校工作者队伍的构成要尽可能多元化，这些工作人员在家长学校扮演不同的角色，承担不同的任务，形成全面

而系统的课程人力资源,推动社区家庭教育指导服务向科学性、系统性方向发展。

① 专家学者。他们主要负责对家庭教育的真实情形进行科学研判,负责对家教知识进行架构与分解,起着引领作用。同时,对一些存在个性化家庭教育困境的家庭,他们可以提供个别化咨询服务与指导。

② 基层党务工作者。他们能够站在党和国家政策的角度,向家长宣传党的政策和国家的人才培养目标,把党的人才思想传播到千家万户,如劳动教育对于培养社会主义接班人的价值等。

③ 学校教师。他们能够把自己所掌握的关于促进少年儿童发展的系统知识传播给家长,如,若缺失家庭生活经验,学生对学科知识的学习也将受到消极影响,鼓励家长形成家校合作的思维。

④ 家长志愿者。他们从成人的学习规律出发,向拥有不同经验、思想、思维模式的各种类型的家长传播、分享优质家庭教育经验。

⑤ 多领域专业人士。家庭教育的生活化特征要求社区家长学校不仅要传播教育和心理学知识,还要传播婚姻家庭、法律法规、儿童保健以及营养健康等方面的知识。因此,社工,法官、检察官和律师,儿保专家等,都应该被纳入社区家长学校的师资队伍,为家长提供与家庭生活息息相关的多维度的信息与知识技能。

在社区家长学校工作者队伍中,主体应该是最贴近老百姓生活的基层工作者,因为他们最了解当地家庭的实际情况,最了解家长在家庭生活中、在教育和引导孩子的过程中最常遇到的困惑是什么,也最能通过通俗易懂的语言,将党和国家的教育方针政策传播给家长朋友,让他们"听得懂、学得会、做得了"。

生活是丰富的,家庭是多样的,教育应融入日常生活的方方面面,在生活教育理念的指引下,社区家长学校要团结一切可以团结的力量,整合一切需要的资源,建设生活化的家长学校课程,推送家长们喜闻乐见的课程内容,让家庭教育指导更"接地气",更贴近老百姓的生活实际。

三、机制创新：从课程讲授到支持服务

家长在生活中开展家庭教育，所遇到的困难是多样的。他们既要更新教育观念，也要学习更多的心理知识和教育知识；他们不但需要个性化的指导与咨询服务，而且想了解获取各种相关资源的渠道。为了满足家长对综合性教育支持与服务的多元化诉求，社区家长学校需要创新工作机制。

（一）档案建设机制

社区中 0—18 岁的儿童青少年在不同学校就读；社区中的家庭，结构和类型也多种多样，有核心家庭、三代同堂的主干家庭、结构健全的家庭、单亲家庭、重组家庭、流动儿童家庭、留守儿童家庭、经济富裕家庭、经济困难家庭……不同的家庭有不同的育儿困境。因此，社区家长学校只有根据要求建立社区家庭教育档案，动态把握不同类型家庭所遇到的教育问题，才能设计出有针对性的家长学习课程，也才能让家长学校的课程得到家长的认可，进而提高家长的学习积极性与有效性。

江苏省"三全"社区家庭教育支持行动中，首要的创新就是建立社区家庭教育档案，通过对现有档案进行梳理、请学校提供档案、社区网格员登记、妇联干部走访以及社工摸排等方式，建立起相对完整且动态完善的家庭教育档案，同时绘制"社区家庭教育地图"，定期分析家长的需求，设计家长学校特色课程，让社区家庭教育指导工作者对"服务对象在哪、问题是什么、提供什么服务"等一目了然，心中有数。

（二）问题报告机制

社区家庭很容易隐藏教育问题，而问题一旦爆发，往往就是严重的社会性事件。为此，社区家长学校需要建立家庭教育问题报告机制，以及时发现问题、研究问题、解决问题。

在江苏省妇联"三全"社区家庭教育支持行动中，形成了"畅通渠道、主动报告、汇总研判、主动指导"的家庭教育问题"三报告三汇总"信息收集机制。

1. 三报告

"三报告"主要指家庭主动报告、网格员报告、志愿者报告。通过在社区张贴社区妇联家庭教育联络员信息告示，鼓励家庭成员（包括孩子）及时报告家庭教育过程中遇到的困难和挑战，包括家暴行为等信息，为家庭成员提供信息上报通道，避免因为信息封闭或无助使家庭教育问题积累，导致家庭教育悲剧的发生。

同时，在社区网格员信息收集表中添加"家庭教育信息"项目，请社区妇联定期通过"网格通"收集相关信息。在社区中发现、培养一批家庭教育志愿者，对他们进行培训，让他们成为社区家长学校的"千里眼"和"顺风耳"，在保证家庭隐私和信息安全的前提下，请他们及时向社区妇联报告敏感和高危家庭的家庭教育信息，如报告家长在辅导作业时吼叫打骂、孩子的衣着外表情况以及可能存在的伤害事件等信息。

2. 三汇总

建立与各部门沟通并收集信息的机制。一是和驻区学校合作，收集并汇总孩子们在学校的学习情况信息，掌握学习成绩优异孩子取得进步与获得荣誉的情况，在社区中进行宣传推广，鼓励这些孩子的家长进行总结和分享。二是汇总部分学业困难孩子的信息，以便接下来整合资源为这类孩子提供服务。三是和公安、民政等部门合作，及时汇总社区涉罪人员家庭以及孩子的信息，以便对处于困境中的家庭提供有针对性的家庭教育支持，帮助他们优化家庭教育。

（三）资源整合机制

社区家长学校的资源是短缺的，同时也是丰富的。"短缺"体现在它没有专职工作人员，"丰富"体现在社会所有的资源都可作为其资源，此种情况下，就需要建立统筹与整合机制，将散落在不同机构、不同部门的资源统整到一起。

江苏省妇联"三全"社区家庭教育支持行动中，基层社区妇联主动作为，从人员、场地以及课程等方面整合辖区内各种资源，为家长学校所用，形成了由优秀家长、五好家庭、骨干教师、"五老人员"、党政干部等组成的可随时调用的人才库,建立了由博物馆、纪念馆、学校、商场、志愿商户等参与的随时能够组织亲子活动的家庭教育基地,以及各具特色的社会组织资源库。

(四)资金筹措机制

大部分社区家长学校没有专项活动经费,为了确保家长学校能够可持续地开展工作,基层妇联干部通过实践,初步形成了多途径筹措经费的机制。

首先,社区家长学校紧紧围绕当地党和政府的中心任务开展工作,从拆迁安置到创建文明城市,大事小情,基层妇联干部都能主动思考、主动作为。他们将家庭教育指导融入日常的基层社会治理工作中,让家庭建设、为孩子做榜样等家庭教育观念走在各项工作的前列,做到主动宣传、提前介入,使家庭教育指导工作不仅是一项教育工作,而且是基层政府各项工作中不可或缺的"宣传机"和"协调器"。

其次,社区妇联主动参与民政、政法等各系统、各部门的社会公益创投工作,用妇联的组织优势和家长学校的专业优势,协助各项工作在社区生根,在家庭中落地,以获得全方位的资金支持。

(五)效果评估机制

江苏省妇联"三全"社区家庭教育支持行动,在重视亮点和特色建设的基础上,更看重家长的评价。他们联合大数据公司,对社区家长学校开展家庭教育指导的效果进行第三方评估,避免了只看材料和报告而可能导致对基层工作进行应付式评价的弊端。

评价方式的改变必然带来工作方式的改进。以评促改,推动基层社区妇联形成"眼往下看,脚往家走"的工作作风,从而将全国妇联工作改革的精神落到实处。

综上,社区家长学校要继续进行全面的机制创新,改变粗放的、单一的、不符合实际的课堂授课制的惯常做法,科学研究社区特点和社区家长学习方式的规律,努力做到"扎根群众、扎根生活、扎根问题",整合资源,更好地服务广大家庭,支持广大家长,造福广大孩子。

四、多措并举:开辟家庭教育指导新路径

(一) 优化环境,开发社区家长学校的"隐性课程"

江苏省妇联设计了江苏省"美好一家"家庭形象,家庭成员有"美妈""好爸""小美""小好","三孩"政策出台后,又推出"小加"的形象。同时,根据少年儿童成长的规律和家庭教育的重点,设计制作并动态更新"让生活过出教育的味道"整套环境课程,实施"三全"支持行动的村(社区)可直接下载这些课程资源进行推广应用。各村(社区)走"从群众中来,到群众中去"的开发路径,创新打造社区家长学校的"隐性课程",通过各种形式的教育标语把家庭教育智慧渗透到社区的不同场所,将持续更新的家庭教育知识送到居民家门口,提高了服务的可及性。

镇江扬中市新联社区,为打造"生活融入式"社区家庭教育环境,创设了以"美家美户、礼传新联"为主题的"五个一"(即一条路、一个广场、一个廊亭、一间屋、一群志愿者)家教环境,"让每一块石头、每一面墙壁都说话",在省妇联提供的环境课程模板上,创新性、场景化地普及家庭教育知识。

(二) 建立档案,夯实社区家长学校的受众基础

要服务好社区家长,首先需要掌握社区内家长对家庭教育的主客观需求。为此,江苏省妇联设计了"'三全'支持行动入户调查问卷"和"家庭档案表",指导各地建立家庭档案。目前,已有639个村(社区)主动融入"大数据+网格化+铁脚板"的治理体系中,依托社区网格化管理基础,不断丰富、完善社区家庭档案的内容,绘制"0—18岁儿童青少年分龄段社区家庭地图",摸清并掌握各类家庭的基本信息,注意收集个性化的家庭教育困惑和需求,鼓励、指导家长在处理家庭关系时秉持"儿童利益最大化"理念,以儿童发展为切入点,以改善家庭关系为目标,促进基层社会治

理的良性发展。

泰州市妇联指导"三全"社区家庭教育支持行动实施村(社区)建立了"四色"家庭档案管理模式。首先,通过入户调研、联合家访(妇联干部或网格员与学校教师共同家访)等方式,建立了万余份家庭档案。其次,在完善相关基础信息,按红、黄、蓝、绿四色对家庭档案进行分类后,采用"以户立档、以楼绘图"的规则,绘制"家庭档案地图";用档案盒的颜色区分家庭类型,并为各类家庭提供相应的家庭教育指导,对重点家庭则采取"1+1"帮扶管理行动。此外,还配备了档案室,安排专人管理;建立了电子档案库,及时做好信息更新维护和保密工作。

(三) 发动群众,拓展社区家长学校工作者队伍

生活化的社区家庭教育支持行动,需要挖掘本社区的优质家庭教育资源,充分依靠群众、发动群众,进而服务群众,建设让群众信得过、听得懂、学得会的社区家长学校。目前,639个村(社区)在实施"三全"社区家庭教育支持行动,坚持群团改革"强三性、去四化"的工作要求和妇联群众性工作属性,坚持"走进群众、发动群众、依靠群众、服务群众"的工作原则,采取多种方式,联合多方力量,结合家庭教育指导的生活化属性,为社区成员参与支持行动创造条件。他们积极组建社区家庭教育志愿者队伍和观察员队伍,在创设社区家教环境、分享家教经验、发放"月课资料"等行动中发挥作用,激发群众带动群众的热情,致力于让更多的服务对象变成工作力量,逐步构建起共建、共治、共享的社区家庭教育新格局。

南京市江宁区麒麟街道妇联利用暑假契机,发起"小小志愿者"活动,由家长陪同小志愿者,携带定制的社区家教服务工作证,登门拜访小区内的其他家庭,为小区内有0—18岁孩子的家庭发放"家教月课清单"和相关调查问卷。无锡市妇联指导各实施点将走访中发现的"中国好人""最美家庭"与"社区达人"等聘为"社区民师",将他们纳入支持行动志愿者队伍,不定期为居民授课,或举办家教沙龙等活动。南通市崇川区濠景园社

区妇联积极打造"书香楼道",以楼道为单位,挖掘在教育行业拥有丰富经验的"五老人员",组成邻里读书小组,定期举办亲子阅读活动,在日常生活中渗透科学的家庭教育理念。

(四)落地生根,创新社区家长学校的内容与形式

社区家长学校区别于学校家长学校,融于生活、贴近群众是它的基本特征。江苏省妇联打通了省网上家长学校与村(社区)家长间的对接渠道,要求"三全"社区家庭教育支持行动实施村(社区)一要创新运用省网上家长学校提供的各类课程资源,积极组织实施网上家长学校设计的不同类型的亲子活动,以满足家长的不同需求;二要根据家庭档案信息,入户为不同类型的家庭提供科学、系统、有针对性的指导课程,为有特殊需求的家庭引入专业力量上门服务,或引荐至省网上家长学校相关平台,帮助其解决相关困惑;三要组织开展基于节日节气的亲子活动,在多场景、高频次的互动活动中传播科学的家庭教育理念,优化家庭教育方式。

无锡市妇联携手爱心企业,为100所小学、幼儿园送去"家教小喇叭"(便携式移动扩音设备),用于在学生下午放学时间段向等候在校门口的家长播放与学校共同研制的家庭教育音频,内容有"接到孩子,怎么与孩子沟通?""要不要帮孩子背书包?"等。南京市秦淮区光华路街道世茂花园社区创建了"世茂文学会客厅",定期开展家庭教育相关活动,发现不同家庭的教育特色及存在的问题,并通过社区家庭教育观察员进行个别反馈、精准指导。苏州工业园区唯亭街道观湖社区参照"家庭全类型"概念,鼓励老人发挥余热,带领社区孩子一起做手工,并在此过程中学习隔代养育与教育知识。淮安市涟水县大东镇,结合"金凤凰"女性创业就业技能培训,将省网上家长学校的家庭教育课程作为必修课,引导家庭女性学会在创业、就业与育儿任务之间找到平衡点。

综上,江苏省妇联在开展"三全"社区家庭教育支持行动的过程中,最大的收获就是紧紧抓住习近平同志强调的"以人民为中心"的工作总原则,以家风建设为工作重点,通过生活化的家庭教育指导服务来支持家庭建设和家庭教育。

【分析与思考】

1. 家庭教养方式对少年儿童心理健康的影响主要体现在哪些方面?如何通过家校合作来改变家长不当的教养方式?

2. 社区家长学校如何通过"隐性课程"实现家庭教育指导?请结合江苏省妇联的实践案例进行说明。

3. 社区家长学校的师资队伍中需要哪些角色?为什么强调社区家庭教育支持行动的工作者是"生活专家"而非单纯的教育专家?

第八章

资源联通：
校家社协同心育"教联体"的
功能耦合

本章精讲

学校、家庭、社会在学生心理健康教育与维护中发挥着各自的功能，体现了各自独特的价值，三者的心育目标需要达成一致，有关少年儿童心理发展的信息需要联通，心理健康教育的方式需要优势互补，这一切都基于学校、家庭、社会各自的资源差异。

2024年，教育部、中宣部等十七部门联合印发的《家校社协同育人"教联体"工作方案》提出，"教联体"是以中小学生健康快乐成长为目标、以学校为圆心、以区域为主体、以资源为纽带，促进家校社有效协同的一种工作方式。"教联体"如何联？联什么？"教联体"联的应该是资源。校家社协同心育"教联体"联的就是学校、家庭和社会的心理健康教育资源，是充分发掘学校、家庭和社会各自的心育功能，并通过彼此功能的相互依赖或调用而形成的功能耦合状态。

本章将从学生心理健康的三个重要维度，即自我认知与价值感、情绪情感心理、社会心理展开讨论，分别探索学校、家庭和社会在这些心理维度上的独特资源优势，阐明如何联通这些资源才能更好地发挥其综合优势，为未成年人的心理健康营造良好生态。

```
资源联通：
校家社协同心育"教联体"的
功能耦合
```

- 第一节 自我认知与价值感心育资源
  - 自我认知与价值感心育资源分析
    - 家庭中的自我认知与价值感心育资源
    - 学校中的自我认知与价值感心育资源
    - 社会中的自我认知与价值感心育资源
  - 学校主导下对家庭心育资源的整合
    - 通过德育与心理课程拓展活动进行整合
    - 通过指导节日节气纪念日活动进行整合
    - 通过个案指导进行整合
  - 学校主导下对社会心育资源的整合
    - 指导学生参与社区调查
    - 带领学生参观社会文化场馆
    - 指导学生参与社区服务活动

- 第二节 情绪管理与抗逆力心育资源
  - 情绪管理与抗逆力心育资源分析
    - 家庭中的情绪管理与抗逆力心育资源
    - 学校中的情绪管理与抗逆力心育资源
    - 社会中的情绪管理与抗逆力心育资源
  - 学校主导下对家庭心育资源的整合
    - 通过德育与心理课程拓展活动进行整合
    - 通过指导课外活动进行整合
    - 通过个案指导进行整合
  - 学校主导下对社会心育资源的整合
    - 指导学生参与社区治理活动
    - 组织学生参与社区文化活动
    - 指导学生参与社区服务活动

- 第三节 人际关系与亲社会心育资源
  - 人际关系与亲社会心育资源分析
    - 家庭中的人际关系与亲社会心育资源
    - 学校中的人际关系与亲社会心育资源
    - 社会中的人际关系与亲社会心育资源
  - 学校主导下对家庭心育资源的整合
    - 通过德育与心理课程拓展活动进行整合
    - 通过指导节日节气纪念日活动进行整合
    - 通过个案指导进行整合
  - 学校主导下对社会心育资源的整合
    - 指导学生参与社区调查活动
    - 带领学生参观社会文化场馆
    - 指导学生参与社区服务活动

第一节
校家社协同联通自我认知与价值感心育资源

【案例导入】

小梅是某校五年级学生,学习成绩不错,但是班主任总是觉得她隐约有些自卑。通过和小梅家长交流以及家访,班主任发现,小梅的父母总是用打击的方式教育孩子,也很少鼓励小梅,导致小梅产生深深的自卑感。

自我认知、自尊和价值感是个体成长和发展的重要基石。自我认知是指个体对自己的了解和认识,包括对自己的能力、性格、情绪、价值观、兴趣等方面的认知。价值感则是个体对自己作为一个独特存在的整体评价和认可,反映了个体对自己在生活中的重要性、意义和贡献的感知。它是个体自我认知和价值观的综合体现,涵盖了对自己能力、性格、成就、人际关系等多个方面的评价。良好的自我认知与价值感有助于个体建立积极的自我形象,增强自信心和自尊心,能够有效预防和缓解焦虑、抑郁等心理问题,提升心理健康水平,为未来的社会生活打下坚实的基础。

一、家、校、社中的自我认知与价值感心育资源分析

(一) 家庭中的自我认知与价值感心育资源

1. 亲子互动资源

社会学家库利(Cooley,1902)提出"镜像自我"这个概念,他认为个体的自我概念是通过他人对自己的评价和态度形成的,就像"照镜子"一样。孩子会内化父母(或其他重要他人)的评价,将其转化为对自我的认知。

因此,使少年儿童形成正确自我认知的最初的也是最重要的家庭资源,就是亲子互动,亲子互动的数量和质量影响着少年儿童的自我认知水平。在少年儿童的成长过程中,日常亲子互动中的情感反馈起着至关重要

的作用。如父母通过肯定性的语言或非语言与孩子互动,给予孩子积极反馈,这些反馈会让孩子感受到被关爱、被支持,使孩子获得积极的自我概念。例如,当孩子跌倒时,家长在关心呵护的基础上可以说"你自己站起来试试,妈妈相信你!",而不只是惊慌地直接抱起孩子。这样的亲子互动能够提升孩子的自我效能感,从而使其增强信心。

表8-1 亲子互动资源对少年儿童自我认知与价值感心理的促进作用(例举)

资源形式	具体说明	促进作用
父母的肯定性语言	"我看到你努力了。"	形成初步的自我效能感
非语言互动	拥抱、眼神鼓励	
家庭会议	定期召开	培养自我决策能力与责任意识、价值感
零花钱自主管理	适当引导	
假期计划制订	适当引导	
分担家务劳动	人人参与,分工完成	

2. 家族故事资源

家族故事承载着家族的传统与精神以及先辈的经历,是塑造孩子身份认同的重要力量。每个家族都有独特的历史和故事,可以把这些家族故事、祖辈奋斗历程等讲给孩子听,让他们在了解家族故事的过程中得到启发,形成自己独特的思维方式和行为风格。心理上,人都有追根溯源的需要,通过了解祖先的故事,知道自己来自何处,明白自己身上流淌着怎样的血液。家族故事能够帮助少年儿童塑造自我概念,产生家族自豪感,同时形成身份认同,愿意与家人一起传承并构建新的家风与家庭价值观。在孩子遇到人生困境或挑战时,用先人克服困难的故事来激励孩子,以榜样示范法为他们增添勇气,鼓励他们渡过难关。

当然,在讲述家族故事的过程中,家长要注意处理好讲述与教导之间的平衡,要少一些"教训"的痕迹,尽可能娓娓道来。虽然目的是教导孩子传承家族好风尚,但是不要用教训的口吻讲述,否则会让孩子倍感压力,怕听家长"讲故事"。

表8-2　家族故事资源对少年儿童自我认知与价值感心理的促进作用(例举)

资源形式	具体说明	促进作用
家族故事	祖辈奋斗史	构建跨代际价值认同
祖辈职业工具	老木匠的刨子	
传统节日仪式	春节家人团圆	

(二) 学校中的自我认知与价值感心育资源

学校是心理健康教育的主阵地,心理教师是对学生实施心理健康教育的主要责任人之一。学校既要重视心理健康教育课程中自我认知与价值感方面的主题教学活动,也要重视心理健康教育内容在各学科教学过程中的渗透,还要重视学校各项工作中心育资源的开发。

1. 课程资源

心理健康教育课程中的相关主题教学内容是最直接的对自我认知与价值感的培育。除了心理健康教育课程外,学校德育课程和相关拓展性的德育活动在培养学生的自我认知与价值感心理方面也发挥着至关重要的作用。系统的道德教育能够引导学生进行自我反思和自我评价,帮助其形成积极的自我概念和自我认同感,增强他们的自我意识,提升他们的自我管理能力。此外,德育课程能培养学生的社会责任感和集体意识,帮助他们建立积极的社会关系,进一步提升自我价值感和归属感。

表8-3　学校德育活动资源对少年儿童自我认知与价值感心理的促进作用(例举)

资源形式	具体说明	促进作用
成长档案袋	以学生个人成长记录册的形式存在,持续不断地记录关键事件,包括文字、图片、视频等多种形式的内容	帮助形成连贯的自我叙事
校园责任岗	阶梯式岗位责任认领,设置服务岗、管理岗和创新岗等多种类型的岗位,让学生通过岗位角色实践获得相关体验	建立"我能贡献"的自我效能感
班级议事会	学生主导的班级事务决策会议	培养自主决策能力与责任意识

学科渗透在培养学生自我认知与价值感心理方面具有独特而重要的作用。在各学科教学中有机融入自我认知与价值感教育元素,能够让学生在学习知识的过程中潜移默化地加深对自己的认识。不同学科从各自独特的视角提供丰富的素材和案例,能帮助学生从多个维度理解自己的能力、兴趣和潜力。例如,科学学科中的探索与发现能增强学生的求知欲和自信心,文学学科中的角色分析与情感体验有助于学生更好地理解人性和自我情感。

表8-4 学校学科资源对少年儿童自我认知与价值感心理的促进作用(例举)

资源形式	具体说明	促进作用
人物精神分析表	将课文中人物的特质与自我进行对照,有助于深入理解和内化课文内容	将文学形象与自身价值观相联结
科学探究档案	实验过程错误记录	重塑对"错误"的价值认知,培养勇于尝试和追求创新的精神

2. 校园文化资源

校园文化是一种隐性的教育力量,通过其独特的价值观念、行为规范和活动形式,潜移默化地影响学生的思想和行为。学校在构建什么样的校园文化,就在塑造学生什么样的自我认知与价值感心理。积极向上、包容开放的校园文化能够为学生提供展示自我、实现自我的平台,能让学生在参与校园活动的过程中更深入地了解自己的兴趣、特长和优势,从而形成积极的自我认知。同时,校园文化所倡导的尊重、合作、创新等价值观念,有助于学生树立正确的价值观,增强自我价值感,激发内在动力,努力实现全面发展。

表8-5 校园文化资源对少年儿童自我认知与价值感心理的促进作用(例举)

资源形式	具体说明	促进作用
校园文化墙	动态展示学生多元成就(非学业成绩)	拓展自我价值认定维度
班级能量银行	采用"善行积分兑换系统"(优良表现可兑换1—5星"能量币")	将美德转化为可视化的"心理能量资本"
校园广播剧	学生自编自演心理情景剧	通过角色代入突破认知局限

(三) 社会中的自我认知与价值感心育资源

学生的主要生活场所与学习场所分别是家庭和学校,但是,以社区为代表的社会资源一样会通过日常的生活、父母的工作以及各种媒体影响他们的自我认知与价值感。

1. 职业体验资源

影响学生的职业资源主要分为父母家人的职业资源和学生体验到的职业资源。家长要和孩子讨论自己的职业对家庭和社会乃至国家的价值与意义,以影响孩子的价值观;学校也要整合社会资源,为学生提供真实的职业场景和模拟职业环境,让学生亲身体验不同职业的工作内容和要求,了解该职业对社会发展的意义,从而使学生更深入地发掘自己的兴趣、潜力,了解自己的职业倾向。这种亲身体验能帮助学生形成清晰的自我认知,使其明确自己的职业目标和方向。同时,通过在职业体验活动中取得成果和得到认可,学生能够建立起积极的自我价值感,增强自信心和成就感。职业体验活动还能培养学生的团队合作精神、沟通能力和解决问题的能力,为他们未来的职业发展和社会适应打下坚实的基础。

表 8-6　职业体验资源对少年儿童自我认知与价值感心理的促进作用(例举)

资源形式	具体说明	促进作用
父母职业探讨	父母在日常生活中展现自己对所从事职业的态度,有意识地和孩子探讨自己职业的价值与意义	对"我是谁的孩子""我的父母做什么"等形成最初的自我概念;理解工作的价值与意义
企业开放日/职业体验营	企业开放半日或一日岗位实践活动,涵盖医生、程序员、厨师等多种职业角色,让学生参与体验	检验自己对不同职业的兴趣,对自己的能力形成认知,建立初步的职业价值感
职业角色模拟游戏	模拟面试、商业沙盘、法庭辩论等互动活动	探索自我潜能与社会角色的适配性

2. 实践活动资源

社会志愿服务和社会问题解决项目等社会实践类资源能为学生提供更广阔的自我认知与价值感提升平台，让他们在实践中认识自我、提升自我，形成积极的自我认知与价值感心理。通过参与志愿服务，学生能够走出校园，在帮助他人的过程中体会到自身的价值和意义，增强自我认同感和满足感，进而提升自尊和自信。通过参与社会问题解决项目，如调研垃圾分类落实情况、交通拥堵问题解决方案等，学生能在解决问题的过程中感受到自己的能力和影响力，从而进一步增强自我价值感。

表8-7　实践活动资源对少年儿童自我认知与价值感心理的促进作用（例举）

资源形式	具体说明	促进作用
志愿服务	社区服务、公益活动，如环保、助老、支教等	强化自我价值感，培养社会责任感和公民意识
社会问题解决项目	针对真实社会问题，通过团队合作开展调研，拟写提案，并向相关部门提交建议	建立"我能改变"的自我效能感，增强社会责任感和问题解决能力

【案例分享】

童言治城！500余份提案里的"一米角度看建设"

儿童节前夕，昆山市陆家镇文化中心内，"我是小主人红领巾议事会"火热进行。南京师范大学心理学院院长助理殷飞蹲在舞台中央，将话筒递给踊跃举手的小学生。

"好多人看到流浪动物会驱赶它们、骂它们、殴打它们。"张汐灵小朋友声音清亮，"我希望能建流浪动物事务所，或者在小区建流浪动物收容箱。"儿童视角直击生活痛点，在建言中，小主人们从"被关怀者"成长为"建设者"。今年"红领巾议事会"活动，孩子们历经了一个月的前期调研准备时间，走进社区、运动场、学校食堂等地，亲身体验各类生活场景，最终形成500余份"提案"。

为了让提案"落地有声"，活动还邀请了当地文明办、妇联、教育部门的相关负责人旁听。"我觉得孩子们的提案非常具有建设性，我们打算带几份回去研究对策。""当孩子们发现自己的声音能改变世界，责任感的种子便已发芽。"殷飞说。（新华日报·交汇点记者　程晓琳）

图 8-1　昆山市陆家中心小学校征集的"红领巾提案"

（注：本案例是昆山市委宣传部文明办和南京师范大学心理学院共同组建的校家社协同心育基地举办的一次心理健康主题活动，内容有删减；本次活动为"主人翁意识培养系列活动"之一。）

3. 公共文化资源

博物馆、科技馆等公共场馆的互动课程，以及红色教育基地实践活动等公共文化类资源，为学生提供了很多深入了解国家和历史的机会，帮助他们在更广阔的社会场域和文化背景中形成积极的自我认知与价值感，培养他们的文化自信和历史责任感。丰富的文化体验和历史教育活动，能激发学生对知识的兴趣和探索欲望，增强其自我认知能力和学习动力。通过参与红色教育基地的实践活动，如重走长征路、历史情景剧演出等，学生在与历史的共鸣中建构集体价值观，形成身份认同。

表 8-8　公共文化资源对少年儿童自我认知与价值感心理的促进作用（例举）

资源形式	具体说明	促进作用
博物馆、科技馆等场馆的互动课程	通过主题研学、文物修复体验、科学实验等活动深入了解历史文化和社会发展	增强文化自信和创新意识，激起对知识的兴趣和探索欲望
红色教育基地的实践活动	重走长征路、历史情景剧演出、革命文物解说等活动	与历史产生共鸣，建构集体价值观，形成身份认同

二、学校主导下对家庭自我认知与价值感心育资源的整合

(一) 学校通过德育与心理课程拓展活动来整合家庭心育资源

家庭资源常常隐藏在少年儿童身边,只有有意识地整合,才能真正促进少年儿童发展。学校作为校家社协同育人"教联体"的主导力量,可以通过德育和心理课程拓展活动来整合家庭中的自我认知与价值感心育资源。

下面以道德与法治科目七年级《成长的节拍》单元为例,来分享学校整合家庭心育资源的一个具体的活动方案。

主要活动: 学生以家庭"时间胶囊"为载体,制作"时间胶囊"材料包(如信纸、自评表、未来预测卡片)和家庭成员成长经历对照表(对比祖辈、父母、学生三代人同年龄段的成长经历)。

设计意图: 引导学生记录当下的自我认知,为自身成长设立一条参照基线;对比家庭代际差异,理解成长的普遍规律。激发学生对未来成长道路的规划意识。

实施步骤:

(1) 对当下的自我认知进行存档。学生填写"我的12岁自画像"记录单,包括能力认知、情感模式和家庭角色定位,并录制3分钟语音,讲述自己眼中的自己。

(2) 对家庭代际经历进行对照分析。学生收集祖辈、父母12岁时的老照片或作文,制作"三代人少年期对比展板",将差异可视化。

(3) 写信"与未来对话"。学生给18岁的自己写一封信,明确自己的成长目标和价值追求。

这一系列活动不仅有助于学生更好地了解自己,还能促进家庭成员间的交流与理解。

(二) 学校通过指导节日节气纪念日活动来整合家庭心育资源

除了通过课程拓展活动来整合家庭心育资源之外,学校还可以指导

家庭开展节日节气纪念日活动,深度挖掘优秀传统文化的育人价值,培养少年儿童对家庭的认知以及家族自豪感,引导他们将自我概念及认知与更为广阔的社会和历史发展联系起来。

下面以清明节"家史工程"为例,介绍如何通过节日活动培养少年儿童的家族自豪感,进而促进其形成积极的自我认知与价值感。

设计意图: 清明节是一个重要的传统节日,在这个节日里,我们不仅缅怀逝去的亲人,也加深了对生命的认知,思考应怎样在有限的生命里让自身价值最大化。开展"家史工程"活动,不仅能让学生更加直观地了解家族的过去和现在,而且能促进学生对未来人生展开深刻思索。

实施步骤:

(1)"绘家谱"活动。学生绘画"家族树",填入三代亲属的信息,生成"家谱"。这一过程不仅能让学生掌握家族成员的基本信息,还能让他们感受到家族的延续和发展。

(2)"祖辈职业日"。邀请学生的祖辈走进课堂,讲述他们的从业故事。从"粮票时代",到改革开放后的创业经历,祖辈们的讲述让学生对家族历史有更深刻的理解,也让他们明白今天的生活来之不易。

(3)"生命对话卡"。学生设计问题卡片,向祖辈提问,如"您15岁时最想成为什么样的人?""最想传给子孙的品质是什么?"等。

(三)学校通过个案指导来整合家庭心育资源

对于一些已经出现认知偏差的学生,学校需要以个案指导的方式帮助其调整自我认知,重建价值体系。

【案例分享】

王老师是某校一位三年级班主任老师,寒假后开学不久,她发现原本活泼开朗的小优有些闷闷不乐,上课时常常看着窗外发呆,家庭作业有时也写得不认真。为此,王老师约小优妈妈面谈,这才发现,原来小优妈妈怀孕了,最近一段时间小优和爸爸妈妈在闹矛盾。

了解这一情况后,王老师首先利用班会课组织全体同学进行了一次"我的弟弟妹妹"讨论活动。活动中,不少有弟弟妹妹的同学谈了他们的心路历程,以及现在和弟弟妹妹相处时发生的各种充满喜怒哀乐的小故事。王老师也向同学们讲解了相关的权利和义务。

班会课后,王老师择机进行了一次家访。在小优家,小优把自己担心父母对自己的爱会被剥夺的想法告诉了父母,王老师和小优、小优父母一起分析爱是否会被剥夺的问题,小优明白了,两个孩子不会分散爸妈的爱,爸爸妈妈对每个孩子的爱都是100%。

为了提升学生的自我认知与价值感,学校可以进行专门的专业引导,教师也可以成为亲子沟通的桥梁,整合更多家庭的心育资源,帮助学生正确理解父母,正确面对心理困扰,主动调整心态,最终获得成长。

三、学校主导下对社会自我认知与价值感心育资源的整合

(一)指导学生参与社区调研

学校应积极支持学生深入开展社区调研,培养学生的观察能力和社会责任感。学生在关注与调查社区治理情况的过程中,将逐步构建起"我是社区小主人"的自我概念。

开展此类活动,通常需要有社区问题采集卡、调查工具包以及数据可视化模板。下面以"社区安全隐患调研"活动为例加以说明。

实施步骤:

(1)田野调查阶段。学生分组行动,细致记录社区内的安全隐患,如消防通道不畅通、下水道井盖有破损等。

(2)数据分析阶段。学生根据采集到的信息制作"社区痛点排行榜",按照严重程度将问题进行排序,直观展现社区中安全方面的主要问题。

(3)价值内化阶段。学生们撰写"我是社区诊疗师"报告,总结调研过程中的发现与思考,并提出针对性的解决方案,如"井盖艺术改造计划"等。

上述过程有助于学生将理论知识与实践行动相结合,促进他们将个

人成长与社会发展紧密相连,实现个人价值与社会价值的统一。

(二) 带领学生参观社会文化场馆

社会文化场馆(博物馆、美术馆、科技馆、图书馆、剧院、文化遗址等)是"立体教科书"——通过沉浸式场景与互动体验,帮助学生提升认知,更好地定位自身的文化身份,理解"我从何而来";通过科技艺术实践,帮助学生发掘自身潜能,明确"我能创造什么";在多元价值观的碰撞中,帮助学生形成判断标准,思考"我应追求什么"。

下面以参观纪念馆为例,来说明文化场馆活动在培养学生自我认知与价值感方面的作用。

实施步骤:

(1) 组织学生沉浸式观看历史剧,或通过 VR 虚拟现实技术体验井冈山"挑粮小道",让学生如同身临其境般感受革命历程的艰辛、劳动人民的伟大。

(2) 鼓励学生参与文物保护实践活动,并为学生颁发"文物守护者"证书以示肯定。活动中,学生通过亲手触摸历史、感受文化,更加珍惜文化遗产,增强了对祖国辉煌历史的认同感和自豪感。

(3) 摹写红色家书。通过摹写红色家书,学生更加深入地了解了革命先辈们的内心世界和情感世界,感受他们坚定的信仰和无私的奉献精神,也为自己的人生观与价值观筑基。

(三) 指导学生参与社区服务活动

参与社区服务是学生建立自我认知与价值体系的重要实践路径。在真实的社会场景中,学生能实现认知的跃升:其一,在具体的服务活动中,通过能力验证获得自我效能感,明确"我能做什么";其二,面对救助弱势群体等伦理情境时,经历价值观冲突与选择,形成稳定的价值判断标准;其三,通过社会反馈建构"个人行动—社会影响"的联结,体会自身的价值。

下面以学生参与社区服务活动"低碳减排,守护生态"为例进行具体说明。

实施步骤：

（1）家长提前为学生配备垃圾分类工具包，内含电子秤、"垃圾分类指南"和"数据记录表"，便于学生精确掌握垃圾分类的知识，有效测评工作效果。通过实际操作，学生不仅能学会正确给垃圾分类，还能量化自己的环保贡献，从而建立起"个体—环境"的责任联结。

（2）利用"碳足迹计算器"（一款便捷的微信小程序），自动换算个人日常活动的碳减排量。通过这个工具，学生能直观地了解自己的生活方式对环境的影响，进而调整行为习惯，减少碳排放。

（3）提供"生态微花园建造手册"（内含 20 种本土植物搭配种植方案），引导学生亲手打造微型生态花园。在劳动过程中，学生不仅能学习与植物生长相关的知识，还能在生态修复与保护中认识到自身行动力的价值，培养对自然的敬畏和爱护意识。

第二节
校家社协同联通情绪管理与抗逆力心育资源

【案例导入】

小明是某学校高中二年级学生,高二第一学期他的学习成绩在班里一直处于中上等水平。但第二学期的期中考试,他的成绩明显下滑。自此以后,经常有一些学科教师向班主任反映小明上课不专心。班主任到小明家家访,发现小明父母半年前办了离婚手续,小明跟着父亲一起生活,而他父亲工作较忙,对小明关心不够,平时基本上都是小明自己照顾自己。

情绪心理是指个体在面对外界刺激时所产生的主观体验和相应的生理反应。它包括情绪的认知、表达和调节等方面。抗逆力(resilience)也称"心理韧性"或"恢复力",是指个体在面对逆境、创伤、悲剧、威胁或其他重大压力时,能够有效应对并从中恢复的能力。抗逆力强的个体,能够在困难中保持积极的心态,找到解决问题的方法,并最终战胜挑战。

情绪心理的健康状况直接影响学生的心理健康和社交能力,良好的情绪管理能减少冲动行为,提升学习效率。抗逆力则是学生在面对困难和挑战时保持积极心态的能力。通过培养情绪管理能力和抗逆力,学生能够更好地应对生活中的各种挑战,有助于实现全面发展。尤其在快速变化的现代社会中,这种"心理免疫力"能帮助学生应对竞争压力、网络诱惑等复杂挑战,为其未来职业发展与幸福生活奠定健康基石。

一、家、校、社中的情绪管理与抗逆力心育资源分析

(一)家庭中的情绪管理与抗逆力心育资源

家庭在孩子情绪管理能力和抗逆力培养中承担着至关重要的角色,

家人间沟通的榜样示范、亲子互动体验,以及在家族中传承的奋斗故事等,都是培养孩子情绪管理能力与抗逆力的重要资源。通过有意识地挖掘与传递这些资源,以及稳定有效的亲子互动,家长可以帮助孩子建立良好的情绪表达机制,提升孩子的心理韧性。

1. 家人互动中的榜样资源

父母是孩子的首任教师,父母之间,以及父母和其他家人之间的互动方式,是孩子可以获取的重要间接经验。因为孩子最初的学习方式是模仿,通过模仿家庭中成人的互动方式,孩子学会了合理预期,学习了情绪表达与控制,体验到家人处理生活和工作中困难时的态度与方式方法。

因此,家庭中的成人要注重自身修养,提升自身的情绪管理能力以及面对挑战与困境时的情绪控制能力,自觉成为孩子情绪管理的榜样。同时,学校要通过家长学校的课程指导唤醒家长们的教育意识,鼓励家长们积极行动,努力和情绪本能以及曾经的人生经验"对话",达到超越自我的境界,为孩子做良好示范。

2. 亲子互动中的经验资源

亲子互动中的行为表现和问题处理方式,是孩子在情绪管理能力与抗逆力提升方面的直接经验。尽管父母都渴望自己的孩子听话乖巧,但如果孩子真的十分听话乖巧,其实会导致亲子深层互动机会的缺失,也让亲子双方都在不知不觉中失去了成长的机会。在现实中,不少从小乖巧的孩子一旦遇到点儿挫折就崩溃,甚至做出令人意想不到的冲动行为,这在某种程度上就是长期缺少深层亲子互动的结果。因此,家长要重视亲子之间的互动机会,即便是孩子时常"不听话",给自己带来挑战性难题,家长也要控制好情绪,从积极的视角看,这也是亲子双方共同成长的好机会。

3. 家族故事中的文化资源

家族故事中蕴藏的人和事,家族成员在遇到困难和挑战时的选择与应对方式,都是培养孩子情绪管理能力与抗逆力的重要素材。这些真实的故事,比任何虚构的故事都更具说服力和感染力。祖辈口述的家庭困难时期的故事、家庭相册中记录的重大事件、家族成员的成功或失败经历等,都可以向孩子传递经验或教训。通过这些故事,孩子们能够了解,生活往往不是一帆风顺的,但是困难是可以克服的,从而建立起"不怕困难"的信念。家长可组织家庭成员用不同的方式讲述故事,或者将不同时代家庭克服困难的故事汇编成册,供孩子阅读。

(二)学校中的情绪管理与抗逆力心育资源

学校是培养学生情绪管理能力和抗逆力的主要场所。学校除了有心理健康课程外,还有校园支持和实践活动等多种资源,能为学生提供一个系统的情绪管理能力和抗逆力培养环境。这些资源和活动,不仅能帮助学生建立健康的情绪调节机制,也能增强他们面对挑战时的心理韧性。

1. 校园文化资源

除了利用学校心理辅导室为学生提供私密空间外,学校也可设置"冷静角",放置软垫、毛绒玩具、降噪耳机、解压魔方等物品,张贴"情绪调节技术指南"(如"深呼吸步骤图""积极自我对话示例"),让学生可以在遇到问题时了解如何正确、合理地表达情绪。也可以引导学生成立朋辈互助小组,组员相互支持和帮助。

2. 实践活动资源

体育活动不仅有助于增强学生的身体素质,还能提升他们的抗挫折能力。教师应多样化组织竞赛类运动并鼓励学生参与,通过运动中的对抗情境,促使学生战胜生理、心理及外界环境的困难,使其不断超越自我、完善自我,提高心理素质与抗挫折能力。此外,学校还可以通过学科挑战赛和项目式学习等形式,让学生在有控制的环境中体验失败和挑战,从而培养他们的抗压能力和解决问题的能力。

3. 人际互动资源

从校园中的师生互动和生生互动中,学生能获得关于情绪管理能力与抗逆力的重要的直接经验。无论在课堂学习中,还是在学校管理与各种校园文化中,师生之间和生生之间的互动都是必然会发生的,也必然会遇到一些误解与不愉快。根据冲突理论的基本观点,冲突是具有积极意义的,它有助于暴露问题、推动成长。因此,教师要充分重视学生们在学校中的人际关系冲突,引导学生通过化解冲突提升情绪控制能力,鼓励学生勇于面对困难、战胜挑战,提升抗逆力水平。

(三) 社会中的情绪管理与抗逆力心育资源

社会环境能为情绪管理能力和抗逆力的培养提供丰富的资源和多样的途径。社区通过心理健康服务、公共文化和志愿服务等多种资源,为学生提供更加多元化的情绪体验和社会实践锻炼机会,有助于学生增强情绪管理能力和抗逆力。

1. 专业服务资源

社区通过心理咨询室、心理健康讲座和家长学校等形式,为居民提供专业的心理支持和服务。这些服务不仅有助于个体解决心理问题,还能弥补家庭和学校在心理健康教育资源方面的不足。一些社区推出"24小时心理援助热线"服务,还有一些社区定期开展心理健康教育综合活动。例如,深圳市龙华区大浪街道浪口社区党群服务中心、妇联、团委联合开展以"抗逆力成长之旅"为主题的青少年心理健康课程,为辖区内百余名青少年带来精彩的心灵之旅。

2. 公共文化资源

图书馆的心理读物专区、博物馆的疗愈展览以及公园里的冥想区等,都是通过文化的力量来引导人们调节情绪,帮助人们保持心理健康。例如,一些地方图书馆开展"心灵驿站"活动,通过定期举办心理讲座或推荐以情绪管理为主题的图书,帮助读者掌握调节情绪的方法。习近平总书记特别强调家庭、家教、家风的重要性,不少社区都建设了"家风馆",展示我国优秀传统"家文化"中的人和事,以及社区内的好人好家风。这些家风故事,往往彰显了主人公杰出的情绪管理能力和在逆境中抗争的能力。特别是共产党人的爱家爱国事迹，更是以极强的感染力给人以深刻启迪。

3. **实践活动资源**

学生参加社区志愿服务和公益实践活动，不仅能够帮助他人，还能够增强自身的社会责任感和自我效能感。通行"善行积分"制度，少年儿童参与志愿服务后，能够将自己的付出兑换为所需要的学习资源，还能够在服务他人的过程中培养自己的情绪管理能力和抗逆力。例如，南京市江宁区汤山街道高庄社区，组织志愿者和城郊孩子们一起，开展"我就是我"抗逆力提升活动。活动以优势视角理论为基础，先引导孩子们谈谈自己所喜欢的人物的优点，再请孩子们发现自身的优势，强化对自我内在优势和外部环境的认识，引导他们学会在面对逆境时以优势视角去看待逆境，积极勇敢地面对。

二、学校主导下对家庭情绪管理与抗逆力心育资源的整合

（一）学校通过德育与心理课程拓展活动来整合家庭心育资源

学校的德育和心理课程以及相关拓展活动，是培养学生情绪管理能力和抗逆力的主要路径。

下面举例讲解如何以学校心理课程为依托来整合家庭资源，提升学生的情绪管理能力和抗逆力。

1. 情绪认知活动

（1）活动目标：帮助家长理解情绪产生机制，识别家庭情绪触发点。

（2）实施步骤：

① 通过家长学校或家长会等形式，向家长讲解"情绪ABC理论"（A事件、B认知、C情绪反应）。如：孩子考试失利（A），家长若认为"失败不可接受"（B），则产生愤怒（C）；若解读为"成长机会"（B），则产生关切（C）。

② 请家长填写"家庭情绪触发点评估表"(含20个常见场景,如孩子作业拖延、顶嘴等),并识别前三种高发的情绪触发事件。

③ 请家长观看典型家庭冲突的视频片段(如家长辅导孩子作业时情绪崩溃的场景),并标注视频中的 A、B、C 环节,讨论替代性认知的可能性,并基于最近一次情绪爆发事件,根据"情绪 ABC 理论"进行书面分析。

④ 引导家长学习情绪调节技能。模拟高发冲突场景,引导家长借助"情绪调节技术指南"和"认知重构卡片"练习情绪管控技能。

2. 实践应用活动

(1) 活动目标:通过系统记录与反思,引导家庭形成情绪管理新模式。

(2) 实施步骤:

① 发放"家庭情绪周记本",由家长与孩子轮流担任记录员,每日至少记录一次情绪事件;记录内容包含"日期""触发事件""情绪强度"(以1—5星标注强度),以及"应对方式""结果反思"。

② 阶段性复盘,统计高频的触发情绪事件类型(如学业问题,占比60%),绘制"家庭情绪波动曲线图";召开家庭会议,讨论"哪些应对方式有效/无效",并制订"改进行动计划"(如设置作业提醒闹铃等)。

(二) 学校通过指导课外活动来整合家庭心育资源

课外活动也是培养学生情绪管理能力与抗逆力的重要手段之一。

下面以"家庭协作突破挑战"主题下的两个活动案例,来介绍学校如何通过指导课外活动有效整合家庭的情绪管理能力与抗逆力心育资源。

1. 课外活动"家庭任务挑战"

(1) 活动目标:培养问题解决能力,建立"失败是过程"的认知。

(2) 活动内容:3 小时内完成下述任务。

① 用 20 元预算采购食材,制作三道创意菜(考验资源管理能力与时

间管理能力)。

② 用废旧材料搭建承重结构(测试与提升面对挑战时的抗压能力)。

③ 完成500米定向越野(破解谜题后方能获知路线,锻炼情绪管理能力与抗压能力)。

④ 亲子互写"失败经历分享信"。

(3) 家长撰写"家庭任务挑战活动记录",记录完成任务过程中的冲突、策略与反思等。

(4) 情绪管理指导。在活动开始前建立即时通信群,活动过程中,由班主任在群里发布情绪管理提示(如"遇到困难时先深呼吸三次,让自己冷静下来")。

2. 课外活动"哪座大桥承重力最佳"

(1) 执行任务(教师在旁观察并记录)

典型冲突场景:某家庭在搭建承重结构时连续倒塌5次,孩子摔材料哭泣,父亲欲代劳,被班主任制止。

教师介入:发放"抗挫引导卡"(含3条建议:① 说出情绪,"你现在是不是很生气?";② 分析原因,"哪部分结构需要加固?";③ 调整目标,"先争取让承重结构能承受5本书。")

(2) 反思讨论

召开家庭会议,复盘任务完成过程,重点讨论哪些策略有效/无效、家庭成员在面对挑战时的互补角色等。

召开班级分享会,如展示"最意外的问题解决方案"(如用吸管当"钢筋"加固结构等)。

(三) 学校通过个案指导来整合家庭心育资源

教师要重视对学生亲子关系的指导,要通过家长学校、家访、约谈、开放日活动等方式,促进亲子双方彼此的理解,帮助亲子双方提高良性沟通的能力。

接下来介绍一种面向亲子关系个案的"情绪日记"法,它能帮助亲子双方共同提升情绪管理能力。

"情绪日记"实施步骤：

1. 准备专属的"情绪日记本"，选择孩子喜欢的封面和内页（建议使用空白纸张或有简单线条的纸张），贴上孩子的照片或姓名贴，增强仪式感。

2. 固定记录时间

每天睡前15分钟作为"情绪时光"，先进行亲子拥抱，让孩子在安全感中回顾一天的经历。比如，家长可以说："让我们像整理玩具一样，整理今天的心情吧。"

3. 七步记录法

（1）表情符号标记。用表情贴纸标记当天最强烈的情绪。

（2）场景概括。用简单的句子记录引发情绪的事件。例如："今天我的笔被同学踩坏了，我很生气。"

（3）描述身体感受。记录情绪出现时身体的反应。例如："生气时我的拳头握紧了。"

（4）描述想法或看法。记录情绪出现时脑中的想法。例如："谁敢欺负我，我一定要揍扁他！"

（5）描述应对方式。记录情绪出现时自己的应对办法。例如："在愤怒情绪的驱使下，我大叫、骂人，甚至踢了别人的课桌，完全失控了！"

（6）换一个想法。记录自己冷静下来后内心的反思。例如："同学并不是有意的。"

（7）新的应对方式。记录有哪些好的应对方式。

4. 定期回顾

在每周日设置一个"情绪总结时间"，家长和孩子一起回顾本周的"情绪日记"，用不同颜色的笔标注高频情绪事件。如果发现孩子经常因与同学发生摩擦而生气，可以针对性地引导孩子学习一些社交技巧。

针对不同类型的家庭，学校教师开展家庭情绪辅导也是十分重要的。下面分享的是一则针对父母离异家庭学生的个案指导。

1. 开展多维评估

(1) 通过心理测评工具(如"抑郁量表"),以及家访等,发现问题。如:母亲常抱怨什么?学生的苦恼有哪些?

(2) 通过学业分析,发现学生的学科薄弱环节。

(3) 通过课堂观察,发现学生的心理问题。

2. 进行系统干预

(1) 个体心理辅导。与心理教师沟通,对学生开展心理辅导,引导学生学习管理情绪的方法。

(2) 家庭关系重塑。分别与学生的父母进行沟通。如对母亲,指导其使用替代指责的语言,与孩子协商制订亲子活动计划并执行。

(3) 学校支持系统。协调学科教师为该学生提供学业支持。例如,定期检查其错题本,及时给予指导。

三、学校主导下对社会情绪管理与抗逆力心育资源的整合

(一) 指导学生参与社区治理活动

参与社区治理是培养学生情绪管理能力与抗逆力的关键性实践路径之一。学校可以结合德育活动,根据校家社协同育人"教联体"的基本精神,主动联系社区,引导学生参与基层社区治理工作,鼓励学生在真实的社会场景中实现心理成长。

接下来,以"如何治理社区广场舞噪声"活动为例进行分析。

1. 活动设计思路

(1) 在面向居民开展访谈、应对拒绝的过程中,学生需即时调节情绪,消除挫败感(如被调查对象冷漠对待),这种高频情绪波动应对训练能显著提升学生的情绪觉察与调控能力。

(2) 面对社区复杂问题,学生需突破思维定式设计解决方案,从而建立"问题必有解"的认知信念,增强心理韧性。

(3) 通过社会反馈,学生能直接感知自身行动的社会价值,从"自我

怀疑"转向"我能改变",实现抗逆力的正向循环。

2. 开展技能培训

培训内容如下表。

表 8-9 学生参与社区治理活动前的相关技能培训(例举)

培训模块	具体内容	工具支持
情绪管理	访谈焦虑缓解术、解决冲突"情绪ABC理论"	"情绪调节提示""情绪日志"
社会调查	问卷设计、数据可视化方法	调查问卷、Excel表格模板等
危机应对	突发状况处理预案	情景模拟

3. 实施社区调查

(1) 分组

根据活动参与人数和社区实际情况,结合学生个人兴趣、能力适配情况、家庭资源评估等给学生分组,并进行分工安排。

(2) 田野调查流程

① 基线调查。完成 200 份社区居民问卷。预设挑战任务,思考"多次遭遇拒绝怎么办?",每日开展 15 分钟的"挫折复盘会"。

② 深度访谈。采访 5 位利益相关者(物业经理、社区民警等)。

③ 制订方案。形成"社区问题解决方案提案",要求至少包含 3 种可行方案。同时,提供过程性心理支持工具"情绪日志",最后评选出"最佳逆袭案例"(如从被拒 10 次到成功开展访谈)。

活动期间请家庭提供支持,家长担任"场外顾问",教师则通过提供专业建议等方式帮助学生直面挑战突破自我。

4. 成果展示与评估

如:社区层面,选取 3 份提案,纳入街道年度工作计划;个人层面,学生制作"我的成长故事手册"(含关键事件反思);学校层面,为优秀小组和学生颁发"抗逆力勋章"(可以设置"问题解决能力""情绪调节能力""团队协作水平"等奖项)。

(二) 组织学生参与社区文化活动

组织学生参与社区文化活动是培养学生情绪管理能力与抗逆力的独特的实践路径。在博物馆、科技馆、纪念馆等场所,学生可以参加丰富的活动:在沉浸式情境中(如模拟"修复破损文物"),学生经历可控的挫折体验,通过反复试错,学习情绪调节策略(如分步拆解问题),将抽象的抗压概念转化为可操作的行动框架;在历史与现实的"对话"(如研读烈士家书)中,跳出个体视角,从弘扬精神、传承文明的维度,理解困境的普遍性与可突破性;在跨场域互动(如科技馆的"团队生存挑战"情境)中扮演多元角色,验证自身价值。

表8-10 社区文化活动对少年儿童情绪管理能力与抗逆力的教育价值(例举)

场馆类型	活动形式	教育价值
博物馆	文物修复体验、古代生活场景体验	培养专注力,理解历史变迁中杰出人物的心理韧性
科技馆	太空生存挑战、机器人编程	提升问题解决能力,增强科学理性
纪念馆	沉浸式历史剧场、英烈家书研读	培养家国情怀,强化责任意识

接下来以具体的组织学生参与社区文化活动为例,来进行说明。

1. 活动设计

(1) 情绪管理方面。在"文物修复"中感悟"慢工出细活",磨炼耐心。

(2) 抗逆力方面。在"航天员模拟训练"中体会"失败是过程"。

2. 实践活动

(1) 博物院"文物医生"活动(目标是训练情绪稳定性)

① 情境导入(1小时):观察破损的陶器,讨论"残缺是否等于无价值";填写"情绪联想卡",将文物上的裂纹与自身挫折相类比。

② 修复实践(2小时):使用专业工具修补仿制陶片,记录每次失误时的生理反应(手抖、出汗等)。

③ 反思迁移(1小时):填写"我的文物修复日志",如"出现严重失

误,用力过猛,导致缺口扩大",或记录情绪变化,如"急躁→平静"。

活动过程中,教师指导情绪波动应对策略,如示范深呼吸等。

(2) 科技馆"火星生存挑战"活动(目标是提升抗压能力)

① 团队任务:用限定材料搭建防辐射舱(3次失败机会)。压力源:定时播报"氧气剩余量"。

② 个人任务:模拟设备故障情境,个人单独完成应急操作。设置认知干扰:错误操作警报声。

活动过程中,教师提供心理支持工具,包括"压力仪表盘",实时显示心率变化;"太空锦囊",含5条心理提示语(如"错误是发现新路径的机会")。

(三) 指导学生参与社区服务活动

参与社区服务活动,对于培养学生的情绪管理能力和抗逆力有着至关重要的作用。通过亲身体验,学生将学会理解和管理情绪,能培养同理心和积极心态;在面对挑战和克服困难的过程中,他们的抗逆力和问题解决能力得到显著提升,坚韧品质得以锤炼;同时,积极的社会支持网络也能增强他们的归属感和安全感。

表8-11 社区服务活动对少年儿童情绪管理能力与抗逆力的教育价值(例举)

服务类型	活动任务	教育价值
助老服务	智能化设备使用教学、口述史记录	培养共情力与责任感,提升情绪管理能力
健康服务	协助慢性病筛查、健康生活方式宣传	提升社会价值感,提升抗逆力

下面以学生参与"独居老人陪伴与辅助"社区服务活动为例,来进行具体说明。

1. 活动设计

(1) 活动计划:针对社区痛点问题"独居老人心理支持缺失",引导学生参与"独居老人陪伴与辅助"服务活动。

(2) 心理工具

① "情绪调节量表""抗逆力量表"(用以测评学生心理水平)。

② 情绪管理方法。教授"STOP 技术"(停止—呼吸—观察—行动)。

③ 抗逆力训练。设计"渐进暴露任务"(从简单到复杂),指导学生提高抗逆力。

2. 活动实施

(1) 智慧助老行动

① 岗前培训(2 课时):了解老年人的心理状态(如认知退化),模拟代际沟通场景(学习应对老年人听力下降、重复提问等情况)。

② 实践任务(每周 2 小时):教会 5 位老人使用视频通话、医院挂号系统。

③ 反思工具:在"情绪日志"中记录服务活动中自己的情绪波动情况(用 0—10 分来标注情绪强度),在"挫折转化卡"中记录 3 次将失败转化为学习机会的经历。

(2) 健康守护者计划

① 担任"临时家庭健康管理员",为 3 户老人建立"健康档案"。

② 模拟医患沟通,教居民科学测量血压。

③ 制作"健康误解纠正手册",破除 10 个常见的养生保健方面的谣言。

④ 开展"生命价值辩论赛",解读慢性病患者的生存意义。

第三节
校家社协同联通人际关系与亲社会心育资源

【案例导入】

小强是某学校七年级学生,下课时他经常一个人站在教室最后面的窗户边往外看,从不与同学一起活动或交流,脸上很少有笑容。经与其父母沟通后,教师了解到,孩子小学阶段都是住在老家,与爷爷奶奶一起生活,上了初中才来到这个城市与父母一起生活,孩子平时与其父母沟通也不多,平时很少出家门,也不与邻里孩子一起玩。

人类的心理适应更多地指对人际关系的适应。拥有良好人际关系和亲社会心理的个体,其心理健康水平高,对挫折的承受力和社会适应能力强,在社会生活中也更容易成功[①]。亲社会心理是指个体表现出有利于他人或社会的行为倾向和心理特征,包括同情、合作、分享、助人、自我牺牲等。这种心理与自私、攻击性行为等相反,强调个体对社会和谐与他人福祉的关注。学生的人际关系包含家庭中的亲子关系、学校中的师生关系和同伴关系,这三类人际关系与其亲社会心理和幸福感密切相关。

一、家、校、社中的人际关系与亲社会心育资源分析

家庭、学校和社会是人们逐次进入与适应的环境,在这些环境中,有着与血缘亲情、学习、工作相关的多元关系系统,人们通过处理诸多关系,逐步构建起属于自己的人际关系网络,提升与人交往的能力,培养亲社会心理素养。

[①] 俞国良.心理健康问题的当代诠释:学理与系统视角[J].北京师范大学学报(社会科学版),2024(02):29-43.

(一) 家庭中的人际关系与亲社会心育资源

家庭中的人际关系和亲社会心理资源主要包括亲子关系、跨代关系和同胞关系,这些都是与学生直接互动的关系;还有家庭中的夫妻关系、父母与祖辈的关系等,这些是学生在家庭中能够观察模仿的间接人际关系;父母家人对邻居和朋友的态度等,也属于学生亲社会心理的主要心理资源。

1. 亲子互动资源

家庭中的亲子关系是父母与子女之间建立的独特且具有影响力的人际关系,具有不可替代性、持久性和变化性,对青少年的身心发展起至关重要的作用。亲子关系不仅仅是一种具有血缘特性的人际关系,更是一种重要的教育资源,通过情感联结、行为示范和认知引导,深刻塑造着孩子理解他人、处理关系的方式,构成了孩子亲社会心理的底层逻辑。例如,安全型依恋的孩子,因父母及时回应其需求,形成"他人可信赖"的信念,其在学校的同伴接纳度也高;而回避型依恋的孩子,由于父母对其需求的回应不稳定,其容易出现社交退缩或过度讨好的心理现象。

2. 跨代际互动资源

多元代际互动是培养少年儿童社交能力的独特资源。当孩子与祖辈共同参与家庭聚会时,不同年龄层特有的交流方式形成生动的社交课堂:当祖父讲述年轻时的工作经历、祖母用碎碎念的话语讲起以往的生活情景时,孩子在老人缓慢的语速、重复的叙事节奏中,理解高龄群体的表达特征。这种跨代对话使孩子认识到,社交不局限于同龄人的快捷信息交换,更需要根据对象的特点调整沟通策略。家庭聚会还是微型社交实验场。比如孩子观察父母在年夜饭桌上如何平衡各方话题,如何运用"先肯定后转折"的话术化解亲戚间的意见分歧。这些真实场景中的社交智慧比理论说教更具渗透力。

3. 同胞互动资源

在家庭环境中,同胞(兄弟姐妹)之间的互动是孩子早期社会性发展的重要情境,对人际交往能力的培养和亲社会心理的形成具有深远影响。这种互动既包含合作、分享、共情等积极行为,也可能伴随冲突与竞争,而正是在这些复杂的社会性实践中,孩子逐步习得适应社会关系的核心能力。积极的同胞关系能成为孩子未来人际关系的"安全基地"。若家庭中的同胞互动以支持为主,少年儿童会形成对人际关系的信任感,更愿意在社交中主动表达善意;反之,若同胞互动充满敌意,则可能引发孩子的攻击性行为或社交退缩行为。

(二)学校中的人际关系与亲社会心育资源

学校是孩子离开家庭进入社会所接触到的第一个人际关系系统。在学校里,孩子们尝试与没有血缘关系的人建立亲密关系,也学会在适应、融入、建设班集体的过程中培养亲社会心理。

1. 师生互动资源

师生关系是学生与教师在学校教育过程中建立起来的一种人际关系。良好的师生关系在少年儿童的生活中是一种具有保护性与引领性的资源,有利于少年儿童的身心发展,能够显著预测学生对学校及同伴产生的积极情感态度,并且能显著提高个体的社交能力。比如,在日常的教学与班级管理中,班主任可以通过细心观察和深入交流了解每个学生的性格特点、兴趣爱好以及家庭背景,理解他们的心理需求和困惑,给予学生更多的关爱。班主任还可以定期组织班级活动,如户外拓展、文艺演出等,增强班级的凝聚力和向心力。在与学生的互动中,教师要避免使用易造成师生沟通障碍的错误表达方式,如命令、威胁、训诫、过度的劝说等,更为重要的是,教师如果对某类学生表现出明显的贬低、歧视或打击态度,那么这类学生被其他学生排斥或霸凌的可能性就会大大增加。因此,在校家社协同心育的过程中,教师要充分重视自身素养与教育素养的价值和意义。

2. 同伴互动资源

同伴关系是指基于共同的兴趣和友谊而相互紧密联系的个体在互动过程中发展起来的一种人际关系。当学生进入集体与同伴进行互动,特别是进入青春期时,同伴会成为获取社会信息的重要来源,其对个体各方面的发展都起着极为重要的作用。同伴关系是一种重要的社会支持力量,在少年儿童个性、情绪、亲社会行为等的发展中扮演着不可或缺的角色,尤其是对社交技能发展有着重要影响。拥有良好的同伴关系还可以增强孩子的自信,在心理层面,这种自信的提升是防止社交恐惧和社交焦虑的有效途径。

3. 班集体资源

班集体是学生建立人际关系与发展亲社会心理的重要社会化环境。在互动维度上,班集体通过每日的协作学习、团体活动等常态化交往场景,为少年儿童呈现了真实的社会关系。少年儿童在完成小组任务、协调意见分歧的过程中,逐步学会换位思考、情绪调节等核心交往技能,这种经验积累,远比抽象的说教更具教育实效性。解决班集体生活中冲突的经历,能显著提升学生的社会问题解决能力,这种能力迁移到更广阔的社会情境中,表现为更好的环境适应性与社交灵活性。尤为重要的是,班集体作为微型社会,其蕴含的合作文化能有效中和竞争社会的负面影响。在教师引导下建立的互助小组、伙伴制度等支持系统,能使学生在实践中理解互惠原则,这种经验会深刻影响其成年后的社会行为模式。当学生持续观察到助人行为会获得集体赞许时,便会主动将利他主义纳入价值体系,这正是亲社会人格形成的关键机制。

(三) 社会中的人际关系与亲社会心育资源

社会,特别是日常生活的社区,对少年儿童而言,是继学校后接触到的更为广阔的人际交往空间,其中的人际关系更为疏远,需要孩子更加主动地融入,也需要家长和教师更加重视整合其中的资源,否则,现在的学生很难自然而然地获得现实的人际交往机会。此外,尽管网络虚拟的人际交往因为存在成瘾性等弊端,被不少专家、家长和教师所诟病,但是它作为现代学生不可避免的一种人际关系形态,对他们的心理发展和亲社会行为也有着不可回避和难以估量的影响。

1. 邻里互动资源

邻居之间的交往,对少年儿童社交技能的培养有着重要的影响。父母可以有意识地带孩子走出家门,加入不同年龄层孩子的群体,教导孩子学会主动打招呼、礼貌待人、分享等社交技能。良好的邻里关系还可以帮助孩子扩大视野和经验,通过与邻居们的互动,孩子可以了解不同家庭的生活方式、文化背景以及各种兴趣爱好。这样的经验,能够让孩子更加开放、包容,懂得欣赏多样性。

2. 实践活动资源

社区在不同节日或节气组织系列活动,邀请小区的少年儿童积极参加,为他们搭建交流平台,丰富他们的课余生活。例如,周末时,举办"障碍挑战赛""接力运球""团队拔河"等户外运动,锻炼少年儿童的身体协调性,培养他们的意志品质和团队协作意识;清明节时,组织居民到公园踏青,大家可以欣赏春景、野餐、放风筝等,了解清明节的传统习俗;中秋节时,组织赏月活动,邀请居民表演节目、自制灯笼、猜灯谜等,增进邻里之间的友谊。

3. 网络互动资源

网络互动与虚拟人际交往对少年儿童人际交往能力与亲社会心理的形成具有双重影响,虽然提供了新的社会化渠道,却可能削弱少年儿童的现实社交能力。网络空间为大家提供了突破时空限制的社交新场域,其特有的匿名性和即时性,既带来了交往机遇,也伴随着人际交往挑战。网络互动可以拓展少年儿童的社交范围,使其在虚拟环境中尝试不同的社交角色,增强共情能力与适应性,但是,过度依赖虚拟世界的互动可能会削弱少年儿童的现实社交能力。研究表明,长期沉浸于 AI 人机对话中的孩子,与真实同伴的互动可能会减少,从而导致共情能力下降,甚至出现社交退缩行为。

二、学校主导下对家庭人际关系与亲社会心育资源的整合

在少年儿童的人际关系这个问题上,学校教师可能比家长更加敏感。现代家庭规模越来越小,结构越来越简单,孩子们越来越不愿意主动出门交往,这甚至让一些家长感觉满意和放心,认为孩子不像他们小时候那样在外面给父母"惹事",让父母担心。而现实是,现代的孩子,往往不知不觉就脱离了真实的人际交往情境,他们在人际关系处理能力与亲社会心理及行为方面的发展不足,在以集体生活为主的学校被放大,对自身的全面发展形成了阻碍。因此,学校教师要主动联合家庭资源,大力提升少年儿童的人际关系处理能力与亲社会心理素养。

(一)学校通过德育与心理课程拓展活动来整合家庭心育资源

基础教育德育课程体系将人际关系教育作为重要的组成部分,将人际关系教育系统融入各学段课程标准和教材中,提供递进式指导,班主任可以通过多种活动来整合家庭资源。比如,针对构建良好同伴关系,定期发送"社交技能家庭任务",如"本周邀请一位同学到家做客";在家长会上分享"儿童友谊发展阶段性特征",帮助家长理解不同年龄孩子的社交需求(如低年级孩子主要需要玩伴,而高年级孩子重视朋友的忠诚)。教师还可以基于心理课程开设社交课程,引导学生练习有效沟通,学习使用"三明治表达法"(肯定+建议+鼓励,如"你刚才的发言很有趣,但声音小了点,再大声些会更棒!")。

学校教师还可以结合道德与法治课或心理健康课的内容设计课后拓展活动,以进一步整合家庭人际关系与亲社会心育资源。

例如,小学中年级的道德与法治课程中有与家人合作的相关内容,教师就可以设计一些课后拓展活动,指导学生回家和父母一起合作完成相关任务,提升亲子间的沟通能力。

课后拓展活动:家庭会议

(1)活动目的:提升家庭成员的沟通能力。

(2) 内容设计：设计"家庭会议"任务单，鼓励家庭组织一次家庭会议，让家长引导孩子参与制订某个周末的家庭活动计划，并鼓励孩子提出具体建议。如"我建议周日去图书馆，我负责查图书馆开放时间"。建议家长在家庭会议过程中引导孩子学会轮流表达，尊重他人的观点，心平气和地表达自己的观点，并学会坚持自己的观点，艺术性地说服家人理解自己的观点等。

（二）学校通过指导节日节气纪念日活动来整合家庭心育资源

在家族成员之间的交往越来越少的当下社会，不少年轻人甚至喊出了"断亲"的口号，不主动和家族中的亲戚交往，无法形成家族意识，这些现象也影响着少年儿童真实社会交往能力的发展与亲社会心理的形成。为此，学校要利用中华传统节日节气和各种纪念日，引导家长带着孩子积极融入大家庭，承担家庭成员应有的责任。

节日活动：中秋节的特殊班会

(1) 活动目的：通过邀请爸爸妈妈或其他家人参与精心设计的亲子互动交往活动，增进亲子关系，提升学生的社会交往水平和亲社会素养。

(2) 活动内容：月光亲子信箱

班主任为父母与孩子打造一个情感表达的平台，让家庭成员以匿名的方式书写对彼此的感谢与歉意。通过这种形式，创设一个安全的空间，让那些平日里难以启齿的情感得到表达。

在操作过程中，学生可以写下诸如"对不起，总是嫌您唠叨，其实您的关心我很明白"或"感谢您每天的辛劳，让我有一个温馨的家"等真挚话语。这些信件由班主任分类投递，确保每封信都能送到相应的收件人手中。为了进一步促进有效沟通，每封信还附赠"沟通锦囊"，内容包含非暴力沟通技巧和话术，为家庭成员提供实用的沟通工具。

（三）学校通过个案指导来整合家庭心育资源

学校老师往往会遇到一些在人际关系和亲社会心理上存在某种群体特征的学生，在进行个案指导时，教师要重视对家庭人际关系心育资源的整合与运用,才能达到所期待的效果。

留守儿童作为我国城市化进程中的特殊群体,其成长过程中面临家庭教育缺失、情感支持不足等多重困境,严重影响其社会交往能力发展与亲社会心理形成。流动儿童在学校的社交中往往处于弱势,他们在班级中容易被忽视,因为他们可能表现得不引人注目,或融入不了班集体。班主任需要多关注这些学生,及时为他们提供支持。

首先,教师应观察课间学生互动的情况,注意那些独自活动、很少被同伴主动邀请参与游戏的学生。这些学生可能在非正式社交场合中显得孤立。其次,作业小组反馈也是一个重要的了解信息的渠道,如果某个学生经常被小组成员排除在外,或评价为"不合群",这可能暗示他在社交方面遇到了困难。一旦识别出社交弱势学生,教师需要制订个性化的支持策略,帮助这些学生提升社交能力,融入班级集体。

同时,教师应该积极引导留守儿童与祖辈进行有效交流,应综合考虑代际差异、情感表达方式以及留守儿童的特殊心理需求。

三、学校主导下对社会人际关系与亲社会心育资源的整合

对当今学生而言,在社会上提升人际交往能力的难度加大了,学业的压力让不少学生只在家庭和学校间两点一线行动。要想通过社会活动来提升学生的人际关系能力与亲社会心理素养,就需要学校主导,组织社会调查、社会服务等活动,有意识地、任务式地达成目标。

(一) 指导学生参与社区调查活动

社区是一个大家庭,学校教师可组织学生参与社区调查,聚焦真实问题(如老年人与新技术之间的"数字鸿沟"、社区垃圾分类的痛点等),开展调研活动,让学生与不同人群的情绪情感产生共鸣。

实施步骤:

1. 前期准备

明确角色分工和任务,如采访员(主要负责与他人进行沟通)、记录员

(观察非语言信息)、协调员(调解分歧)、分析师(整合观点),定期轮换角色。

2. 行前培训

学习"3F 倾听法"(fact,feel,focus),练习不带评判地复述对方观点、反馈情绪;培养共情能力,开展角色反转演练,分组扮演抗拒采访的居民,体验被调查者的心理。

3. 开展调查

利用社区调查"情感日志",每天记录成功时刻和挫折事件,以及小组冲突及解决方式等。

活动过程中,教师作为"隐形教练",观察小组动态,用提问代替指令;及时对受挫学生进行个体情绪疏导。

(二) 带领学生参观社会文化场馆

社会文化场馆可以通过独特的场景、资源和互动内容设计,为学生发展人际关系提供沉浸式现场体验,为学生提供与课堂不一样的社交机会。

下面以美术馆"艺术探险"活动为例,来阐释如何充分利用社会文化场馆资源引导学生发展社会交往能力。

实施步骤:

1. 行前准备(15 分钟班会)

(1) 分组与角色安排:按性格互补原则给学生分组(如性格内向学生与性格外向学生相搭配),4 人一组,分别为组长(协调活动过程)、观察员(记录细节)、发言人(分享观点)、摄影师(拍摄小组任务成果)

例如:让经常沉默少语的小 A 担任观察员,负责发现画作中的细节。

(2) 布置核心任务:找到一幅让小组成员都有共鸣的作品,完成以下挑战。

① 用 3 个词描述作品所蕴含的情感(如"孤独""希望""震撼")。

② 模仿画中人物动作或表情,拍一张创意合照。

③ 思考"画中人可能需要什么帮助",写一句话。

(3) 约定社交规则：用"美术馆音量"交流；发言遵循"我观察到……我感觉……"句式；小组共同行动，不离散。

2. 馆内探索(60分钟)

(1) 教师跟踪指导："现在开始艺术探险！15分钟后在《×××》画前集合，检查任务进度！"各小组开始自主探索。教师在馆内穿梭观察，对争执进行重点干预。

(2) 中途快闪集合(15分钟)：在指定画作前汇合，各组用30秒分享收获。

例如："我们选了《×××》，对这幅作品，目前我们最认同的3个情感词是……"

教师反馈："第×组注意到了画中人物紧握的双手，发现了别人忽略的细节！"

3. 返校反思(20分钟班会)

小组分享：展示创意合照，朗读关于想为"画中人"提供怎样的帮助的语句。

教师提问："今天哪次小组合作让你感到被倾听？"进一步帮助学生梳理活动中的真实感受，引发更多思考。

(三) 指导学生参与社区服务活动

指导学生定期参与社区服务活动，开展跨小组合作，主动与陌生人沟通，学会倾听服务对象的话语，团队内部协商分工，解决合作中的小摩擦等，这些都能够有效提升学生的人际交往能力。学校教师要积极与社区组织(居委会、社工站、公益机构等)沟通，了解有哪些真实的且适合学生参与的活动，然后组织开展有针对性的活动。

实施步骤：

1. 科学分组

有意打破平时固定的"友谊小圈子"，将不同性格、背景、能力的学生组合在一起。鼓励小组自行讨论并确定临时角色(如组长、联络员、记录员、物资管理员等),明确每个人的职责。

2. 培训与引导

教授必要的服务技能。强调积极倾听、清晰表达、使用礼貌用语、非语言沟通的重要性;引导学生思考服务对象的需求和感受;学习尊重、信任、分享、互助、包容不同意见、建设性地解决分歧等。还可以提前讨论可能会遇到的困难,并进行"头脑风暴",思考应对策略。

3. 积极引导与观察

教师从主导者变为引导者、支持者、观察者,让学生尝试自己进行沟通、解决问题、完成任务,避免过度干预。当小组行动陷入僵局、冲突升级、出现安全风险或学生明显感到挫败时,及时介入引导,而非直接解决问题。教师需注意观察学生的互动模式:谁在主动沟通?谁在倾听?合作是否顺畅?……并记录关键细节。鼓励学生主动帮助组内遇到困难的同伴,及时肯定学生的互助行为。

4. 拓展沟通对象

设计需要学生与服务对象直接交流的活动环节,提醒学生放慢语速、耐心倾听、保持微笑、尊重对方。鼓励内向的学生尝试迈出第一步。当观察到学生与服务对象进行了良好互动,及时给予肯定。

【分析与思考】

1. 当面对缺乏自信心和自卑感很强的学生时,教师可以整合家庭和社会的哪些有效资源,帮助学生增强自信心,提升社会交往水平?

2. 一学生与同学相处不融洽,经常因与同学产生摩擦而情绪崩溃,导致上课不听讲,学习成绩较差。教师可以从哪些方面帮助该学生提高同伴交往能力?

3. 一学生是留守儿童,与祖辈一起生活,但爷爷奶奶年事已高,管不了他,他不爱学习,喜欢玩手机,时不时与同学打架。教师如何帮助该学生提升亲社会心理水平?

第九章

评价联席：
校家社协同心育"教联体"的
系统进化

本章精讲

本章聚焦学生发展评价的现状与校家社协同心育"教联体"的进化方向，阐述如何通过建立科学的评价体系，对学生心理发展情况进行全面、客观、动态的评价，促进学校、家庭、社会心育资源的深度共享，促进校家社协同育人机制的完善与健全。

本章的各小节间存在紧密的内在逻辑，遵循"发现问题—解决问题—深化发展"的思路，层层递进。首先，分析学生发展评价的现状和影响，通过剖析评价导向的冲突性、评价内容的片面性、评价方式的简单化等问题，揭示当前学生发展评价方面存在的不足。其次，阐述横向评价联动机制，从横向维度提出解决部分问题的策略。主张构建校家社横向评价网络，促进评价信息横向交互流通，并依据联动评价优化教学策略，推动学校教育效能的持续提升。最后，介绍如何以纵向评价推动学生评价效能的深度优化。助力精准认知学生与教育衔接，完善纵向学生评价成长链条，以纵向评价助力学生长远培育，是在横向评价基础上对学生评价体系的进一步完善和提升。

评价联席：校家社协同心育"教联体"的系统进化

第一节 教育评价对学生心理发展的影响

- 评价导向的分歧导致学生心理冲突
  - 学校侧重立德树人的启蒙性评价
  - 家长侧重获得利益的工具性评价
  - 家校评价导向分歧在心育中的表现

- 评价内容的片面性导致学生发展的异化
  - 学校教育评价的应试性，导致对学生评价的片面性
  - 家庭片面关注学校评价内容，强化了评价的片面性
  - 家校忽视学生心理发展常态性评价，加剧了评价的片面性

- 评价方式简单化导致对学生指导的局限性
  - 家校侧重结果性评价，忽视过程性评价
  - 家庭配合学校进行结果性评价，应付倾向明显
  - 家校评价方式简单化对儿童心理健康的影响

第二节 横向评价联席，促进效能提升

- 构建横向心理发展评价网络
  - 多场景评价覆盖
  - 多角色参与评价
  - 多角度协同评价

- 促进评价信息横向互通
  - 多方评价的信息无法流通的现状剖析
  - 评价信息共享机制的设计
  - 评价信息交互流通的意义

- 依据联动评价优化教学策略
  - 评价信息的联动式反馈
  - 学校动态调整心理教学策略
  - 学校建立个性化心理支持机制

第三节 纵向评价持续，推动效能优化

- 助力精准认知学生推动教育衔接
  - 建立跨学段衔接的评价体系
  - 纵向评价精准认知学生心理发展优势与特点
  - 纵向评价推动教育衔接

- 完善纵向评价成长链条
  - 建立动态心理发展档案追踪系统
  - 创新心理发展纵向评价动态监测工具
  - 可持续心理发展评价推动学生成长

- 以纵向评价助力学生长远培育
  - 支持个性化生涯规划
  - 制订学生个性化培育方案
  - 对接国家战略需求

第一节
教育评价对学生心理发展的影响

【案例导入】

上周,王老师在班上开展了心理团体辅导课,布置了"画一画你眼中的自己"的作业。办公室的窗台上摆着琪琪上周交的心理绘画作业:画面中央是一只处在两面镜子之间的小兔子,左边镜面上写着"必须考第一",右边镜面上画着妈妈举着跳绳的手;小兔子的影子被拉长,变成了正在埋头刷题的卡通小人。看到这样的绘画作业,王老师清楚地意识到琪琪内心的压力与焦虑,请琪琪妈妈务必在家长会结束后来自己的办公室谈一谈。

在面谈中,琪琪妈妈指着评价表上"心理适应能力"那一栏的"良好"皱眉:"这个词太模糊了。她的心理(状态)要是真的好,怎么会怕考试?我们在家就是让她多刷题,把弱点补起来,老师您说这有什么错?"桌上摊着家校联系本,上面有老师画的一个"大拇指",表扬琪琪课堂发言逻辑清晰,小组合作时主动照顾其他同学。琪琪爸爸在下面写下自己的评语:孩子在家会主动整理房间,跳绳能连续跳100个。而琪琪妈妈的批注覆盖了大半个"家长评价"区域:琪琪英语成绩又降了5分,最近学习态度极不认真!

教育评价是教育生态系统中的一个核心枢纽,其价值早已超越了简单的"衡量工具"范畴,它既是基于多元智能理论的"人才观测点",也是落实立德树人根本任务的实践指挥棒。

在教育现代化的进程中,学生发展评价体系的完善不仅是技术层面的工具迭代,更是教育治理理念的深层变革。它要求我们调和学校与家庭的评价分歧,在标准化与个性化之间寻找动态平衡点,让每个孩子都既能完成国家倡导的目标,又能在成长坐标系中找到属于自己的定位。当家校评价从"各自为政"走向"和而不同"时,教育才能真正成为照亮生命成长的火炬。这既是对"为谁培养人、培养什么人、怎样培养人"时代命题的回应,也是构建高质量教育体系的必由之路。然而,在具体实践中,学生发展评价体系还存在诸多不足。

一、评价导向的分歧导致学生心理冲突

教育评价中,各方始终处在不断产生矛盾冲突又不断寻求平衡的状态。有的评价者认为教育是为了促进孩子心智的发展,开发孩子潜能;有的评价者认为教育是为了让孩子在社会中立足,获取社会资本,获得竞争优势。法兰克福学派对启蒙理性和工具理性的批判中指出,启蒙理性强调通过知识和科学武装人类,推动社会进步和人的自由;工具理性是启蒙理性异化的结果,指理性仅作为实现特定目的的手段,而忽视了目的本身的价值合理性。

(一)学校在理论上侧重于立德树人的启蒙性评价

学校是国民教育的主体,在理论上应落实立德树人的育人目标,培养德智体美劳全面发展的社会主义建设者和接班人,因此,学校评价的方向是全面且具有引领性的,包括学生的价值观、学业水平、性格、社交情况、兴趣爱好、行为习惯、身心健康状况等。

在课程设置上,学校会根据教学大纲的要求合理安排各学科的教学内容和教学进度。教师根据不同学生的学业水平进行充分备课("备学生"),努力兼顾每一位学生的发展需求。学校通过具体分析每一位学生的学业成绩,挖掘不同学生各自的擅长领域,针对这些领域,开展相应的社团活动。

在品德教育方面,学校组织实施各种主题班会活动、社会实践活动、思想品德课程等,教师根据学生在这些活动中的具体表现进行过程性评价。在身心健康方面,学校会组织体育活动、心理健康教育课程等来预防学生的身心疾病,定期给学生做心理健康检测,根据检测结果,对有心理问题或迹象的学生进行干预和教育,与家庭沟通,一起帮助学生解决心理困惑。但受师资力量、时间和资源的限制,学校单方面难以对每个学生的身心健康状况进行全面、深入的了解和评价。

(二) 家长在实践中侧重于获得利益的工具性评价

家庭是人生的第一个课堂,父母是孩子的第一任老师,是影响孩子成长的重要他人。在孩子年龄尚小时,家长会关注孩子的日常表现、个性特点和兴趣爱好,此时家长往往以孩子的身心健康、快乐成长为出发点,重视孩子的生活自理能力与社交能力。

然而,随着孩子年龄的增长,升学压力逐渐加大,很多家长受到社会观念和功利心态的影响,过于关注孩子的学习成绩,将考试成绩视为评价孩子优秀与否的唯一标准。这种过度关注学习成绩的评价倾向,使得家长不经意间就忽视了孩子的身心健康和个性发展,不利于孩子的长远发展,孩子也会逐渐关闭心门,疏远父母,拒绝与父母进行心灵的沟通,导致心理问题发生概率增加。

(三) 家校评价导向分歧在心理健康教育上的表现

家校评价矛盾主要体现在评价标准和导向的不一致上。学校根据国家课程标准与育人目标的要求,更侧重于提升学生的心理素质,体现出启蒙性评价倾向;家庭虽也认同这样的理念,但实践中很容易演变成只关注学业,忽视孩子心理,或曲解"心理健康"的概念。

具体表现为,学校致力于培养心理强大、抗逆力强的未来人才,学校的心理课堂重视培养学生的情绪调节能力,教导学生学会接纳自己的消极情绪,跟学生说"当一个人能够坦然面对情绪波动,愿意用恰当的方式表达消极情绪并向外寻求帮助时,恰恰体现了这个人的心理在走向成熟"。而许多家庭对此存在认知偏差,将"心理强大、抗逆力强"曲解为"考砸了不能哭",跟孩子说"考不好,哭了也没用,哭就说明你是懦弱的孩子"。这样的矛盾使学生不自觉地陷入思维混乱,无所适从。

此外,部分家长会以孩子是否"乖乖听话""懂事"来判断自家孩子心理是否健康,将孩子的个性化表达看作是"离经叛道""有心理问题"。甚至有些家长在面对较有个性的孩子时,不接受学校老师的专业建议,直接带孩子去医院检查。也有家长拒绝带心理高风险孩子接受医学检测与干预。这两种极端的做法，都容易对孩子造成心理伤害。

在上述矛盾情形下，孩子就像站在两面镜子前，一面镜子照射出"父母要求我必须成为的样子"，一面镜子照射出"我内心最真实最渴望成为的样子"。学校与家庭不同评价方向的矛盾，让孩子在人生初期阶段无所适从，产生焦虑。

二、评价内容的片面性导致学生发展的异化

（一）学校教育评价的应试性，导致对学生评价的片面性

在升学竞争的压力下，学校有意无意地将更多的精力投入学科教学中，而德育工作、心理健康教育、劳动教育、运动等却常常流于形式，对学生道德方面的评价也缺乏有效的手段和方法。加上因为缺少稳定的校家社协同评价工作机制，对学生道德行为的引导、对其道德水平的评价往往被忽视。有些学校虽然开设了思想品德课程与心理健康课程，但在教学过程中教师往往只是停留在理论知识传授层面，按照教科书将课程内容传递给学生，在期中和期末对学生进行书本知识测验，把测验成绩的高低作为对学生思想品德的评价结果。心理健康课程也很容易因为师资力量不足和课程时间安排不足而被缩减或占用。有些学校可能偶尔会组织学生开展一些简单的心理小游戏，以暂时缓解学生的学业压力，但是其中蕴含的心理健康知识却并没有真正被学生接受。

在家庭中，家长为了让孩子在未来的竞争中取得优势，过分强调学习成绩，忽视了对孩子的品德培养和价值观引导，殊不知，有些孩子正因为家长的短视而逐渐养成了难以纠正的不良习惯与品行，等孩子长大后，家长已经束手无策。在家庭教育中，家长也容易将德育教育与日常生活琐事混为一谈，也缺乏科学的指导方法和系统的评价标准。这种在日常生活实践中重智育、轻德育的观念，导致评价内容的片面性，导致家庭在德育方面的投入不足，对学生的成长产生了严重的负面影响，有些孩子道德

观念淡薄、社会责任感缺失。

（二）家庭片面关注学校评价内容，强化了评价的片面性

通常情况下，家庭往往难以全面了解学校评价的具体内容和标准，只能通过孩子的考试成绩、孩子每天上下学的状态、孩子的家庭作业情况以及教师的反馈等方式片面地获取评价信息，这造成家庭评价内容的片面性较强，直接忽视了学校在品德教育、心理健康教育等方面的评价内容，很多家长认为那些是"形式主义的东西"。例如，学校组织开展了一系列关于团队合作、责任感培养的活动，并针对学生在活动中的表现进行了相应评价，但家长可能并不了解这些情况，在家庭评价中缺乏对这方面的关注，缺少了家校合作的协同性，学校教育的有效性和延续性会大打折扣。

学校与家庭对孩子的评价信息很不对称，其原因主要有以下几点：一是学校与家庭之间的沟通不畅，学校没有及时、有效地将评价标准和内容传达给家长；二是家长缺乏参与学校教育的积极性和主动性，对学校的教育教学活动关注不够；三是家长个人存在偏见，注意力只放在自己想关注的部分。

（三）家校忽视学生心理发展常态性评价，加剧了评价的片面性

当前，家庭和学校越来越关心孩子的心理健康问题，但也出现了对学生心理发展的常态性评价关注不够的问题，导致对学生的心理健康评估陷入"障碍筛查至上"的歧途。学校对学生的心理发展评价一定程度上呈现出"危机导向"倾向：学校定期开展的心理测评工作，大多是以让学生填写"抑郁量表""焦虑问卷"等具有指向性的障碍筛查为主，学生似乎已经被分割成"心理绝对健康"及"心理有问题"两个对立面，但凡学生表现出一些精神上的压力、情绪上的波动，很容易被认为是抑郁前兆。从科学角度来看，只有对学生心理发展进行常态性评价，才能确切了解学生的心理真实状况，才能及时预防和有效干预心理健康问题。当学校使用"抑郁量表"来排查学生是否有抑郁倾向时，往往只能关注相关指标是否达到临床阈值，而忽视了日常生活中引起情绪波动的因素，也没有传授处理不良情绪的办法;当学校使用"焦虑问卷"来测量学生的学业压力程度时,侧重于观察数值的高低,忽视了学生学习压力的来源,也没有教会学生正确有效地排解压力。这就像是用气温计来测量气温,只看到了气温计上显示出来的数字,却忽视了对引起气温变化的晴雨风雪等的分析与防控。

家庭中对于孩子的心理评价也出现了忽视常态性评价的倾向,家长更加关注孩子是否"抑郁""焦虑",却很少留意孩子抗挫力发展的过程。当孩子出现厌学心理时,家长下意识地思考孩子是否出现了抑郁问题,却不去探寻背后的原因,不去跟孩子充分交流,没有联想孩子最近的生活状态、情绪表现。常态性评价的缺失,使孩子在日常生活中感受不到父母的关心,很可能导致其自身原本健康的心理机能逐渐萎缩。

三、评价方式的简单化导致对学生指导的局限性

(一)家校侧重结果性评价,忽视过程性评价

在当今的教育生活中,家校双方在对孩子的评价上往往过度关注结果性评价,而忽视过程性评价,出现了"唯结果论"现象。

在学校中,分数、升学率等结果性指标成为衡量学生学业水平及学校教学质量的核心标准。学生的座位安排、教师的教学绩效考核往往也与学生成绩排名隐性挂钩。在日常教学过程中,教师的教学方法也多以应试为导向,"题海战术"在一定范围内普遍存在,学生被训练如何在考试中获取高分,却很少有时间去深入思考知识的内涵与应用。这种过度重视结果性评价的做法,一定程度上使得学校的教育偏离了初心。

在家庭中,家长同样将目光紧紧锁定孩子的学习成绩和升学结果。当考试成绩出来后,家长立刻询问班主任孩子在班级中的排名、年级中的排名,询问以当前的分数能否顺利升到目标学校等。一旦孩子成绩不理想,家长便焦虑万分,各种补习班、辅导资料接踵而至,而对于孩子在学习过程中的努力、进步以及遇到的困难,家长却缺乏耐心去倾听和了解,忽略孩子在成长过程中的点滴积累和持续发展。

在这种强调结果性评价的氛围下,学生的成长过程被严重忽视。学生为了追求高分,每天埋首于堆积如山的作业和试卷中,高强度和无休止的竞争导致他们身心疲惫。他们对学习的兴趣、热情逐渐被消磨,创造力和想象力也受到极大的抑制。由于学校和家庭都只看重结果,一旦学生在考试中失利,他们往往会陷入自我怀疑和否定之中,甚至产生严重的心理压力和焦虑情绪。

(二)家庭配合学校进行结果性评价,应付倾向明显

在教育评价中,部分家长存在应付式评价的现象。例如,学校为了提升学生的劳动能力,布置了家务劳动作业,但一些家长因认识偏差,每天让孩子拿着一把扫把或一块抹布做做样子,拍照"打卡"了事,或者家长代劳,使这项作业流于形式;当学校要求家长填写孩子心理发展信息调查表时,部分家长直接让孩子自己填,或者全部打最高分,还有家长对学校布置这样的任务心生不满,认为这给自己增加了除工作之外的负担,也缩减了孩子的学习时间。

家长应付式参与教育评价,将导致孩子对学校评价的轻视,进而导致其价值观产生偏差。因为这些孩子只要完成了相关任务,保持住自己的学习成绩,其家长就会给予肯定和鼓励,所以他们对自己的学习过程和学习效果缺少深入思考和总结。在这种思维方式的主导下,孩子缺乏思维能力,发展不够全面,随着年龄的增长、年级的升高,他在学习上会遇到更多困难。

(三)家校评价方式的简单化对儿童心理健康的影响

家庭和学校对学生的心理发展评估呈现出明显的"快照式"倾向:以每学期一次面向所有学生的心理测评结果、出现心理问题事件后的紧急筛查与访谈、每次考试后学生填写的有关焦虑和学习压力的调查问卷的结果来"定义"学生的心理状态是否正常。

这些评价方式有一个极大的缺陷——割裂了学生心理发展的时间维度。当学校运用"焦虑量表"来测量学生的焦虑水平时,只能测量出学生

当下是否焦虑,没有追踪其在月考、期中、期末等不同阶段的情绪波动曲线;当学生的心理压力得到极大的缓解时,学校只能看到量表中相关指标的分值的转变,却忽视了学生为改善人际关系、学习处理消极情绪而付出的努力。而实际上,在心理健康教育中,对心理发展持续性过程的深度了解,比获得单一的结果重要得多。

缺乏家校合作的心理评价更是具有"即时性""碎片化"弊端。当学生情绪低落时,教师的反应往往只是在当下对学生进行安慰,缺少对学生课堂参与度、作业完成质量等情况的系统记录,看不到其持续性的变化。

综上所述,当前的学生发展评价存在多方面问题。评价导向的冲突性导致学生的心理冲突,评价内容的片面性导致学生发展的异化,评价方式的简单化导致对学生指导的局限性等。学校力求全面、细致地评价学生,努力让学生德智体美劳全面发展,但依旧存在注重结果性评价、进行即时性点状评价、相对忽视持续性评价的现象。而家庭评价则存在评价目标功利、评价方式单一、片面关注学校评价内容等问题。此外,家庭评价过分依赖量化标准,有些家庭将冰冷的数字作为评价孩子聪明与否、心理健康与否的唯一指标,导致家校之间在评价导向和实践操作上严重脱节,家庭与学校之间的信任度下降。上述种种问题导致学生缺乏对自我的实际认知,看不清自身的优势与缺点,甚至导致孩子出现多种心理问题。

总体来看,学生发展评价中的种种矛盾和不足反映出当前的教育评价体系在适应社会多元需求中的局限性,需要借助科技手段,通过整合学校、家庭和社会多方力量形成联席评价机制,形成"教育协同力",构建起能切实维护学生身心健康的评价体系。

第二节
横向评价联席,推动学校心理健康教育效能提升

【案例分享】

可可妈妈最近发现可可在家越来越不爱说话,总是怯怯的,刚好班主任陆老师打来电话。陆老师反馈,在学校的心理小测试中,可可给"恐惧与他人交流"选项打了钩。陆老师希望可可的父母在家多留意一下可可的情况。可可妈妈听到陆老师的话,心中"咯噔"一下:怪不得上周在路上遇到楼上的林阿姨一家,让可可喊人时,可可一直往后缩,回家后甚至在房间里大哭了一场。

与可可妈妈交流了可可近期的表现后,陆老师灵机一动,让可可担任班级植物角的"小值日生",专门照顾那些漂亮的绿植。放学回家路上,妈妈故意跟可可说:"楼下张奶奶养了很多漂亮的绿植,她一定知道该怎么照顾植物,要不,我们烤点曲奇饼干,给张奶奶带过去,向她取取经?"可可沉默了一会儿,终于点了点头。在张奶奶家,可可与张奶奶相谈甚欢,告别时,张奶奶给了可可一个大大的拥抱,说:"小可可,你笑起来真甜!"还将自己最喜欢的月季花送给了可可。可可将月季花放到了班级植物角,得到了老师和同学们的一致好评,她害羞地低下了头。

周末,可可主动参加社区的书画展,将自己的新作品《秋日的收获》带去展示。那幅画上,树木硕果累累,人们正在辛勤地采摘着果实,在阳光的照耀下,人们的脸上都带着幸福的笑容。可可的脸上也露出了甜甜的笑容。

上个月,学校进行了一次心理复查,可可在"我愿意和别人主动打招呼"选项后打上了一个大大的钩。

目前,校家社协同育人已成为推动教育高质量发展进程中的核心议题,随着教育理念的持续更新,教育不再是学校的独立行为,而是家庭、学校与社会多元主体共同参与的系统工程[①]。前一小节,分析了当前学生

---

① 陈常禄. 凝聚育人合力 推动"教联体"建设[J]. 陕西教育(综合版),2025(04):41-42.

发展评价的现状及对学生心理发展的影响,本小节聚焦校家社协同心育"教联体"中的横向评价联动,详细阐述构建校家社横向评价网络、促进评价信息横向交互流通以及依据联动评价优化教学策略三方面内容,介绍多场景、多角色、多角度开展协同评价的方式方法,论述如何通过评价信息数据的融合共享推动学校教育效能的持续提升,为学生制订个性化教育方案,从而为校家社协同育人提供理论支持与实践指导。

一、构建校家社横向心理评价网络

(一) 多场景评价覆盖

在过去,学校对学生的评价往往局限于课堂教学场景或者是几项固定的心理咨询活动。本书强调的是通过构建校家社横向评价网络,将家庭、学校、社会三方联合起来,实现对学生多场景的评价覆盖,将评价范围拓展至家庭、社区及各类社会实践场景,全方位评价学生成长的动态情况。

在学校场景中,除了对学生的常规课堂表现进行评价外,还应关注学生在社团活动、小组活动、值日活动中的心理状态与行为表现。例如,通过观察学生参加心理咨询时的表现及与班主任日常沟通时的情绪状态,评估学生的情绪状态;在小组活动中,关注学生的团队协作意识、角色表现以及问题解决能力,由此评价学生的沟通协调能力与责任感。

在家庭场景里,家长可以通过观察孩子日常的生活作息、饮食习惯、情绪波动等了解其身心状态。如,突然的失眠、食欲不振,或者经常性的情绪低落,都可能是出现心理问题的信号。家长还可以通过观察孩子主动与家人沟通交流的频率、处理家人之间矛盾的方式方法等来评价孩子在家时情绪表达的自由度,判断孩子是否压抑自己最真实的心理需求,以及孩子在亲子关系中的依恋类型。

在社区场景下,可以借助学生参与社区志愿服务、各种社会实践活动的频率以及在活动中的表现对其进行全面评价。例如,在社区志愿活动中,观察学生是否积极向社会大众宣传活动价值,是否主动参与关爱老年人的公益活动,对志愿活动中的突发事件持怎样的态度、又是怎样做的等,从而评价学生的社会责任感、情绪稳定性与人际交往能力等。

多场景评价能够使评价者更全面地了解学生在不同环境下的行为表现与当下的心理状态,为完善对学生的综合评价积累丰富素材,为更好地促进学生心理健康发展提供依据。

(二) 多角色参与评价

多角色参与学生心理发展评价也是横向评价网络的重要特征之一。只有汇聚了多元视角,才有可能实现对学生心理的客观、真实、全面评价。

教师凭借专业教学经验,可以从学生在校的日常表现着手,对学生的心理状态进行评价。例如,教师可以在平时的教学过程中关注学生的学习状态,观察学生是否经常出现注意力不集中、打瞌睡等情况,如果是,那可能是学生心理压力的外在表现。教师也可以留意该学生在小组合作中的行为表现,当学生从积极参与变得沉默寡言,或遇到棘手问题时第一反应是逃避或不合理地宣泄情绪,及时记录并科学评价其心理状态,如有必要,及时跟进干预。此外,心理教师可以与学生进行一对一的谈心谈话,通过访谈,引导学生表达内心的想法;可以设计一些匿名作答的心理问卷,让学生将自己最真实的想法表达出来,收集学生不愿意公开表达的困惑和需求,多维度综合评价他们的心理状态。

家长则从日常生活视角,根据孩子对生活的热情、亲子交往等方面的情况,来评价孩子的心理状态。比如,家长可以观察孩子在家的自理能力（自主收拾房间）、时间管理情况（作息规律）等来评价孩子对生活的态度;可以通过与孩子交流来了解孩子的心事;可以观察孩子遭遇挫折而产生负面情绪时的行为表现,来评判孩子的情绪管理能力。

社会中的相关人士,如社区工作人员、邻居、朋友等,可以基于学生在社会实践活动中的表现以及在日常生活中为人处世、待人接物的方式方法,来评价学生的社会适应能力、社会交往能力。

多角色评价的本质,就是将学生看作"立体的人"——既关注其身体,也重视其心理;既看见其优点,也接纳其不足。通过家庭、学校、社会的"共同评价",构建出一个内心丰富的、立体的、有血有肉的学生,为学生创设一个"被理解、被支持"的成长环境,让评价成为帮助孩子保持健康心理的工具。

(三) 多角度协同评价

评价学生是否完全掌握了知识,不能仅仅依靠一张薄薄的成绩单,而应关注学生对知识的理解深度及迁移运用能力。纸笔测验在衡量学生的基础知识和基本技能方面表现出较高的成熟度,但对于学生在日常生活中逐渐形成的动机、情感、态度、价值观,以及自主学习能力、审辩性思维等重要素养难以进行精确测量。[1] 由此应该拓宽评价的视野,从不同的角度来评价学生,例如,从学生的日记、周记则可看出学生对语言的组织运用以及对日常生活的观察与热爱;生活技能的评价可以从学生日常的自理习惯与行为中观察得一目了然。

心理教师可以让学生自主填写"情绪自评量表",在确保学生隐私不被泄露的前提下,定期收集学生主观情绪感受方面的数据,如关于焦虑、抑郁倾向指标的分值,对得分较高的学生,暗中给予特别的关注。对学生的日常行为进行观察,当学生频繁出现情绪波动、莫名烦躁,或者情绪长期处于低落状态时,心理教师可以据此作出评价,并进一步了解学生的情感需求,与班主任老师携手,对该生进行帮助与辅导,分析其消极情绪产生的根源,以更适宜的方式引导学生表达内心的需求,帮助学生缓解内心的焦虑。

多角度协同评价的意义在于能够将各维度的信息有机整合,提醒教育者关注学生发展的各个方面,让德智体美劳相互关联、相互促进,共同

---

[1] 杨丽萍,辛涛,李峰,等. 学生评价的数字化整合:内涵特征与关键问题[J]. 中国远程教育,2025,45(04):114—128.

构成促进学生全面发展的立体坐标系,而这个坐标体系的核心就是学生良好的心理状态。

二、促进评价信息横向交互流通

(一) 多方评价的信息无法流通的现状剖析

当前,学校、家庭和社会对学生发展的评价信息存在严重的孤立现象。学校对学生的心理发展评价信息主要从这几个渠道获得:心理教师与学生的谈话、学校开展的心理健康课程、班主任与学生的一对一交谈及对学生日常行为的观察、定期的标准化心理测评。一方面,出于对学生隐私的保护,这些评价结果仅在学校内部流转,未主动与家庭、社区共享。另一方面,学校之间的评价衔接也没有落到实处。例如,小学老师对学生进行了6年的心理评价,而学生升入初中后,初中老师对新生心理状况的了解仍是一片空白,一切都得从头开始。这正是因为小学老师对学生进行的心理评价没有及时传递给初中老师,由此造成了极大的不便与资源浪费。

此外,许多家长只能根据孩子在家时的行为表现,如孩子的情绪变化、饮食与睡眠习惯、与家人沟通的频率等,对孩子的心理状态进行浅显的评价。但家长往往缺乏专业的心理评价知识和方法的支撑,多凭主观感受和经验来判断孩子的心理状态,评价结果难以与学校、社区的专业评价相呼应。不仅如此,家长对孩子心理状态的评价往往只在家庭内部成员中交流,未能及时地传递给学校,很有可能因为学校在日常校园生活中未关注到学生可能存在的心理问题,导致无法及时为学生提供针对性的支持。

社区对未成年人心理发展评价信息的孤立现象更为严重。在社区志愿服务、社会实践活动等现场,学生往往展现出与在校时不同的表现,例如,在社区义卖活动中展现出较好的语言组织能力,在环保公益活动中表现出责任担当等,但由于缺乏评价信息横向交互流通的机制,这些表现常常只是出现在活动记录中,未能转化为校家社协同心育"教联体"的共享资源。

学生心理发展评价信息无法流动的直接后果,就是教育各方陷入"盲人摸象"的认知困境,对学生进行心理辅导的精准性与有效性必然大打折扣。

(二)评价信息共享机制的设计

为实现学生心理发展评价信息的横向交互流通,需设计科学、合理的信息共享机制。其中,建立统一的数字化评价平台是关键一步。建起这个平台后,学校、家庭和社会各方可在平台上随时录入、查询学生心理发展评价信息。

学校可以上传标准化心理测评量表的检测结果,如"学业焦虑量表""社交敏感量表"的得分,直观反映学生在学业压力下的心理状态及参加社会交往时的心理表现,但要设置为"私密信息"或"部分授权",经学生本人同意,家庭和社会两方才可以查看。

家长可以上传孩子在家的日常表现,如孩子在家的日常作息情况、是否主动叠被子和收拾房间、与父母长辈的相处情况等,以此作为评价孩子日常心理状态与性格特点的依据;家长也可以将孩子调节情绪的方法、每日睡眠时间、睡眠质量、饮食习惯、运动频率等上传至平台,后续学校可以将这些信息作为评判学生心理健康状况的一大依据。

社会机构可以上传学生参与社会实践活动的情况,如实习单位对学生实习表现的评价等;也可以上传学生在志愿活动时的表现、社区工作人员对学生的评价等,记录学生在社区内与邻居的互动情况,包括是否友善、有无冲突与纠纷等。

建立此平台最重要的前提是,必须明确信息共享权限与流程,保障每位学生心理发展评价信息的安全,将学生参与活动的照片或视频上传到平台之前必须提前询问学生的意见,保护学生的个人隐私。同时,不同主体只能根据所获授权的级别访问相应信息,例如,家长只能查看自己孩子的心理发展评价信息,班主任仅可查看当前自己班学生的心理发展评价信息。另外,也应设立信息审核岗,专门对上传的心理发展评价信息的真实性、规范性进行审核,确保评价信息的质量,确保不侵犯学生的合法权益,不对学生的心理造成危害。

(三) 评价信息交互流通的意义

数字化评价平台建起之后,学生心理发展评价信息能够实现交互流通,将产生"1+1+1>3"的效果。

对学校而言,便于学校了解学生在家庭和社会场景下的表现,学生升学或者转学后,新学校可以申请调取之前对该生的心理发展评价,对学生有初步的了解,更有利于促进新学校老师与学生之间的关系"破冰",并且,可以在保护学生健康心理的前提下,针对学生的特点开展教育,推动个性化教育的发展。

对家长来说,可实时掌握孩子在学校和社会活动中的表现,从而更好地配合学校教育。例如,可以观察孩子在集体中的社交表现,对孩子的社交退缩心理进行及时干预,鼓励孩子主动与他人交流,鼓励孩子分享内心的想法、表达真实的需求。

对社会来说,能为学校的教育教学提供更有效的反馈,能促进教育与社会需求的紧密衔接,努力实现学校与社会的接轨。例如,根据学生在实习中的表现,学校可以针对性地开展专门的心理辅导活动。

总之,通过信息的交互流通,能实现校家社三方的紧密合作,共同推动学生心理健康发展。

三、依据联动评价优化教学策略

(一) 学生心理发展评价信息的联动式反馈

"教联体"联动评价信息可以通过多种形式反馈给数字化评价平台,数字化评价平台可以定期生成"学生心理发展评价报告",以图表、数据、视频等形式直观呈现学生在各场景、各维度的表现情况。

此外，"教联体"可以组织校家社三方联席会议，面对面交流每位学生的心理评价信息，各方分享关于学生心理的具体事例，其他主体可以提出意见建议。例如，有家长反映，孩子情绪低落时通过摔打东西来发泄情绪。针对学生这样的行为，学校可以为无助的家长提供相应的教育方法和策略，社区也可以针对这种现象组织开展一些活动，教孩子们如何调节不良情绪，或者设计一些休闲小游戏等，让家长学习正确的亲子沟通方法，让孩子们放松心情。

（二）学校动态调整心理教学策略

当学校通过多种渠道获取学生的心理发展评价信息后，便能精准把握学生的心理健康状况，从而提出有针对性的教育措施。例如，数字化评价平台收集到某学生连续一周的家庭作息记录（显示该生经常凌晨2点后入睡）、该生参加社区活动所获得的评分（分值骤降），以及校内相关心理量表检测结果（显示其焦虑得分超标），学校心理健康中心便会收到平台发出的预警信息，24小时内对该生启动紧急评估流程，并安排心理教师与该生进行面谈，快速排查导致心理困扰的源头。又如，若学校基于数字化评价平台上的信息，发现有学生存在社交障碍，便可以组织心理团体辅导活动，鼓励学生参与角色扮演游戏，在游戏情境中练习社会交往技能。

为呼应学校和家庭的需求，提升学生心理健康水平，社区可以提供图书馆自习角等安静的场所，邀请学生前来听讲座，拓宽知识面，缓解学业焦虑；还可以举办一些户外活动，如邀请社区中的家庭共同参与周末骑行活动，帮助人们缓解内心的压力。

（三）学校建立个性化心理支持机制

基于获取的联动评价信息，学校可建立针对每一位学生的个性化支持机制。一旦通过分析评价信息发现学生可能存在心理问题，学校可以迅速行动。对于有轻度心理问题的学生，班主任每周至少与其进行一次谈心谈话，与学生建立信任关系，倾听学生内心的想法，给予其情感支持和引导。例如,针对因考试失利而产生自卑心理的学生,帮助其分析原因,制订学习计划,鼓励其积极面对挫折。对于有中度心理问题的学生,可转介至学校心理健康中心,由专业的心理教师开展一个学期的个体辅导,采用认知行为疗法、沙盘游戏等,帮助其调整认知,缓解不良情绪。同时,心理教师与班主任保持密切沟通,及时反馈个别辅导的进展和效果。对于有重度心理问题的学生,学校应及时联系其家长,建议家长带孩子到专业医疗机构进行诊断并接受规范治疗,并在学生返校后,联合心理教师、班主任、家长制订个性化支持方案,持续关注学生恢复的情况,及时进行动态回访。

当前,我国正处于经济结构转型升级的关键时期,对人才的需求更加多元化和专业化,培养身心健康、和谐发展、德才兼备的人才,实现教育强国,是我们这一时期的战略目标。校家社协同心育"教联体"建设工作中,建立横向评价信息联动机制是一个庞大的工程,也至关重要。我们应紧跟政策,"以学校为圆心、以区域为主体、以资源为纽带",校家社有效协同,通过构建多场景、多角色、多角度协同评价网络,有效实现评价信息的横向互通交流,有力促进学生心理健康发展与个性化发展。①。

---

① 赵国龙,李珂洁,杨勇生. 家校社协同育人"教联体"的价值意蕴、现实挑战与实施路径[J]. 信阳师范大学学报(哲学社会科学版),2025,45(03):84-90.

第三节
纵向评价持续,推动学生心理评价效能优化

【案例导入】

这已经是浩文这个月第三次在课堂上发呆了,他望向窗外的蓝天,手不自觉地用力攥着橡皮,橡皮渣一点点地掉落在地上。班主任李老师看着浩文的样子,眉头紧锁,不由得想起了上周心理教师拿来给他看的一张纸,那张纸是从浩文的小学档案中拿出来的,内容是"写写画画你当下的愿望",纸上有5个大字和一个硕大的感叹号——"我不想上学!",后面还画着一个掉眼泪的小男孩。

午休时,李老师来到学校档案室,找到了浩文小学和初中时的心理发展档案,翻看起来。李老师发现,浩文在小学三年级时因转学而闹过情绪,不愿意跟同学交流,也不愿意和同学合作完成小组作业。小学心理教师这样备注:"存在分离焦虑与社交恐惧心理"。初一时的心理测评显示浩文出现了"社交退缩倾向",当时的班主任在家校联系册中写道:"浩文的父母在今年离婚了,本就内向的他更加沉默寡言……"看到这些信息,李老师对浩文的情况有了基本了解。同时,李老师想:如果有一个数字化平台就好了,学生之前所有的心理发展评价内容都可以上传到这个平台,还可以按时间顺序排成"情绪时间轴",自动生成图表,方便当前的老师进行前后对比。

随后,李老师与心理教师配合,参照浩文小学时曾参与的"绘画疗法"设计了"艺术团体辅导课"。课上,李老师当众表扬浩文有较好的绘画功底,人物画得非常传神。

随着心理辅导的深入,浩文逐渐敞开心扉,在纸上画下的男生也不再流泪,而是绽放出大大的笑容。

校家社协同育人"教联体"以促进中小学生健康快乐成长为核心目标,依托家庭、学校和社会三大主体,通过高效整合并优化配置三方在教育责任、教育资源及教育空间上的独特优势,实现彼此间的优势互补与深度融合[1]。上一节针对学生发展评价的诸多现实问题阐述了横向评价联

---

[1] 赵国龙,李珂洁,杨勇生. 家校社协同育人"教联体"的价值意蕴、现实挑战与实施路径[J]. 信阳师范大学学报(哲学社会科学版),2025,45(03):84-90.

动的原理与应用场景,但仅仅通过多场景、多角色、多角度对学生的心理进行横向评价,还是远远不够的,纵向评价也至关重要。本节探讨纵向心理发展评价在助力精准认知学生与推动教育衔接、完善纵向学生评价成长链条、助力学生长远培育三个方面的优势,探讨如何通过持续的纵向评价来推动学生心理评价效能的深度优化。

一、纵向心理发展评价助力精准认知学生,推动教育衔接

(一)建立跨学段衔接的心理发展评价体系

现阶段,我国基础教育体系被划分成学前教育学段、小学教育学段、初中教育学段和高中教育学段,不同学段之间存在着紧密的联系和衔接需求。因此,亟须建立跨学段衔接的心理发展评价体系,打破不同学段之间的信息壁垒,真正实现对学生心理评价信息的有效贯通和共享。

清晰成熟的目标是最好的心理发展评价工具,我们应以"培养什么人、怎样培养人"为关键,通过对学生心理的全面评价,将学生培养成为心智成熟、勇于担当的未来人才。各学段应强化评价的整体意识,以学生心理健康发展为重点,有效统整和分解目标,构建层级目标评价体系,同时,增强评价标准与目标的适切性。例如,在幼儿园和小学阶段,注重评价学生从幼儿园过渡到小学时的心理适应水平,观察学生对小学学习节奏、生活环境的心理适应度。小学阶段也需要关注学生的学习兴趣、基本的生活自理能力和爱收集、爱观察、爱思考、爱提问、爱动手的习惯[①]。在此基础上,初中阶段可以进一步关注学生的抗压能力与情绪控制能力。学生在初中阶段正值青春期,情绪易大幅度波动,心理较为敏感,因此,此阶段应更加关注学生的情绪调节能力。高中阶段,可以侧重于观察学生的学业适应力、自觉与自律意识,以及对于未来生涯的规划能力。大学阶段应侧重于培养学生的个人综合素质、社交心理、独立生活能力和对未来职业的规划意识。基于循序渐进的培养目标,各个学段的评价目标也应有序

---

① 赵唯杜. 协同视角下综合实践活动课程的评价研究[D]. 华东师范大学,2021.

衔接起来，逐步推进递升。

在评价内容方面，应包含学生的身心健康、学业成绩、社会实践等多个维度。身心健康方面，对学生心理健康的评价是所有评价的基础。针对学生出现的心理问题，必须及时分析成因，积极寻找解决办法。此外，应注重社交心理培养。学前教育学段，应重点观察幼儿在幼儿园里是否有"朋友意识"；小学阶段，应观察评价小学生是否愿意主动与同伴交流、是否有分享意识；初中阶段，应观察评价初中生在与同学产生矛盾时能否从"依赖老师、家长来帮助解决问题"转变为"尝试自主协商解决矛盾"；高中阶段，应观察评价高中生能否处理复杂的团队关系，例如，小组合作时团队内成员意见不统一，能否主动去协调，有没有"独断专行"的表现等。社会实践层面的评价内容则包括学生参与社区服务、志愿者活动、科技创新实践等活动时的行为表现，学生在这些社会实践活动中的表现，可以作为评价其社会交往能力、处理突发问题的能力以及团队协作能力等的依据。全面、不同领域的评价内容能够更准确地反映学生的综合素质，反映学生的优势与薄弱点，从而有利于教育者更有针对性地制订教育方案，推动学生成长。

跨学段的心理发展评价体系建立起来后，各级学校应根据不同学段学生的心理特点和认知水平制订相应的评价指标和标准。比如，可以基于不同学段学生的心理健康目标要求设置"达标""良好""优秀"三个级别，"达标"意味着学生的心理功能能够"正常运转"，"良好"意味着学生愿意"主动成长"，"优秀"意味着学生能够"学习迁移"优秀的心理品质。虽然不同的学段有不同的心理发展评价标准，但其内核是一样的，能够确保跨学段评价信息的可比性和有效性。

（二）纵向评价助力精准认知学生心理发展的优势与特点

通过建立跨学段衔接的心理发展评价体系，学生的心理发展评价信息能够在纵向上得到充分整合，并有助于实现对个体的纵向科学分析，从而精准认知学生的心理发展优势与特点，再进行因材施教。纵向的心理发展评价信息涵盖了学生在不同学段的学习表现、兴趣爱好、心理状态、社会交往水平、特长优势等方面的内容,通过对这些信息的深入挖掘和分析,可以发现学生潜在的心理优势与相对薄弱之处,并以此为抓手,推动学生继续发扬优点,弥补薄弱点,争取成为德智体美劳全面发展的社会主义建设者和接班人。

比如,教育者可以基于学生在不同学段的心理发展档案全面了解学生的性格特质、情绪状态等,并针对学生的心理特点制订教育方案:对于追求卓越的高成就动机型学生,持续发起具有挑战性的学习任务,如学科竞赛等,避免因为任务难度不足而使其产生倦怠心理;对于内向敏感的学生,可以给其提供一些需要耐心的工作任务,如做植物角的值日生等。

精准认知学生的心理发展优势与特点,是推动学生更好成长的关键点。教师可以根据学生心理的特点和优势,为学生提供针对性的指导和支持,帮助学生充分发挥自己的潜力,实现自我价值。学生也能通过这些评价更加了解自我,保持健康的心理,制订详细的发展目标和未来规划,朝着未来的发展方向坚定前行。

(三) 纵向心理发展评价信息推动教育衔接

跨学段心理发展评价信息的贯通和共享能够为教育衔接提供有力的依据和支持,在学生从一个学段升入另一个学段时,新学校的老师可以通过查阅学生之前的心理发展评价信息了解学生的学习情况、心理健康状况、性格特点、兴趣爱好等,以增强师生间的熟悉感,缩短学生的"升学适应期"。

此外,通过接收前一个学段的教师对学生学业成绩、心理、性格的评价,新学校的老师可以在备课时就注意因材施教,在保证学生心理健康的前提下,选择合适的教学方法与教学手段,确保教学方法的连贯性和教学手段的延续性,使学生更有效地掌握新知识。不仅如此,教师还可以通过学生的纵向心理发展评价信息了解学生的社会交往能力和适应力等,能更好地开展班级管理工作。例如,对性格内向、不善与人交往的学生,教师提前了解了他们的情况后,能够在刚开学时就与这些学生进行谈心谈话,帮助他们降低防备心理,能为他们设置心理团体辅导课程,在班上给予他们更多的关注和指导,帮助他们尽快融入班集体。

相邻学段之间心理发展评价信息的衔接与贯通还能够促进学校之间的交流与合作。学校在了解到下一阶段学生的发展需求后,可以在当下就帮助学生打基础。例如,在幼儿园阶段,就培养学生的生活自理能力与良好的心理适应力,学生上小学时就可以更快地融入新的学习环境。不同学段的学校之间也可以共享学生的心理发展评价信息分析结果,共同研讨针对不同性格学生的教育方案,完善教育策略,推动教育质量整体稳步提升。

二、完善学生心理发展纵向评价的成长链条

(一) 建立动态心理发展档案追踪系统

建立动态心理发展档案追踪系统有助于完善学生心理发展评价的成长链条。动态心理发展档案追踪系统以学生为中心,详细记录学生在各个成长阶段的学习、生活、心理等方面的信息,并将这些信息整合起来,按照时间线进行排列,形成一份动态、连续的成长档案。动态心理发展档案追踪系统可以采用信息化管理手段,利用 AI 技术和数字化网络平台,实现对学生心理发展信息的实时采集、存储和查询。在每学期的期中与期末,学生都可以进行自评和互评,教师也可以写下自己的评语,这些评价信息及时上传至心理发展档案中。系统还可以设置预警机制,及时提醒学校和家庭关注学生出现的异常情况以及心理问题,以便教师和家长及时采取措施进行教育和干预;也能够强化心理问题预防措施,防止类似问题再次发生。

动态心理发展档案追踪系统能为教师和家长提供全面了解学生身心发展情况的平台。家长可以不受局限地了解自己的孩子走出家庭后的表现,当孩子焦虑时,家长可以迅速察觉并及时采取措施,耐心倾听孩子诉

说内心的需求,通过亲子出游、赠予礼物等方法帮助孩子排解内心的焦虑和压力;教师也可以根据学生在社会实践活动中与家庭中的表现全面了解学生,不仅从学业成绩方面来看待学生,也能从该生处理问题的能力、控制情绪的能力等方面对其做出更加客观公正的评价。同时,该系统还能为学生提供一个回顾和反思自己成长历程的机会。学生可以查阅自己的心理发展档案,回顾自己的成长经历,阅读别人对自己的评价,从而更好地认识自我,了解自己的优点和不足,提高自我认同感,明确自己的发展目标,不断激励自己坚定地朝着目标继续前进。

(二)创新心理发展纵向评价动态监测工具

随着科技的不断进步,学生心理发展纵向评价的动态监测工具也在不断更新迭代。我们可以利用现代信息技术和教育测量理论,开发出更加科学、精准、便捷的动态监测工具,更好地监测学生的心理发展动态,为心理发展纵向评价提供有力的技术支持。例如,可以利用大数据分析技术对学生的心理、学习兴趣、学习习惯等进行深入分析,判断学生的耐挫力与抗压能力,并以此为依据来制订专门的心理辅导计划,从多方面着手,进一步提高学生的抗逆力。大数据分析技术还可以通过分析学生在线学习的时间、学习内容、答题情况等来帮助教师了解学生的学习效率和学习兴趣点,为教师提供更有针对性的教学方案设计建议。例如,针对学习效率低的学生,教师可以减少抄写、默写等机械、繁复的作业,而有针对性地布置让学生需要动脑完成的作业。

数字技术是支撑学生综合素质评价体系的重要手段,可以帮助构建多维度的评价体系。评价体系中不仅包括学业成绩指标,还包括创新能力、领导力、团队协作能力、工匠精神等指标。数字技术最大的特点就是在信息化的基础上通过技术来实现多种功能,在学生综合素质评价中,涉及大量的数据采集、分析、统计、计算等工作量[1],基于此,一些研究者提

---

[1] 蒋昌兵,王科,李栋,等. 数字技术赋能学生综合素质评价的改革和探索[J]. 科技风,2025(09):1-3.

出了理论与技术双向驱动的学生综合素质评价新范式。新范式以教育评价改革需求为导向,坚持理论科学性与技术可行性的有机统一;借助理论知识优势,凝聚专家智慧,构建学生综合素养评价模型;依托数据采集智能技术,伴随式采集多场域(包括学校、家庭、社区等)的学生活动多模态信息(包括音频、视频、图像等),并对其进行自动化分类标注;基于数据智能分析技术,建立多模态数据指标与学生综合素养特征之间的关联映射关系;通过多方主体评价、强化过程评价以及主客观评价结合等方式,推动具体评价应用,发挥评价结果的导向、鉴定、诊断、调控和改进作用[①]。总之,动态监测工具的创新借助了与时俱进的新技术,提供了更加多样化的评价方式,更有利于维护学生的心理健康,为校家社协同心育"教联体"对学生进行心理评价提供了极大的便利。

(三) 可持续心理发展评价推动学生成长

在学生的整个成长过程中,校家社协同心育"教联体"都会持续进行心理发展评价和反馈,为学生的成长提供不间断的支持和引导,在学生的成长道路上树立起一个个"指引杆"。同时,"教联体"通过建立动态心理发展档案追踪系统、创新动态监测工具,努力实现对学生心理发展情况的动态、持续监测和评价,从而为学生的成长提供可持续的评价支持。

可持续评价注重评价的过程性和发展性,不仅关注学生行为的结果,而且关注学生在活动中的收获和成长变化。学校动态追踪学生的心理变化,并及时提供相应的教育与干预。例如,学校观察到某学生在刚进入初中时出现社交退缩现象,于是对该生进行持续性评价,并提供专业的支持与帮助。终于,该生在初二时逐渐愿意参加小组活动了。通过纵向数据,校、家、社三方都可以直观地看见学生的心理发展轨迹,就能协同进行个性化的干预和支持,将学生的心理问题遏制在萌芽阶段,助力学生心理健康发展。在评价过程中的正向反馈和指导是关键工作。在学生心理问题

[①] 陈丽. 智能技术支撑学生综合素质评价:改革与创新[J]. 现代教育技术,2023,33(12):5—13.

萌芽时及时干预,当学生遇到无法解决的难题时提供适宜的指导,对推动学生健康成长与持续性进步十分重要。例如,教师根据学生心理发展档案中的动态监测数据,可以了解学生在每个时期的身体与心理变化,定期与学生进行面对面的交流,肯定学生的进步,委婉地指出学生存在的问题和不足,鼓励学生尝试自己解决问题,也可以与学生共同制订个性化的改进计划,然后督促学生按照计划执行。在长期努力下,学生的成长悄然进行。教师将学生成长过程中的点点滴滴按时间顺序持续记录下来并上传至心理发展评价系统中,就是学生成长足迹的最佳呈现。

总之,通过可持续评价,学生能够在持续的反馈和指导中不断成长和进步,学会为自己制订成长目标,并分步实现目标。

三、以纵向心理发展评价助力学生长远培育

(一) 支持个性化生涯规划

纵向心理发展评价为学生的个性化生涯规划提供了有力支持。通过对学生在不同学段的评价信息的分析,能够了解学生的心理状况、特长或优势、职业倾向等,能为学生制订个性化生涯规划提供依据。学校可以基于纵向评价信息开设生涯规划课程,邀请专业的生涯规划导师与不同类型企业的 HR 或领导,为学生提供一对一的生涯规划指导。在指导过程中,帮助学生了解自己的优势和劣势,知晓相关职业需要个人具备哪些能力。例如,心理发展评价系统中,纵向记录了关于学生面对考试失利、比赛失败的情绪恢复速度、应对策略等。通过这些信息,就能评估该生的抗压能力。如果学生在多次考试失利后仍然坚持优化自己的学习方式与学习习惯,则说明该生耐挫力强,可以进入科研、创业等需要长期坚持的领域。在中考和高考前的关键阶段,也可以结合心理发展评价系统中的数据为学生提供针对性的建议。例如,对于容易焦虑但是逻辑思维强的学生,可推荐其参加提前批次招生考试、参加竞赛夏令营等,这些升学路径注重学科潜力,能帮助此类学生缓解应试压力,同时有利于他们充分发挥

自身优势。

个性化生涯规划支持能够帮助学生提前明确自己的发展方向,避免在升学和选择专业的过程中盲目做决定;能够帮助学生提前知晓当今职业市场的需求,更有利于学生针对性地进行学习,更好地提升职业适应能力和竞争力,从而为终身的发展奠定基础。

(二)制订学生个性化培育方案

根据从纵向心理发展评价系统中了解到的学生的优势与特点,学校可以为每个学生制订个性化的培育方案,根据学生的心理健康状况、兴趣爱好、学习能力、未来发展需求等因素,为学生"量身定制"教学内容、教学方法和评价方式等,满足学生的个性化发展需求。

在教学内容方面,可以为学生提供分层教学、选修课程、社团活动等多样化的学习内容,让学生根据自己的心理发展水平、兴趣和能力选择适合自己的学习内容。例如,对持续表现出高成就动机但是容易严格要求自我、易产生焦虑的学生,提前开设培养抗压能力的心理课程;对于那些对数学非常感兴趣、逻辑思维缜密的学生,可以为他们提供拓展性的数学培训课程和数学竞赛参与机会,满足他们对数学知识的深入学习需求,为他们走向数学殿堂搭建台阶。

新时代教育背景下,培养创新型复合人才是基础教育的重要目标,教学方法的多元化探索对提升教学质量具有重要意义。游戏化、情境化等教学方法,小组合作、实验探究等活动,既能满足不同学生的学习需求,又能构建生动的课堂,提升教学效率[①]。教师可根据学生的学习特点和认知水平,选择合适的教学方法来提升教学效益,通过追踪学生长期保持的优势心理特质来匹配对应的教育资源。例如,对于性格活泼、喜欢互动的学生,可以让他们多参与小组合作学习,因为小组合作学习形式不仅能促使学生思考如何分配任务、协调意见、共同解决问题,还能培养学生的团队协作能力和社交技能,有利于推动团体进步;对于喜欢独立思考、深入

---

① 郭菊芬. 小学数学多元化教学方法探索[J]. 甘肃教育研究,2025(07):69-71.

探究的学生,可以引导他们采用探究式学习方式,让他们积极主动地参与学习过程,培养他们的创新思维和实践能力。

在评价方式方面,基于纵向心理发展评价系统,也应采用多元化评价方式,不仅要关注学生的学业成绩,更应该关注学生的心理健康、学习过程、实践能力、创新能力、性格特点等,必须将不同的评价方式相结合,采用过程性评价、表现性评价、自我评价、互评等多种评价方式,全面、客观地评价学生的发展情况,以科学、全面的评价来促进学生发展、成长。

(三) 对接国家战略需求

教育是国家发展的基石,到2035年建成教育强国,是服务中华民族伟大复兴战略全局的核心任务。对学生开展持续性纵向评价应紧密对接国家的战略要求,为国家培养适应时代发展需要的高抗逆力、高素质人才。心理发展纵向评价系统能帮助教育者了解学生的发展情况和潜力,从而引导学生将个人的发展与国家的战略需求相结合,培养学生的社会责任感和使命感。

学校可以结合国家的产业政策和发展战略,调整学校的教育教学内容和评价侧重点。例如,在当前国家深入实施创新驱动发展战略、全面推进绿色低碳转型的政策背景下,学校可以着重培养学生的高风险承受力、钻研问题的韧性、持久的专注力等品质,同时,加强对学生科技创新能力和环保意识的培养。相应地,在评价体系中增加相关的评价指标与评价方法指引。例如,通过设置科学实验室的模拟场景,收集学生在场景中的心理反应数据,验证学生是否具备必备的心理特质;通过举办科技创新竞赛、环保实践活动等方式,激发学生的创新热情和环保意识,引导学生关注国家的发展战略和社会热点问题,抓住国家发展的重点,指引学生走正确的成长道路。任何教育评价改革都应紧密围绕国家整体教育目标展开,通过与国家需求的对接,通过纵向评价促成长,立德树人,将学生培养成能担当民族复兴大任的时代新人。

总之,纵向心理发展评价在实现跨学段评价信息贯通、持续监测心理发展动态、助力学生长远发展等方面具有显著优势,能够助推学生心理评价效能的深度优化。在教育教学实践中,教育者应充分认识到纵向评价的重要性,不断完善纵向心理发展评价体系,借助科学技术创新评价方法和手段,为促进学生心理健康发展和推动国家教育事业进步作出更大贡献。

在校家社协同心育"教联体"建设过程中,横向评价与纵向评价的融合开展,将推动评价效能的深度优化,为学生心理健康成长和全面发展提供坚实而有力的支持。

【分析与思考】

1. 如果你是第一节案例中的王老师,你会如何跟"琪琪妈妈"沟通,来改变她"唯分数论"的想法?

2. 如果你是第三节案例中的李老师,你还会采取哪些措施来帮助浩文?你会如何与家庭、社会协同培育浩文的健康心理?

3. 如果你班上一名学生最近表现出明显的考前焦虑,你会采取哪些措施来帮助他?

4. 学生动态心理发展档案追踪系统中包含哪些基本内容?你认为还可以增加什么内容?

5. 你认为学校可以利用哪些方法与家庭、社会联合,对学生的心理发展情况开展评价?

参考文献

[1] 安超.超级妈妈、隐身爸爸与抑郁的孩子——儿童抑郁的家庭系统发生学[J].中华家教,2021(06).

[2] 陈理宣,姜若梅."五育融合"的发展历程、现实困境与实践对策[J].课程·教材·教法,2024,44(03).

[3] 邓林园,梁洁姗,李蓓蕾,等.中小学心理健康教育现状:心理教师与学校管理者的不同视角[J].教师教育研究,2018,178(4).

[4] 邓云龙,戴吉.心理健康标准的中国文化解读尝试[J].中国临床心理学杂志,2010,18(01).

[5] 高新航,梁肖,李湘,等.家长教育焦虑与青少年厌学的交叉滞后分析[J].应用心理学,2025(04).

[6] 顾伟驷,吕上一,丁月茹,等.自媒体下信息伦理规制及青少年权益保护研究[J].中国教育信息化,2020(14).

[7] 郭宝玥,蒲少华.家长教育焦虑的认知行为疗法个案概念化及干预[J].心理学进展,2023,13(2).

[8] 郭佳盈.短视频对青少年心理健康的影响[J].心理与健康,2024(12).

[9] 侯健美.小学心理健康教育与学科课程的融合策略[J].天津教育,2022(03).

[10] 侯雪艳,金芳,张文莉,等.家庭情绪表露与幼儿社交退缩的关系:社会情绪能力的并行中介作用[J].中国健康心理学杂志,2025,33(03).

[11] 黄传浩,王会秋,王秀珍,等.青少年抑郁情绪、抑郁障碍因果信念和自我污名感对求助意愿的影响[J].中国健康心理学杂志,2021,29(07).

[12] 黄忠敬,尚凯悦,张静.成长型思维如何影响学生社会与情感能力的发展?——基于OECD社会与情感能力测评的实证分析[J].华东师范大学学报(教育科学版),2023,41(04).

[13] 江光荣.关于心理健康标准研究的理论分析[J].教育研究与实验,1996(03).

[14] 柯政,梁灿.论应试教育与学生创造力培养之间的关系[J].华东师范大学学报(教育科学版),2023,41(04).

[15] 李德敏,许军,张远妮,等.父母教养方式与青少年心理亚健康的关系:挫商的中介效应[J].中国健康心理学杂志,2024,32(01).

[16] 李华华,罗嘉仪.家庭功能与高中生心理健康状况的关系研究[J].中小学心理健康教育,2024(32).

[17] 李建明.中国人的心理健康标准与评价要素[J].中国健康心理学杂志,2012,20(02).

[18] 李瑾,唐海娇.亲子沟通与青少年情绪调节自我效能感、抑郁的关系[J].心理月刊,2023,18(16).

[19] 李科生,张婷,马鹏,等.生活事件与搬迁青少年焦虑情绪的关系:应对方式和社会支持的中介作用[J].中国临床心理学杂志,2023,31(05).

[20] 李鸣曦.信息过载成瘾对大学生心理健康的影响及运动干预建议[C]//中国体育科学学会.第十三届全国体育科学大会论文摘要集:墙报交流(体质与健康分会)(一).太原:中北大学出版中心,2023.

[21] 蔺秀云.新时代儿童青少年心理健康问题现状及对策探析[J].中小学心理健康教育,2024(08).

[22] 沈微.贵州乡村中小学校园欺凌校家社协同防治构建的困境与对策[J].贵州师范学院学报,2023,39(09).

[23] 宋雯,张华,孟苓苓,等.儿童青少年双向情感障碍与父母教养方式及家庭环境的关系[J].国际精神病学杂志,2024,51(05).

[24] 唐甜,王雨,巩芳颖,等.家庭教养方式与中国青少年积极发展的关系:系列元分析[J].心理科学进展,2024,32(08).

[25] 王恩娜,张俊杰,黄巧敏,等.家庭功能与青少年问题行为的关系:一项

交叉滞后研究[J].中国临床心理学杂志,2022,30(04).

[26]王芬芬,张榆敏,王霞.父母教养方式与青少年心理健康关系的元分析[J].青少年学刊,2018(03).

[27]王嘉秾,舒琦,殷飞.家校社共同维护学生心理健康[N].中国教育报,2023-05-21(04).

[28]王晓莉,吴梦琰."双减"与"内卷"互嵌结构下儿童美好生活的困境与破解[J].基础教育参考,2024(04).

[29]王宇泽,陈泓霓,陈培杰,等.高中生压力知觉与领悟社会支持、心理资本的关系:性别的调节作用[J].中国健康心理学杂志,2024,32(07).

[30]肖华斌,何心雨,王玥,等.城市绿地与居民健康福祉相关性研究进展——基于生态系统服务供需匹配视角[J].生态学报,2021,41(12).

[31]邢雯,黄正明.校、家、社协同视角下家庭教育指导服务体系的区域构建[J].天津电大学报,2023,27(04).

[32]殷飞,缪建东.建构高质量的家庭教育实践体系——校家社协同育人的困境与突破[J].教育发展研究,2023,43(06).

[33]殷飞.构建良好"双减"教育生态需要家校社协同发力[N].江苏教育报,2021-11-03(001).

[34]俞国良,何妍.心理健康教育与服务如何促进拔尖创新人才培养[J].中小学心理健康教育,2024(34).

[35]俞国良,靳娟娟.心理健康教育与"五育"关系探析[J].教育研究,2022,43(1).

[36]张勇.学校家庭社会协同构建高质量育人共同体[J].教育科学论坛,2024(07).

[37]章怡雯,倪睿,殷飞.中小学生心理健康教育的"三全"育人机制研究[J].教学月刊·中学版(教学管理),2024(Z2).

后　记

校家社协同心育"教联体"的建设始终在路上,这是建设教育强国的必然要求,是为少年儿童构建起新时代成长生态的必由之路。这条路充满挑战,需要我们牢固树立教育的使命感,永葆创造的热情与智慧。

南京师范大学心理学院校家社协同心育团队将会不断深入实践,与合作基地的政府、学校、社区和社会组织一起持续不懈地探索,构建切实可行的工作机制,设计因地制宜的工作方案,为心理健康教育的"教联体"建设贡献理论与实践智慧。

本书是"'教联体'建设丛书"的第一本,它的出版为后续的"教联体"案例分析、"教联体"特色工作等分册的编辑出版奠定了理念基础。希望广大心理健康教育工作者在阅读本书时能与自己的实际工作结合起来进行思考,给予我们批评指正,也希望有更多志同道合者加入这项具有探索性的工作,为心理健康教育和教育生态建设贡献来自一线的鲜活智慧与专业力量。

读者朋友们,如您想了解更多校家社协同心育团队的工作进展,可以关注微信公众号"校家社协同心育",也欢迎您将在工作中接触到的典型案例、收获的实践经验分享给我们。让我们志存高远,不畏艰辛,携手共进!

南京师范大学心理学院校家社协同心育团队